古典文獻研究輯刊

三三編

潘美月・杜潔祥 主編

第 7 冊

上海博物館藏上海方志敘錄（上）

陳 才 編著

國家圖書館出版品預行編目資料

上海博物館藏上海方志敘錄（上）／陳才 編著 -- 初版 -- 新
北市：花木蘭文化事業有限公司，2021〔民110〕
目 4+188 面；19×26 公分
（古典文獻研究輯刊 三三編；第 7 冊）
ISBN 978-986-518-623-4（精裝）
1. 方志 2.研究考訂 3.上海市
011.08　　　　　　　　　　　　　　　110012074

ISBN-978-986-518-623-4

9 789865 186234

古典文獻研究輯刊
三三編　第 七 冊　　　　　　ISBN：978-986-518-623-4

上海博物館藏上海方志敘錄（上）

編　　著　陳　才
主　　編　潘美月、杜潔祥
總 編 輯　杜潔祥
副總編輯　楊嘉樂
編　　輯　許郁翎、張雅淋、潘玟靜　美術編輯　陳逸婷
出　　版　花木蘭文化事業有限公司
發 行 人　高小娟
聯絡地址　235 新北市中和區中安街七二號十三樓
　　　　　電話：02-2923-1455 ／傳真：02-2923-1452
網　　址　http://www.huamulan.tw 信箱 service@huamulans.com
印　　刷　普羅文化出版廣告事業
初　　版　2021 年 9 月
全書字數　258237 字
定　　價　三三編 36 冊（精裝）台幣 90,000 元　　　版權所有 • 請勿翻印

上海博物館藏上海方志敘錄（上）

陳才 編著

作者簡介

陳才，安徽無為人，文學博士。上海博物館副研究館員，中國人民大學古代中國與絲路文明研究中心兼職研究員，復旦大學中華古籍保護研究院／文物保護創新研究院行業導師，上海圖書館兼職參考館員，曾任樂山師範學院特聘研究員。中國歷史文獻研究會、中華文學史料學會古代文學史料分會、上海市儒學研究會事。出版專著《朱子詩經學考論》等，古籍整理著作《松泉集》（合作）、《晉會要》（合作）、《喬珎生集‧吳洽集》等，發表學術論文與書評數十篇。

提　要

　　上海博物館圖書館所收藏的上海舊方志，計 67 種 99 部。從內容上來看，有區域志、專志、雜志和一些方志相關資料；從時間跨度上來看，自明代至 20 世紀 60 年代；從版本形式上來看，有刻本、稿本、鈔本、石印本、鉛印本、油印本。這些上海方志中，不乏稀見版本甚至孤本，頗具文獻價值與學術價值。本書就上海博物館圖書館所藏上海方志作一全面調查和系統梳理，並為之敘錄。每則敘錄首先科學規範地著錄方志，其次簡介該方志修纂者基本情況，其次錄出該方志全部序跋文字，其次列出該方志目錄；復次，介紹該方志中需要說明的情況，尤其是某一版本的具體情況；最後著錄該方志在目錄書中的著錄情況和影印及整理情況，及在海內外公藏機構的收藏情況。每部方志配書影 1～2 幅，以資參照。書末附修纂者索引和序跋者索引，以便查檢。

本書為上海博物館科研課題
「上海博物館藏上海方志敘錄」
（批准號：2017010）結項成果

前　言

　　中國歷來重史，重視史籍自是題中應有之義。《四庫總目》分史籍為正史、別史、雜史、史抄、載紀、地理、史評等15類，方志屬史部地理類。國有史，方有志，而「志之為道，不合史法則陋，全用史法則僭」（〔嘉慶〕《密雲縣志·凡例》），史、志各有側重，互為補充。方志之內，區域志、專志、雜志體裁亦各有不同，然而都有助於瞭解一方的地理、政治、經濟、社會、文化，以及風土人情。中國有著約2000年的纂修方志傳統，一般將方志溯源到《尚書·禹貢》。歷經六朝的地記、隋唐五代的圖經等形式，方志體例於宋代開始定型。自明清時期而至現在，方志事業一直鼎盛不衰。前賢修纂的舊志書，數量龐大，是留給我們的一份巨大而珍貴的文化遺產。

一

　　與全國的方志修纂一致，至遲自宋代起，上海地區已經有了嚴格意義上的方志。明清時期，尤其是清代，朝廷十分重視一統志、通志和方志的修纂，上海地區方志的數量開始激增。「清之盛時，各省府州縣皆以修志相尚，其志多出碩學之手。」〔註1〕陸錫熊、王昶、王初桐、孫星衍、張文虎、俞樾等名家主持纂輯方志，其質量自不可小覷。民國時期亦沿清代的餘緒，所修方志數量較多，質量較高。黃炎培《川沙縣志》最為著名，位列民國四大名志之一。

　　據許洪新《上海市地方志述評》一文統計，上海「計有市志一種、府志

〔註1〕梁啟超著，夏曉虹點校：《清代學術概論》，北京：中國人民大學出版社，2004年，第179～180頁。

十五種、州志二種、縣志八十六種、衛志五種、廳志二種、鄉鎮所志百四十一種、方志資料十八種，合計二百九十七種。」〔註2〕而《上海通志》的統計則是：「至民國時期，上海地區共編修 254 種志，其中宋 8 種，元 7 種，明代 37 種，清代 162 種，民國時期 40 種；市志 1 種，府志 15 種，州志 2 種，縣志 86 種，廳志 2 種，衛志 5 種，鄉鎮志 142 種。今存方志 132 種，其中市志 1 種、府志 8 種、縣志 59 種、廳志 2 種、衛志 1 種、鄉鎮志 62 種。」〔註3〕至於《上海方志通考》統計的 688 種〔註4〕，則將當代所修新志亦計算在內。雖然各家統計口徑及範圍的不同，以致統計結果不同，但有一點可以肯定的是，得益於文化發達和經濟富庶，上海地區的方志數量是十分可觀的，修志密度也是值得稱道的。

區域志以外，上海地區的專志、雜志亦值得一提。清光緒三十一年（1905）九月二十五日，學部頒《鄉土志例目》，命各地修鄉土志，作為初等小學堂的教材。上海地區各縣均纂修了鄉土志，其中以李維清之《上海鄉土志》最為著名。而陳行、西岑二鄉亦修鄉土志，則頗罕見。開埠通商以後，外國往來上海的商旅人數激增。當時學者編寫了許多便於外地人、外國人瞭解上海風景名勝、社會習俗的雜志，這也是值得注意的一個現象。

從上海方志的總體情況來看，府志、縣志、州志、衛志、廳志等皆為官修，鄉土志亦多為官修；而鄉志、鎮志、村志、里志等小志多為私修，專志、雜志亦為私修。這些方志的修纂，其價值不特在於提供了豐富的地方史料，亦在於從實踐角度深化了方志自身的認識，推動了方志編纂學的發展。

何為方志，哪些內容該收入方志，哪些內容不該收入，如何發凡起例，如何纂輯，如何去取，如何折衷，這是每一位修纂者都必須思考的問題。從現存上海方志來看，每志卷首均列出凡例說明相關情況，可見大多數修纂者是有著深入思考的。

方志修纂體例有通例，亦需有變例，以時代、地域、人情等不同故。上海地區方志修纂過程中，修纂者對於修志體例的探索值得特別提出。比如，〔康熙〕《松江府志》中，韓世琦、佟彭年、盧綋、孫丕承、郭廷弼和宋徵輿

〔註2〕金恩輝、胡述兆主編：《中國地方志總目提要》，臺北：漢美圖書有限公司，1996 年，第 9-3 頁。

〔註3〕上海通志編纂委員會編：《上海通志》第 10 冊，上海：上海人民出版社、上海：上海社會科學院出版社，2005 年，第 6878 頁。

〔註4〕陳金林、徐恭時：《上海方志通考》，上海辭書出版社，2007 年，編例第 1 頁。

六篇序言和周建鼎的跋文中，均提及該志修纂體例問題。〔乾隆〕《婁縣志》中，沈初和謝庭薰的序言均述及新修方志的體例問題。而〔光緒〕《嘉定縣志》程其玨序則述及賡續舊志的體例問題。至於小志的修纂，其體例當於縣志不同。《方泰志・發凡》明言：「惟鎮與縣不同。縣之城池、公廨、學校、社稷、倉廒，鎮皆無，故不用縣志舊例。竊取楊衒之、孟元老、周公謹諸家之意成之，與縣志大同而小異云。」《法華鄉志》胡人鳳跋曰：「邑志則舉其大，鄉志則不遺其細；邑志則取其簡，鄉志又不厭其詳；邑志則錄其深，鄉志獨不嫌其淺。」最為值得注意的是陸慶循《嘉慶上海方志修例》，從修志實踐出發，思考方志理論。修纂者從實際情況出發，思考方志編纂中的普遍性和特殊性，可視為方志編纂學的雛形，也促進了方志理論的發展。

二

　　晚清以降，方志逐漸進入研究者的視野，形成了方志學。周中孚《鄭堂讀書記》中有不少方志的條目，瞿宣穎《方志考稿》則是專門的方志提要，張國淦《中國古方志考》則專門考證先秦至元代的方志。而梁啟超在《近三百年學術史》中設專節論及方志學，則促進了新研究範式的建立。李泰棻《方志學》、王葆心《方志學發微》、黎錦熙《方志今議》、甘鵬雲《方志商》、傅振倫《中國方志學通論》等方志研究著作相繼出版。

　　民國時期以來，方志調查工作也在逐步進行。1931 年，《故宮方志目》出版；1933 年，《國立北平圖書館方志目錄》出版。朱士嘉長期從事方志調查工作。1931 年，《中國地方志備徵目》由燕京大學圖書館出版；1937 年，《中國地方志綜錄》又商務印書館出版；1942 年，《國會圖書館藏中國方志目錄》出版。1985 年，《中國地方志聯合目錄》的出版，是方志調查工作最為突出的成果。其後，《中國地方志總目提要》出版，既完善了方志調查，又展開了方志的研究。

　　除了全國性方志的調查與研究之外，地方性方志的調查與研究也在進行。上海方志資料的整理，則可以追溯到清嘉慶年間瞿中溶輯的《嫏邑志林》；而對上海地區方志的研究，則始於 1948 年上海文獻委員會編寫的《上海地方志綜錄》。1961 年，上海市文物保管委員會編輯《上海地方志物產資料匯輯》，其中列出上海地方志簡目；1962 年，上海市文物保管委員會編印《上海史料叢編》，收入《外岡志》二卷、《續外岡志》四卷、《盤龍鎮志》一卷、

《紫隄村小志》三卷、《紫隄村志》八卷、《月浦志》十卷、《歷年紀》三卷《續記》一卷《拾遺》一卷、《乙酉筆記》一卷、《豫園》三卷、《龍華志》八卷、《真如里志》四卷、《寒圩小志》不分卷、《金澤小志》六卷、《苟全近錄、癸丑紀聞錄、見聞錄》、《五茸志逸》八卷、《西林雜志》一卷、《錢門塘鄉志》十二卷和《瀛海掌錄》六卷，計 20 冊。這些基礎的整理工作，其實都是建立在對上海方志有一定研究基礎之上的。1962 年，徐恭時先生領銜上海師範大學圖書館的幾位先生編纂《上海方志資料考錄》，是首部關於上海方志的系統著錄。該書又經修訂，於 1987 年正式出版，著錄的信息包括題名、責任者、版本、目次、序跋、佚文、著錄、簡述、提要、資料摘要、考證、參考、附注等項，比較全面。2007 年，此書又作修訂刪改，增加了一些新修方志的內容，以《上海方志通考》為名出版。2005 年，上海地方志辦公室組織學者編寫《上海方志提要》，也是值得一提的方志提要著作。

在官方和學界的共同努力下，上海方志的影印與整理工作也取得了顯著的成績。早在 20 世紀 70 年代，成文出版社影印出版了《中國方志叢書》，其中就收錄了不少上海方志。1991 年，《中國地方志集成·上海府縣志輯》出版；次年，《鄉鎮志專輯》出版。2012 年，《民國上海市通志稿》影印出版。將上海地區的方志影印出版，化身千百，方便了學者的利用。之後，上海地方志辦公室組織了一批學者整理上海地區的舊方志。2004 至 2006 年，《上海鄉鎮舊志叢書》出版，集中整理了一批上海地區的小志。2009 至 2015 年，《上海府縣舊志叢書》的奉賢縣卷、南匯縣卷、崇明縣卷、松江府卷、松江縣卷、川沙縣卷、嘉定縣卷、寶山縣卷、青浦縣卷、金山縣卷、上海縣卷先後出版，將上海地區的絕大部分府縣舊志及部分專志、雜志收入。目前，該叢書補遺卷也正在編輯出版中。此舉極大地方便了學者使用上海方志。區域志外，上海地區專志、雜志的整理與研究工作也取得了不小的成績，比較有影響的有上海古籍出版社 1989 年出版的「上海灘與上海人叢書」、上海交通大學出版社 2018 年出版的張劍光主編《上海史文獻資料叢刊（第一輯）》等。

方志理論的研究也在逐步開展。1997 年，《上海方志研究概要》出版；2008 年，《上海方志研究綜論》出版。其中均有關於上海舊方志的理論研究。此外，還有許多專題論文涉及上海方志的理論研究。

上海方志研究的廣度在不斷拓展，而其研究的深度其實尚有可以擴大的

空間，比如對上海方志的深度調查與著錄，就是一個仍然值得繼續做下去的
課題。

三

　　上海方志主要收藏在中國國家圖書館、中國民族圖書館、上海圖書館、
南京圖書館、復旦大學圖書館、華東師範大學圖書館、南京博物院、天一閣
博物院等機構，海外則主要收藏在日本國會圖書館、美國國會圖書館。除這
些上海方志收藏的重鎮以外，中國科學院、上海辭書出版社、上海博物館、
北京大學、中國臺灣「中研院」史語所、日本東京大學、京都大學、美國哈佛
大學等海內外文化科研機構均收藏了不少上海方志。

　　上海博物館所收藏的上海方志，主要在圖書館。這些方志，從內容上說，
有區域志、專志、雜志和一些方志相關資料；從時間跨度上來說，自明代至
20 世紀 60 年代；從版本形式上來說，有刻本、稿本、鈔本、石印本、鉛印
本、油印本。這些上海方志中，不乏稀見版本甚至孤本，頗具特色。

　　上海博物館圖書館所藏方志的文獻價值與學術價值早為學界注意。無論
是編制《中國地方志聯合目錄》，還是撰寫《中國地方志總目提要》，學者們
都將這些方志予以著錄。上海地區的學者，編撰了《上海方志資料考錄》、《上
海方志提要》、《上海方志通考》三部上海方志提要，也都充分注意到上海博
物館所藏的上海方志。而上海方志的影印、整理工作中，也適當收入了上海
博物館圖書館所藏的上海方志。

　　毋庸諱言，既有著錄與研究中，關於上海博物館圖書館所藏上海方志尚
或多或少地存在一些問題。比如：目前最為全面的古籍總目《中國古籍總目》
和中國地方志最權威的目錄《中國地方志聯合目錄》，於上海博物館所藏上海
方志均或有失收，或有失錄；最為全面的中國地方志提要著作《中國地方志
總目提要》，於上海博物館藏上海方志的部分著錄也有不確之處。這些問題
也同樣反映在《上海方志資料考錄》、《上海方志提要》、《上海方志通考》三
部著作中。而這些著作囿於體例，沒有版本的科學著錄與詳細描述，頗為遺
憾。而更為遺憾的是，上海博物館圖書館藏上海方志一直缺乏系統的梳理與
研究。

　　通過對上海博物館圖書館藏上海方志進行版本調查，我有了一些新的發
現，比如：〔康熙〕《松江府補志》，既有著錄多誤，原書裝訂亦有錯誤，一直

未能釐清；〔乾隆〕《寶山縣志》，在清乾隆十一年（1746）刻本外，還有一個乾隆十六年（1751）的增刻本，鮮見學者注意；清稿本《青浦人物志》、清道光間稿本《歇浦雜記》及 1960 年稿本《孔宅聖廟志》，未被著錄；《雲間雜識》有黃裳題記、《月浦志》的滕固題識等題跋內容不為人知。這些方志有些已經整理出版，其中也存在一些問題，比如：《顏安小志》為清光緒間鈔本，其中又有民國二十五年（1936）曹修倫的增訂，二者筆跡明顯不同，這個重要信息卻為整理本所忽視；《紀王鎮志》有一佚名《紀王鎮志序》和曹蒙《紀王鎮志後序》，原稿標題「紀王鎮志後序」一行為前葉蓋住，以致整理本合二序為一序。

2017 年，我以「上海博物館藏上海方志敘錄」為題，申請上海博物館的科研課題，並獲得批准。以此為契機，我對上海博物館藏上海方志進行了系統的梳理，逐書規範著錄版本，撰寫更為詳細的敘錄，並配以圖片。希望可以藉此以摸索一條分類整理與研究館藏古籍的模式，同時可以將館藏上海方志中一些更為正確的信息傳遞給學界。

小書撰寫過程中，得到了上海圖書館陳先行先生、中國國家圖書館張志清先生和李堅女史等的指導。尤其是李堅女史，細緻地審閱全稿，提出了許多寶貴意見。同事柳向春先生多有指教，復旦大學龍向洋研究員提供了許多有益的資料，師弟楊青華博士和同事黃曄亦多有幫助。在此謹向以上各位致謝。誠懇地希望這部小書能夠得到同好們的反饋與批評指正。

編　例

一、本書收錄範圍為上海博物館圖書館所藏今上海市地域範圍內的舊志及舊志相關資料，新志及新影印者則不予收錄。本書所稱「館藏方志」，指館藏舊方志及修志相關資料，計 67 種 99 部。

二、本書據上海博物館圖書館所藏方志實際情況分類編排。區域志以府、市志單列一類，縣、衛、廳志列為縣志類，鄉、鎮、村、里志列為小志類；專志、雜志及方志相關資料列為其他類。

三、本書以建縣時間先後為序。府志類、縣志類以修纂時間先後編次；小志類、其他類則兼顧版本形式。

四、每則敘錄主要包括：1. 基本著錄，包括書名卷數、修纂著者、版本信息、前後序跋等。2. 修纂著者個人簡介。3. 全文錄出序跋文字。4. 方志目錄。5. 其他需要說明的情況，尤其是某一版本的具體情況。6. 著錄情況。7. 影印及點校整理情況。8. 海內外公藏機構收藏情況。

五、府、縣志按府、縣作小序，簡要介紹府、縣建置沿革，府縣志修纂基本情況，及上海博物館圖書館所藏該府、縣方志基本情況。鄉、鎮、村、里志則在修纂者個人簡介後簡要介紹鄉、鎮、村、里的建置情況。

六、本書所錄方志目錄為志前所列目錄。此目錄往往與正文不一一對應，卻易為整理者、讀者忽略，故予錄出，以提供必要的信息。

七、本書只記《中國地方志聯合目錄》、《中國地方志總目提要》兩部中國地方志目錄、《中國善本古籍總目》、《中國古籍總目》兩部古籍目錄及《上海地方志簡目》、《上海方志資料考錄》、《上海方志提要》、《上海方志通考》四部上海方志目錄或提要著作的著錄情況。

八、每志僅錄私人藏書家印，至所鈐上海博物館及上海市歷史與建設博物
　　館、上海市立博物館等公藏機構館藏章則一律不錄。

九、每部方志配圖一至二幅。

一〇、本書引文，若屬研究性著述，則採用頁下注。此舉趨新以合今人學術
　　　規範，非有意違悖敘錄之體例。

一一、書末附人名索引二種，即修纂者索引、序跋題識者索引。

第一章　府志類

　　上海地區於《禹貢》為揚州之域，本屬吳國。公元前 473 年，吳為越所
滅，即屬越國。前 333 年，越又為楚所敗，故改屬楚國。秦始皇統一後，屬
會稽郡。此後，其地域、其隸屬代有變化。〔註 1〕本稱松江府，民國十六年
（1927）7 月 7 日，上海特別市成立，直屬中央政府。因江蘇省、上海特別市
分界較為複雜，未能全部按照規劃來分界。規劃的 30 個市鄉，實際只接收了
17 個，並改為區。至次年 7 月，上海縣、市始分治。民國十九年（1930），上
海特別市改稱上海市。今館藏中未見上海市志，故本章只涉及松江府志。

　　松江府，元至元十五年（1278）改華亭府置，轄華亭縣一縣，屬嘉興路。
至元二十九年（1292），分華亭縣東北境置上海縣，屬松江府。至元三十一
年（1294），始建松江府署。泰定三年（1326）罷松江府，天曆元年（1328）
復置。明嘉靖二十一年（1542），分華亭、上海部分地區建青浦縣。清順治十
三年（1656）分華亭縣西北部建婁縣。雍正四年（1726）分華亭縣東南境建
奉賢縣，分婁縣及華亭縣西南部分地區建金山縣。民國元年（1912），撤松
江府。

　　松江府志之始修年代，今已不可考。元代〔至元〕《松江府圖志》、〔大德〕
《松江郡志》、〔至正〕《續松江志》今均已佚。現存最早的松江府志是明陳
威、喻時修、顧清纂〔正德〕《松江府志》三十卷，明正德七年（1512）刻本。
明代又有方岳貢修、陳繼儒等纂〔崇禎三年〕《松江府志》五十八卷首一卷，

<hr>

〔註 1〕關於上海地區的建置沿革、區劃情況，可參看上海通志委員會編：《上海通志》
　　　　第 1 冊，上海：上海人民出版社、上海：上海社會科學院出版社，2005 年，
　　　　第 404～437 頁。

明崇禎三年（1630）刻本；次年，俞廷鍔加以重訂，增為九十四卷。馴至清代，松江府修志日繁，計有：郭廷弼修、周建鼎和包爾庚纂〔康熙〕《松江府志》五十四卷圖經一卷，清康熙二年（1663）刻本；佚名修纂〔康熙〕《松江府志略》，清嘉慶年間鈔本；魯超修、林子卿纂〔康熙〕《松江府補志》不分卷，清乾隆年間聞人倓鈔本；閔世倩纂〔雍正〕《雲間志略》，清鈔本；宋如林修、孫星衍和莫晉纂〔嘉慶〕《松江府志》八十四卷首二卷圖一卷，清嘉慶二十三年（1818）松江府學明倫堂刻本；博潤修、姚光發等纂〔光緒〕《松江府續志》四十卷首一卷圖一卷，清光緒十年（1884）松江郡齋刻本。此外還有專志、雜志，如：明何三畏撰〔天啟〕《雲間志略》二十四卷志餘一卷，明天啟四年（1624）刻本；李紹文撰〔萬曆〕《雲間人物志》，清乾隆年間鈔本；清漁樵散人撰〔道光〕《雲間志略》，清道光二十五年（1845）寶晉齋刻本；閔山葤輯〔光緒〕《松江府志摘要》一卷，清光緒四年（1878）申報館鉛印《屑玉叢譚初集》本。至於宋楊潛纂〔紹熙〕《雲間志》三卷，含松江府地，而非為府志，實則華亭縣志。

　　上海博物館圖書館藏松江府志三種七部：〔康熙〕《松江府志》三部，〔康熙〕《松江府補志》一部，〔光緒〕《松江府續志》三部。另有民國二十一年（1932）年傳真社據明刻本影印的《松江府屬舊志二種》，包括〔正德〕《金山衛志》和〔嘉靖〕《上海縣志》，非府志，故此處不列。

一、〔康熙〕松江府志

（一）清康熙刻本松江府志　807.2 / 23

　　〔康熙〕《松江府志》五十四卷圖經一卷，清郭廷弼等修，周建鼎、包爾庚等纂。清康熙二年（1663）刻本。2 函 20 冊。半葉 10 行，行 22 字，小字雙行同。白口，四周單邊，單魚尾。版心上鐫「松江府志」，中鐫卷次，下鐫頁碼及卷名。書高 27.1 釐米，寬 17.9 釐米，框高 21.7 釐米，寬 15.1 釐米。首有韓世琦《松江府志序》、清康熙二年十一月佟彭年《新修松江郡志序》、清康熙二年十月盧紘《松江府志序》、孫丕承《松江府志序》、清康熙二年九月郭廷弼《松江府志序》、宋徵輿《重修松江府志序》、舊序（元至元二十五年〔1288〕四月唐天麟《嘉禾志序》、元至元二十五四月郭晦《嘉禾志序》、明成化九年〔1473〕白行中《雲間通志序》、明正德七年〔1512〕十月顧清《松江府志序》、曹文衡《松江府志序》、方岳貢《志序》、董其昌《重修松江府志

序》）、凡例、舊志考、目錄、修纂姓氏、圖經（歷代建置圖、松江府境圖、華
亭縣婁縣境圖、上海縣境圖、青浦縣境圖、松江府治圖、上海縣治圖、青浦縣
治圖、水利圖一至五、海防圖、峰泖圖、鄉保市鎮圖），末有周建鼎跋。

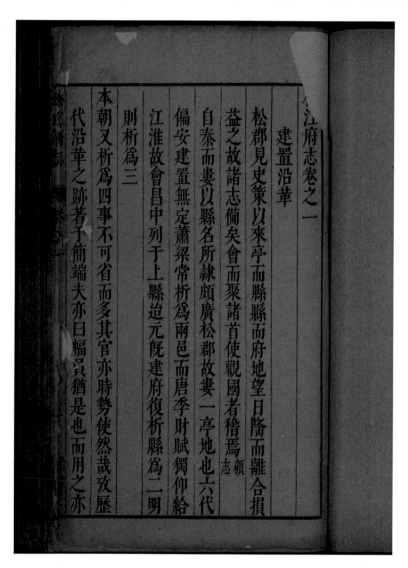

　　郭廷弼，字會吾，漢軍鑲白旗人，貢生，順治十七年（1660）擢松江府知
府。周建鼎，字西生，號淹稚，汝陰人。順治三年（1646）舉人，十二年（1655）
進士，知玉田縣；十六年（1659），任松江府學教授。著《練川集》。包爾庚，
字宜墾，又字長明，松江華亭人，明崇禎十年（1637）進士。善詩、古文，撰
有《包長明稿》、《直木居詩集》。

　　韓世琦序曰：「皇帝嗣服之元年，予奉命巡撫江南，思所以和惠兆民，對揚清問。惟是從宜從俗，徵於古者，庶可信於今，故廣其詢謀，尤必詳其紀載。郡邑之有志，以備文獻、昭官守也。爰誠有司，亟行修舉。其明年，松江府郭守輯郡志告成，凡五十有四卷，予得受而覽焉。其簡帙率減於舊，而參考詳覈，刪繁汰雜，厥有典裁。自開國以來，經制之宏鉅、樞管之綜密、徵令之寬簡，無不宣揚德音，垂著憲章，郁郁乎，彬彬乎，稱其為盛朝之文矣。夫志者，麗事見義，懲勸畢昭，例猶史也。國家金匱石室之藏，非侍從近臣不克窺其副。而郡邑各得修乘，以佐史官之采擇，則良有司與邦大夫暨博學好古之士，咸獲珥筆以從事，豈徒矜雄望、侈傳述哉？創繼同途，詛祝異效。於是乎觀政，張弛易軌，靡嗇貿情；於是乎觀時，時變而勿鳩。政於何觀？觀之義，在損益之中者也。凡有職於茲土者，庶相與憬然，而思以承聖天子省方之意，斯志其足徵也夫。欽差總理糧儲、巡撫江寧蘇松常鎮等處地方、都察院右僉都御史加一級、前宗人府啟心郎、纂修玉牒副總裁、吏部啟心郎河中韓世琦撰。」

　　佟彭年序曰：「三吳人文甲天下，而雲間最著，是不患乎無志。且今日文吏急催科，武士重干撫，鰓鰓然慮日給不暇，而又何藉於有志？乃郡守郭君曰：『不然。雲間之志，草創於東江顧先生，增華於禹修方先生。無論三十年來，缺略未備，即此未備者，而亦燼於兵燹，是昔有志而今無志也。若夫吏事所急，無寧不夙夜。然而時當鼎革，舉目不殊者，河山耳。幅員不無興革，戶口不無盈縮也；賦役不無更定，土田不無草萊也；官私棟宇不無變易，忠孝節義不無湮沒也；猿鶴沙蟲不無驚唳，鯨鯢鮫蜃不無跳梁也。凡此皆不可以無志，而何得不急急於斯役也？』予聞其言而喟然嘆，俞然唯之。太守其有心人也哉！雲間，東南瀕海地，向者南渡衣冠多萃茲土。明興二百年而有倭寇，我清定鼎十六年而有海寇，松於是乎始疲。頃者賦繁難理，設婁邑以分其課，而今百萬之逋，固未嘗即登，四邑之長，亦未嘗暖席，松於是乎益疲。疲矣，必解弦更張之，休息愛養之。更三十年而小人樂利，君子親賢，庶幾得見貞觀太平之盛。彼裙屐少年者，且將以為生而富庶，輕暖自豪而已，豈復知有今日之艱難乎？然則不志之，無以見共事茲土者之苦心於慮始也，亦無以見此一方民之蝹蠕沸羹而初即於衽席也。是則太守之意乎？太守曰：『然。』抑不特此。志，史之權輿也。今天下金甌無缺，小醜革心，異時天子命石渠、東觀之賢，採萬國之風謠，定一代之典則，其將取衷於郡縣之志，孰有先於

吾松者？太守其有心人哉？予不佞備位分藩，五郡三十二城之志，所未見者十之二，修於我朝者，亦十之二。其餘闕略不完，遠或四五十年，近或一二十年。讀至終卷，每為廢然。竊嘗有意補葺，而力未逮。今雲間獨能於倥傯之中，成此不朽之業，俾予得以樂觀其盛，深有幸焉。因郭君之問序也，書以畀之。時康熙二年歲次癸卯仲冬上浣，江南江寧蘇松常鎮五府承宣布政使司右布政使三韓佟彭年撰。」

盧紘序曰：「按，古方域莫遠於揚州。雖九州皆聖人經理之所畢至，然在周初，建國在揚域者，不過吳、越。即秦始立郡，亦只有會稽。今鉅郡，莫如蘇、松，皆未有專設。如云荒遠，在所不詳，則《禹貢》胡以仍有『震澤三江』之紀，而田賦何以仍刊下上、下下之規？古聖人何嘗置此一方於度外，而用心不密與？且紀土性曰塗泥，明耕藝之難也；紀貢道曰沿於江海，明輸輓之艱也。是其為吳民千萬世之慮者至深且遠。治之者不欲甚詳，正謂求之者不宜過急耳。三吳之盛也，自吳王闔閭稱霸始也。東南之號財賦區，自漢吳王濞鑄山煮海始也。《禹貢》所志，「惟金三品」，瑤琨、篠簜、齒革、羽毛，此自南海之利，與三吳無預也。即按今松江一郡，隸縣四：曰華亭，曰婁，曰上海，曰青浦。稽諸古籍，華亭舊屬嘉興，元至正十四年，以縣戶登二十三萬，陞為華亭府，而縣隸如故。明年，改松江府，取吳淞江而得名，諱水為災，易名松江。郡之立，自此始也。華亭，初未有縣，吳子壽夢初立亭，為宿會所。至唐天寶十載，割崑山及嘉興、海鹽地，立華亭縣，屬吳郡，自太守趙居貞之始也。秦初已立婁縣，屬會稽郡。梁大同初，分婁縣為崑山，而華亭並屬崑山地，婁縣之名久廢。今仍立縣，割華亭之東北荒區屬之，則自本朝順治十四年始也。上海初未有縣，華亭有地曰華亭海，居海之上，洋舶輻湊，榷貨於此。元至正二十九年，議割華亭之六鄉為縣，縣治之左有浦曰黃浦，亦曰上海浦，縣之得名自此始也。青浦初亦未有縣，地近海，其色青，故曰青浦。明嘉靖二十三年，巡按御史舒汀奏割華亭西北二鄉、上海西三鄉，立為縣。三十二年，議廢，尋如故。萬曆元年，用郡人蔡汝賢議，移治唐行鎮，縣之得立，自此始也。大抵四邑迫近海濱，其地平衍，潴灌維艱，每傷旱；其土卑淖，滲泄匪易，每傷潦。雖其產宜稻，種宜木棉，小民之家勤力作，終歲無所休，尚不能以人工之有餘補天時地利之不足。荒蕪連阡，賦必取盈於額，逃亡接踵，籍猶虛隸其名，非以既專立之郡，更分隸以縣，治之者較古為已詳，而求之者不能不急之故與？今自海警切膚，師徒雲集，悉索敝賦以佐軍

需，有司不能給，則被嚴譴，相繼而報罷。絃適司督輓，與太守郭君暨佐郡縣令諸君，皆一時共事茲土，而身履其艱者也。郭君負敏給才，為治不終，尋將解組去，且以書來告，曰：『松郡舊有志，兵燹後，編籍久蕩。然思志為一郡史，政教、風俗、人物、財賦，所關非淺尠，缺而不舉，實為有司蕃。今某同郡博周君敦請縉紳及博士弟子分曹開局，搜獵佚編，緝成完書，付諸梓矣。惟子大夫素加意松土吏若民，思有以振其危困而予以安全者，至深且切也。茲者編端題述，固可無意乎？』絃應曰：『唯唯。凡紀輿志之盛者，若歷代哲相名卿，業輝星日，文人騷士，藻煥縹緗，以及山川秀美，地脈鍾靈，物產精良，神工奪巧，此已詳述。昔賢之賦而備載，今人之紀固無俟絃之鋪張而揚厲者也。惟是時事之艱，嘗與黎元之疾苦，則不厭言之屑屑，綴之簡端，俾留心國計民生者有所省觀焉。其抑縣守佐諸近令之意也夫，抑縉紳先生暨士民之意也夫？』康熙二年歲次癸卯孟冬，欽差分管漕務、督理蘇松常鎮糧儲，兼巡視漕河江南布政使司參政楚蘄盧絃撰。」

孫丕承序曰：「昔楚左史倚相能讀八索、九丘。九丘者，即九州之書也。《周禮》小史與外史掌邦國四方之志，凡列國山川、風物、土產、貢賦之詳，咸登記注。而又有土訓，掌道地圖，辨地物，以詔地求；誦訓掌道方志、方慝，詔辟忌，以知地俗。王者深居禁禦，不出戶，知天下，恃有此具爾。自史局失官廠職，遂散方國之志，不隸於載筆，於是乎私乘乃興。凡職方王會之遺圖、河渠溝洫之雜志、軺車觀風之赴告、謠偽聞見之傳信，間有存者。雖未遑苞括宇宙，而邑里有徵，要亦圻壤可述，淑詭粲然，不類無稽之籍。本足以譚志，實史家之流別，而司牧者之計帳也。今夫閭巷素封之子，慎守筭鑰，猶必舉籍。其頃畝、囷倉、醯醬、儋石之名數，與夫僮手指幾，牛羊羇幾蹄角，胥有簿錄，而況守土君民者乎？文久而無傳，此賢師帥之任也。松為府，當震澤東下之處，吞吐江海，湖山環湊，秀氣噴薄，鬱為奧區。其名勝，則有橫雲、產玉、三泖、五茸之壯觀；其人士，則有機、雲、顧、葉之魁傑。地饒水草，號菰蒲蝦菜之鄉。金虀銀鱠，擅東南嘉味；吉貝卉服，飭化妙麗方。空吹綸之屬，歲供三服；官衣履天下，提封井牧。經陌帶阡，秔稌雲連，穬秅如櫛，度其四履，不當中原列郡五之一，而所登毛實旅包匭者，常冠於上國，是不可以末之記載也。郡故有志，歲遠殘廢，重更兵燹，象魏庋懸，蕩為煙埃。太守郭君廷弼奉宣條教，蒇事茲土，賦政之餘，搜討掌故，惴惴乎弗稱儒書秉禮之邦是懼，且念版圖之入昭代，垂歷二星，而典籍一無足稽，詎為小闕？

爰進耇造文學，詢闔郡之吏民，相與悉索舊章，捃拾散佚遺文故實，苞羅旁魄，然後緒正舛譌，發凡舉要，經綜冪比，次第編摩。書成，將付汗青，而請余題其首簡。余見其事覈文瞻，微隱昭晰，綱條不紊，法守足馮焉，勸誡不惑焉，信可謂史家之翼，匪徒原本山川，極命草木之為能事而已。抑近世之長吏，莫不以刀筆、筐篋、徵賦、聽斷為難，戴星供職，滋虞不暇，郭君敏辨肅給，百度具釐，乃能政成，而力餘於繩墨之外，抗此曠舉，尤見其有裕也。余忝持憲節，當表率守宰，深愧無能慮始，故樂觀此役之成，而書以旌之。一旦聖朝稽古，修外史、小史之職，簡牘布帛，彙升秘府，發命辭臣，兼總條貫，鋪張大一統之鴻休。是書也，豈終為邑里之私乘哉？金函石室之藏，其所禆於國典也大矣。是為序。欽差整飭蘇松兵備兼理糧儲水利、江南提刑按察使司副使三韓孫丕承撰。」

郭廷弼序曰：「今天下車書一統，遐陬僻壤，靡不戴聖天子德威。一時大小臣工，咸精惕乃心，以修厥厥職。余適承乏出牧雲間，兢兢官守，唯隕越是懼。又慮以束濕傷吏治，夙夜飭勵，務與民休息。念茲土為海濱重地，財賦甲於東南，其間人文習俗，皆有司者之責，徵往詔來，惟郡志是憑。乃兵燹之餘，版籍散軼，且辛未續修時，篇帙浩繁，詞多複沓，其後興廢紛更，兼成隔代，及今不為搜輯已，事奚述焉？於是晉郡博周君裕齋而商搉之，爰咨諸鄉大夫暨諸文學之留心掌故者，遂開局授簡，互相參稽，閱八月而甫訖。余復節省月俸，俾付剞劂。梓成，余覽之，慨然曰：志其可無輯乎？夫時日漸遠，不能無因革損益之殊者，勢也。松郡較之於昔，蓋屢變矣。西潀陂而東斥鹵，土壤異形，旱潦交困。今湮淤甌脫幾何，民計雕傷，水利之成法具在，何可不講求之也？稅畝之額，視昔再增，而地不加闢，郡邑吏前後率以逋賦報罷，小民之徭役不堪命，分三邑而四之，正供未見其秩理也。而祿糈滋費，胥吏之叢彌侈，經界戶口，不細為考悉，其弊又安極也。昔防海置衛，今建重鎮於城中。勢愈重，則防愈嚴；兵愈廣，水陸戰守之具愈備。其詰戎作而固桑土者，數又宜詳也。是皆大利害之所在，志中不憚娓娓而審晰焉。至屯鹽核而侵蠹清，學校修而人文盛，山川疆域圖繪井然，宦績名賢必俟論定。其餘往跡雜事可記續者，皆條分臚列之，有誤必正，有蕪必芟，該而不遺，質而不溢，義例倍精，體裁咸得。其意雖予竊取之，亦周君暨諸鄉大夫文學之相與有成也，實郡之幸也。抑余又有進焉。松郡之在坤輿，僅彈丸耳。賦稅催科，每厪大司農心計，而島嶼警息，至屢煩宸顧。余又曷敢不深明經術以潤飾吏

事，仰副嘉惠元元之至意哉？後有補偏救弊，通變宜民者，則此志庶其可徵。世有官其地而委文獻於不知者，余或可免矣。飛龍康熙二年九月朔旦中憲大夫松江府知府三韓郭廷弼撰。」

宋徵輿序曰：「今皇帝紹膺寶曆，承世祖右文之盛，搜輯典憲，喬皇顯爍，覃敷中外。時三韓郭侯來守我郡，政成朞月，維紀綱，維疆理，小大中程，民告和會。乃遊泮宮，肅學博周君而問曰：『郡國之有志，猶朝廷之有史也。松之成邑，自漢以來，迄於今日，為名地久矣，宜必有志。志今安在？』學博曰：『聞之此鄉士大夫，郡志之輯，逾三紀矣。鋟之於木，亦已燬矣。維昭代之章程，與夫二千年來之故實，不可無成書，蓋若有待焉。』侯曰：『是當議纂修。』議稍稍聞，於是鄉大夫之遠守官服者，施子峴山、許子鶴沙、沈子繹堂、王子印周、周子宿來、袁子若遺、張子謀遠、家伯氏尚木，咸致書於侯，以其事請。侯乃進在籍諸君子，而詢謀焉。適朱子蒿庵以使事歸，在坐，與王子農山、顧子見山共告徵輿曰：『志猶史也。史材不易若何？』徵輿曰：『食不必珍錯，亦有五穀；乘不必騏驥，亦有四驪。求遷、固而後史，則紀事無書矣。今郡之賢獻具在，若張子蓼匪、陸子蘭垓、包子宜壑、楊子扶曦、張子忍齋、朱子天襄、葉子炳霞，暨文學謝生提月、錢生武子、陳生惠文、林生平子，皆鴻博雋雅之儒也。夫開局分纂國史且然，而況郡志？以諸君子之材，同心黽勉，日可集事。若以俟異時，則異時猶是也，庸可冀乎？且修前志者為顧文僖，義例詳，體裁正矣。後志為陳徵君，搜採博，事類廣矣。若啟、禎而後薦紳聞見，未至異同，一王之制，則官司守焉。述者之功，猶今日所幾也。』三君子以為然，贊之於侯，侯曰善。爰擇公署，延諸子遴日分撰。謂東南澤國，川原經緯，設險畫守，紀載攸始，農山、見山、平子繪圖作經，冠之卷首。肇邑以來，間隸吳越，垂象有常，疆理則異，蒿庵、提月敘沿革第一、分野第二、疆域第三，形勝鄉保附焉。名都可望，襟帶是資，高下有紀，惠文集其事，徵輿論而次之，敘山、水第四，尺土之毛國儲具焉，天襄、武子敘土產第五。秀滿則柔，匪文是誇，而曼是憂，武子暨徵輿敘風俗第六。生齒殷庶，弗善厥後，或盛而衰，蘭垓敘戶口第七。土下賦上，竭趨納服，在世之季，無藝且倍，惟皇仁隱恤，從其中制而望澤者實亟，農山、平子敘田賦第八，稅課、荒政附焉。昔庸計戶，今也任土，九闔一存，棘匕告繁，農山敘徭役第九。關海正筴，厥在常賦，扶曦敘鹽法第十。江湖灌輸，古人之德，後人之師，見山敘水利第十一。正位經野，營建略備，蘭垓、提月敘城池第十二，

坊巷、橋樑、市鎮附焉，忍齋、見山敘官署第十三。俎豆有容，文教飭也，蓼匪敘學校第十四。海波不揚，武備修也，見山、武子敘兵防第十五。凶札不虞，儲待豫也，宜壑、惠文敘倉廩第十六。地非孔道，而命必有達，宜壑敘驛傳第十七。境無望祀，而舉必有典，見山、炳霞敘壇廟第十八。故國之觀，憑弔是資，武子暨徵輿敘第宅第十九，宜壑、扶曦敘冢墓第二十，武子敘寺觀第二十一、古蹟第二十二。爰稽官師，易世而名存，美刺具焉，蒿庵、惠文敘守令題名第二十三、學職題名第二十四。其賢者則思之，挹其遺風燦如也，農山、宜壑敘名宦第二十五。好爵爾縻，為邦家光，蒿庵、惠文敘科目第二十六，蘭垓敘封爵第二十七，天襄敘封贈第二十八、錄廕第二十九。昭日月，刊金石，先民高矩，君宗天下，閭里益榮，惟名臣是賴，自明正德以前，徵輿述之，嘉靖以後，平子述之，徵輿佐之，實第三十。其節奇者，其倫盡，其藝進者，其道微，蒿庵、武子敘獨行第三十一，見山、武子敘文苑第三十二，農山、武子敘隱逸第三十三，農山、平子敘藝術第三十四。遊焉息焉，因而家焉，其賢者足重也，炳霞敘遊寓第三十五。女士之行，史家所重，見山、武子敘列女第三十六。方外之士，時有至人，蒿庵、忍齋敘仙釋第三十七。文章之盛尚矣，忍齋敘藝文第三十八。古郡國有史官，氛祲是占，蒿庵、平子敘祥異第三十九。凡不比於例，其可傳者，弗敢略也，蒿庵、平子敘遺事第四十。諸君子之言曰，各盡其所知，無執己說。其所輯者，明以前從顧志什八，明以來從陳志者什七，參以史傳、實錄，裁以文獻，閱歲而稿具。至若討論義例，稽考異同，使諸家之言有所統紀，實宜壑與平子司之，徵輿時與聞焉。書成質之學博，進之於侯，侯受而次第之，凡五十有四卷。賜進士出身、嘉議大夫、宗人府府丞、前太常寺卿、太僕寺卿、大理寺少卿、太僕寺少卿、尚寶司卿、福建布政使司右參議兼按察司僉事、提督學政、刑部山西清吏司員外郎江西司主事郡人宋徵輿撰。」

　　周建鼎跋曰：「雲間僻在海隅，家弦歌而人詩禮，久為文獻之地。郡侯襄平郭公蒞治以來，政平化洽，諸廢具興。獨念志乘散軼，歷三十餘年未有繼而纂之者，顧建鼎言曰：『若司教事，今儒廟聿新，宮懸畢秩，士亦既知所敦飭矣。至郡乘一書，關于彰往示來者匪〔輕。當此百務維新之候，博蒐紀載，用昭鉅典，非若，其誰任焉？』建鼎謝不敏，然又弗敢辭，於是請教于郡之大人先生，及士之博雅者，分類而編討之，經年乃告成焉。因是而知侯之用思深而加惠遠也。古之善治者出守劇郡，凡方域、土田、兵賦、文物，以至風俗

盛衰之故，莫不洞然於胸中，然後措之政治者，克以因時〕而通變，其詳則悉載于志書，以故愈知作志之未可苟也。始之患其不備，繼之患其不確，終之患其不嚴。備則無或遺也，確則無或誣也，嚴則無或濫也。集一郡之賢大夫，秉心無頗，以著治跡會歸之洪業，豈徒侈繁縟，矜汗漫云爾？故遝綜博括，削蕪歸簡，其有關于國計民生者，尤務闡述而詳明之。或以資蒞土者之見聞，或以佐觀風者之採奏，體裁咸備，鑒戒炯然，即侯之循良偉績，未易殫陳乎？斯亦可謂識其大端者也。先是，祖侯在郡，有麗譙之築，四方觀瞻者咸稱其壯麗，足以表東海。矧茲百世遺規，刊諸譜冊，依事考彙，列如指紋，撡覽斯書，不履四境而坐照民隱，不勞疇咨而周知群務，寧僅僅擬于壯麗瞻觀而已哉？侯之造於斯邦，自與彤管、珉版共厥不朽矣。建鼎既經營于始，又幸樂觀其成，洵斯文之厚幸也。謹載拜颺言而跋之如此。康熙二年歲在癸卯陽月朔日，松江府儒學教授汝陰周建鼎撰。」

　　是志採擇〔正德〕《松江府志》和〔崇禎〕《松江府志》者頗多，體裁賅備，義例嚴整，尤詳於田賦。周中孚《鄭堂讀書記》論曰：「其所纂輯，明以前從顧志者什之八，從陳志者什之七，參以史傳，及各邑志書，間或正誤薙蕪，該而不遺，質而不溢，頗為義例整飭，體裁得宜焉。」〔註2〕是志分四十四門，有沿革年表、分野、疆域（形勝、鄉保附）、山、水、土產、風俗、戶口、田賦（稅課、荒政附）、徭役、鹽法、水利、城池、坊巷、橋樑、市鎮、官署、學校、兵防、倉廩、驛傳、壇廟、第宅、冢墓、寺觀、古蹟、守令題名、學職題名、名宦、科目、封爵、封贈、錄蔭、名臣、獨行、文苑、隱逸、藝術、流寓、列女、仙釋、藝文、災異（兵燹附）、遺事。正文標目與此微異。

　　此本首葉韓世琦序、末周建鼎跋均有鈔補。

　　《中國地方志聯合目錄》、《中國地方志總目提要》著錄，《中國古籍總目》著錄，《上海地方志簡目》、《上海方志資料考錄》、《上海方志提要》、《上海方志通考》著錄。

　　有余璇、吳長青整理本，收入《上海府縣舊志叢書·松江府卷》，上海古籍出版社，2011 年出版。

　　除上海博物館圖書館外，中國國家圖書館、上海圖書館、南京圖書館、天津圖書館、浙江圖書館、中山圖書館、甘肅圖書館、四川圖書館、寧波市圖書館、北京師範大學圖書館、復旦大學圖書館、南京大學圖書館、吉林大學

〔註2〕周中孚：《鄭堂讀書記補逸》，北京：商務印書館，1958 年，第 355 頁。

圖書館、南開大學圖書館、華東師範大學圖書館、中山大學圖書館、南京大學圖書館、中國科學院圖書館、上海辭書出版社、中國科學院南京地理與湖泊研究所圖書館、中國臺灣「中研院」史語所、日本國會圖書館、國立公文書館、宮內廳書陵部、東洋文庫、美國國會圖書館、哈佛大學哈佛燕京圖書館等收藏。

（二）又一部　清康熙刻本松江府志　807.2／23：1

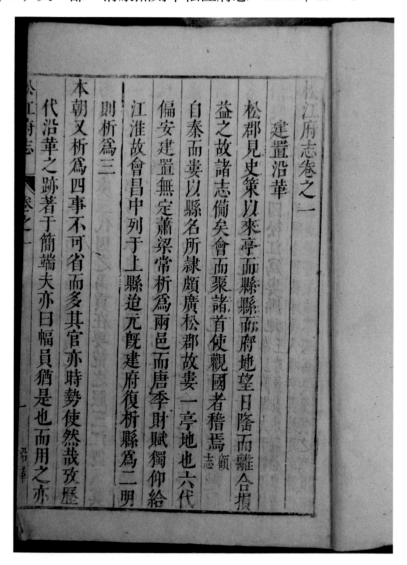

〔康熙〕《松江府志》五十四卷圖經一卷，清郭廷弼等修，周建鼎、包爾庚等纂。清康熙二年（1663）刻本。15冊，存四十九卷（卷首、一至四十

三、五十至五十四。半葉 10 行，行 22 字，小字雙行同。白口，四周單邊，單魚尾。版心上鎸「松江府志」，中鎸卷次，下鎸頁碼及卷名。書高 26.7 釐米，寬 17.4 釐米，框高 21.7 釐米，寬 15.1 釐米。首有韓世琦《松江府志序》、清康熙二年十一月佟彭年《新修松江郡志序》、清康熙二年十月盧絋《松江府志序》、孫丕承《松江府志序》、清康熙二年九月郭廷弼《松江府志序》、宋徵輿《重修松江府志序》、圖經（歷代建置圖、松江府境圖、華亭縣婁縣境圖、上海縣境圖、青浦縣境圖、松江府治圖、上海縣治圖、青浦縣治圖、水利圖一至五、海防圖、峰泖圖、鄉保市鎮圖）、舊序（元至元二十五年〔1288〕四月唐天麟《嘉禾志序》、元至元二十五年四月郭晦《嘉禾志序》、明成化九年〔1473〕白行中《雲間通志序》、明正德七年〔1512〕十月顧清《松江府志序》、曹文衡《松江府志序》、方岳貢《志序》、董其昌《重修松江府志序》）、凡例、目錄、舊志考、修纂姓氏，末有周建鼎跋。

此本無圖經。

（三）又一部　清康熙刻後印本松江府志　807.2 / 23：2

〔康熙〕《松江府志》五十四卷圖經一卷，清郭廷弼等修，周建鼎、包爾庚等纂。清康熙二年（1663）刻本。20 冊。半葉 10 行，行 22 字，小字雙行同。白口，四周單邊，單魚尾。版心上鎸書名，中鎸卷次，下鎸頁碼及卷名。書高 28.2 釐米，寬 17 釐米，框高 21.7 釐米，寬 15.1 釐米。首有宋徵輿《重修松江府志序》、清康熙二年九月郭廷弼《松江府志序》、清康熙二年十一月佟彭年《新修松江郡志序》、舊序（元至元二十五年〔1288〕四月唐天麟《嘉禾志序》、元至元二十五年四月郭晦《嘉禾志序》、明成化九年〔1473〕白行中《雲間通志序》、明正德七年〔1512〕冬十月顧清《松江府志序》、曹文衡《松江府志序》、方岳貢《志序》、董其昌《重修松江府志序》）、凡例、修纂姓氏、目錄、舊志考、圖經（歷代建置圖、松江府境圖、華亭縣婁縣境圖、上海縣境圖、青浦縣境圖、松江府治圖、上海縣治圖、青浦縣治圖、水利圖一至五、海防圖、峰泖圖、鄉保市鎮圖）。

此本序較前兩部為少，次序亦不同，末無周建鼎跋。其中郭序有缺頁。

此本為後印本，有缺頁，有修補，又有斷版。

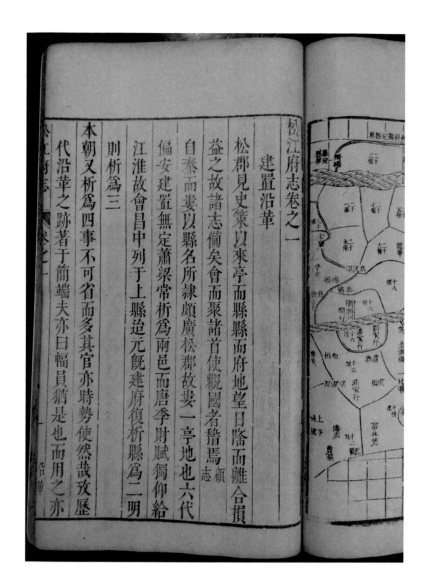

二、〔康熙〕松江府補志

（一）清乾隆鈔本松江府補志　807.2 / 10

〔康熙〕《松江府補志》不分卷，清魯超修，林子卿等纂。清乾隆年間聞人倓鈔錄本。2冊。半葉10行，行22至23字，小字雙行同，無邊欄行格，無頁碼。書高29.4釐米，寬18.4釐米。無序、凡例，有目錄。目錄葉題名為「補輯松江府志」。

魯超，字文遠，號謙庵，浙江會稽人，順治十七年（1660）副貢，康熙十五年（1676）擢松江知府，有善政，撰有《群雅集》、《謙庵詞》。林子卿，字

安國，華亭人，府學貢生，撰有《素園稿》。聞人俠，字卓山，又字訥甫，華亭人。撰有《古詩箋》三十二卷，係箋注王士禎所選古詩之作，又注蔡毓榮所輯《通鑑本末紀要》八十一卷首三卷。

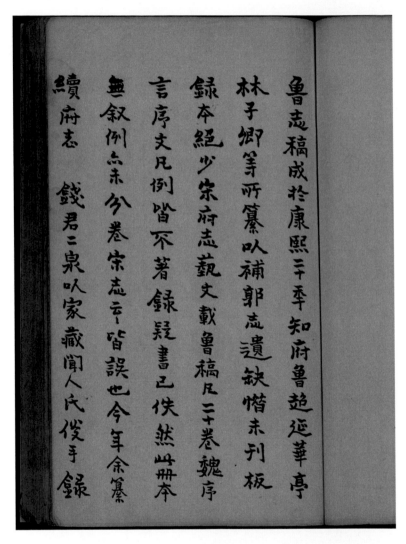

魯志稿成於康熙三十年知府魯超延華亭林子卿等所纂以補郭志遺缺惜未刊板錄本絕少宗府志觀又載魯稿凡二十卷魏序言序凡例皆不著錄疑書已佚然此冊本無敘例亦未分卷宗志云皆誤也今年余纂續府志錢君二泉以家藏聞人氏俊手錄

是志為補〔康熙〕《松江府志》之作，有二十八門，其中上冊有星野圖、蠲免、荒政、漕運、鹽法、蘆課、雜稅、役法、水利、海塘、官署、學校、祠廟、寺觀、義冢十五門，下冊有職官、科目、貢生、武科、名宦、名臣、獨行、文苑、隱逸、藝術、列女、災異、遺事十三門，惟正文中星野圖、職官、貢生、武科四門標題失寫。學校一門下有名宦、鄉賢二目，科目一門下有進士、舉人二目。郭廷弼修〔康熙〕《松江府志》計四十四門，是志沿之而有所補充，

又另設蠲免、荒政、漕運、蘆課、雜稅、役法、海塘、祠廟、義冢、職官十門，則其補輯〔康熙〕《松江府志》之價值，自不待言。是志體例完備，然非最終定稿，體例與內容上均有尚待完善之處。

職官記至清康熙二十二年（1863），記事至康熙二十三年（1684）。

此本下冊首末皆有缺頁。冊首「職官」部分起自「上海縣知縣」，其上有婁縣主簿葉大春（《婁縣志》作「葉大椿」）、王睿哲二人，在重新裝訂時誤植於上冊「目錄」前。對比〔乾隆〕《華亭縣志》、《婁縣志》和〔康熙〕《松江府志》，可以推知，此二人之上當有以下諸人：華亭縣知縣陳昌明、鄭國翰、王協、董士哲、閻必崇、南夢班，縣丞劉球瑛、張錦、劉問明、寧垣，管糧縣丞劉世輔、李文華、胡應鳳、劉之良，主簿張漢、唐瓊、宋士標、張玉柱；婁縣知縣李復興、王奎齡、孟道脈、譚從簡、蘇堯松、史彬、廖慶良，縣丞魏天賢、施鴻、劉邦允、徐宏道、祁瑞麟、蔣嘉謨、王國禎、曾聖傳，主簿余志龍。余志龍於康熙五年六月任，葉大椿於康熙十七年八月任，《婁縣志》謂後「歷任主簿亦多闕略無考」，則此十二年間任主簿者已不得而知。至於康熙元年婁縣所設董漕縣丞，不知誰人擔任；而松江府所設知府、海防同知、管糧同知、水利通判、推官、管糧通判六職，亦不知此補志中是否列入。冊末「遺事」一目，至「包宜墼先生爾庚」條內容已不完整，其下更不得而知，惟所缺應當無多。

此本上冊封面有沈祥龍題寫書名及識語，下冊有沈祥龍識、章來跋及耕珉志。正文偶見朱、墨筆校改和校補。

上冊沈祥龍識曰：「己卯仲夏，余方纂修府志，適二泉錢君以此冊見示，餉我者多矣。約齋沈祥龍識。」後鈐「沈祥龍印」白文方印。目錄頁鈐「臣倓私印」白文方印、「聞人卓山」朱文方印。卷端葉沈祥龍題有：「庚辰夏，約齋沈祥龍借閱一過。」下鈐「沈祥龍印」白文方印。

下冊沈祥龍識曰：「魯志稿成於康熙二十年。知府魯超延華亭林子卿等所纂，以補郭志遺缺，惜未刊板，錄本絕少。宋《府志・藝文》載魯稿凡二十卷，魏序言序文、凡例皆不著錄，疑書已佚。然此冊本無敘例，亦未分卷。宋志云云皆誤也。今年，余纂續府志，錢君二泉以家藏聞人氏倓手錄本見示，頗多採取，適何君秋士見之，慫恿二泉付梓，以備吾郡掌故。二泉其亦有意乎？光緒六年夏日約齋沈祥龍識於上海。」鈐「沈祥龍印」白文方印、「約齋翰墨」朱文方印。章來跋曰：「魯郡侯超為我郡賢太守，蒞官後，延林

子卿等於署，輯郡乘以補郭志。代者至，書成而未及刊。金山錢君二泉藏是書久，今將刻以傳世。夫文之顯晦有數，是書歷二百年而始得錢君以永其傳，使魯侯搜討之功，得與郭侯並稱，不可謂非是書之幸也。二泉藏書甚富，多毀於兵燹。來見是書，復為他書惜而太息久之。婁縣章來跋。」耕氓志曰：「丁巳夏，以二十金購之阮溪張氏，兼閱一過。耕氓志。」鈐「愛裳」朱文方印。

《中國地方志聯合目錄》、《中國地方志總目提要》著錄，《中國古籍總目》著錄，《上海地方志簡目》、《上海方志資料考錄》、《上海方志提要》、《上海方志通考》著錄。諸家著錄中，有以為是志二十卷者，又有以為是志成書時間在康熙二十年（1681）者，皆不確；《中國地方志總目提要》著錄是志題名作「〔康熙二十年〕松江府志二十卷」〔註3〕，亦不確。

有陳才整理本，收入《上海府縣舊志叢書·補遺卷》，上海古籍出版社2021年出版。

上海博物館圖書館收藏。

三、〔光緒〕松江府續志

（一）清光緒刻本松江府續志　807.2 / 26

〔光緒〕《松江府續志》四十卷首一卷圖一卷，清博潤修，姚光發等纂。清光緒十年（1884）刻本。24冊。半葉10行，行22字，小字雙行同。白口，左右雙邊，單魚尾。版心上鐫「松江府續志」，中鐫卷次與目名，下鐫頁碼。書高24.5釐米，寬15.4釐米，框高19.4釐米，寬13.7釐米。有牌記「甲申二月梓於郡齋」。首有清光緒十年（1884）七月曾國荃《序》、光緒九年（1883）六月吳元炳《序》、光緒十年五月衛榮光《松江府續志序》、光緒十年六月譚鈞培《松江府續志序》、光緒九年五月許應鑅《序》、光緒九年十月邵友濂《重修松江府志序》、光緒九年六月博潤《松江府續志序》、目錄、纂修銜名、凡例、圖經（松江府全境水道圖、海塘圖、柘林、提督署圖）、巡幸、宸翰。

博潤，字雨蓀，正黃旗滿洲生員，光緒四年（1878）四月任松江知府。姚光發，字衡堂，上海婁縣人，清道光二十一年（1841）年恩科進士，庶吉士，授戶部主事。

〔註3〕金恩輝、胡述兆主編：《中國地方志總目提要》，第9-7頁。

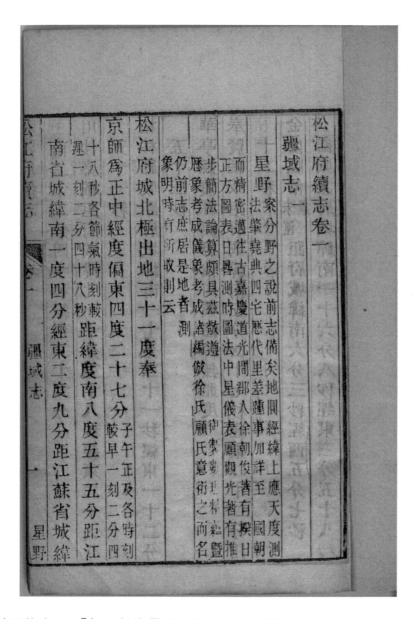

曾國荃序曰：「松江枕海帶浦，南控閩粵，北達遼左。冠蓋之所臨，帆檣之所集，中外富商大賈之所交通，蔚然為東南一大都會。曩者粵寇之亂，大江以南幾無完土，恃上海一隅徵兵籌饟而全省次第肅清。我穆宗毅皇帝軫念瘡痍，特沛恩綸，永減松江民賦什之三，俾蚩蚩之民咸得休養生息，以漸復其元氣而漸進於詩書禮樂之化。此匪特民之幸，抑亦牧民者之深幸也。顧郡志之修，自嘉慶戊寅迄今，幾七十年，其間風俗之大、民生之繁、人才之眾、山川險夷之故、水旱蓄泄之宜、財賦出入之數，以及軍興以來，忠臣義士、孝

子節婦之行，視昔倍增，不有紀載，其曷以昭示來者？郡守博君潤為政之暇，披覽圖籍，慨然思有以續之，乃延郡之士大夫相與上下其議論，綜覈名實，搜採編輯，成書四十卷。余閱之，繁而不蕪，簡而不陋。其於前志，疏者補之，雜者芟之，譌者糾之，疑者闕之，蓋事雖因而同於創已。近者海氛不靖，天子赫然震怒，命各路統兵大臣截擊之。吳淞屯兵戍守，屹為重鎮，民皆安堵如故，其旁邑則耕食鑿飲，熙熙然各務其本業。官斯土者當於此時安撫其身家，保衛其鄉里，激勵其忠憤，練習其技能，俾無事則為良民，有事即為勁旅，豈非我國家深仁厚澤，涵濡於二百四十年之久，民皆感動奮發而不能自己者乎？會博君以序請，軍旅倥偬，竊竊然念斯民休戚之故，無以自釋於懷，而猶幸此書之適以觀厥成也，於是乎書。光緒十年歲在甲申秋七月，太子少保、兩江總督、一等威毅伯湘鄉曾國荃撰。」

　　吳元炳序曰：「松郡轄一廳七縣，外控江海，內屏泖澱，誠保障之重勢。咸豐庚申，粵匪下竄，自昔纖麗星繁之境，悉為灰燼，為東南未有之大劫。惟松郡以上海一隅徵兵裕餉，輾轉十年，得以削平巨憝，蔚成聖主中興之業。年來海上波譎雲詭，噓樓鬧市，不可方物，亦開闢未有之奇觀，而長鯨恣橫，屢屢宸顧。官斯土者山川、形勢、人民、謠俗，一有不晰，則不可以為治，況古今之變、因革之宜、土俗之醇漓、民生之勤惰，孰經畫是，孰鞏固是，尤不可以不諗也。同治十三年，余奉命撫吳，興舉廢墜，兢兢於圖籍典章，以為司土牧民者綱紀萬理、筦鑰百為，舍是無由也。會楊君子和以翰林起家，出典是郡，與之上下其議論，亦謂志乘者，出治之譜，匪直文獻而已。惜楊君未蒞任，即以憂去。繼之者，為博君雨蓑，懇摯愛民，不以吏幹自見。諄囑其邦之賢士大夫，增修舊志，備古今，核名實，窮源以竟委，傳信而闕疑，其亦庶幾於故君子之用心矣。設局未久，余亦奉諱回籍，於癸未夏郵寄全稿示余，並索弁言終余初志。余維蘇省地大物博，而財賦之藪，亦只蘇、松兩郡。洪惟我朝崇稽古之大道，茂長世之善經，文治光昭，炳焉與三代同風，猶慮湛恩之未廣，聲教之未洽也。蠲緩之詔，史不絕書。兵燹之餘，招流亡，闢荒穢，又減松糧三之一，故民依耕織，尚儉約，而謹事其上。郡城距滬不百里，滬濱富商大賈游手無業者，五方雜廁，大率侈靡無度，苟且詐偽，而旁縣獨力於本業，即滬城以內，清素悃愊，與租界截然若兩域。嗚呼，孰非二百年以來涵濡德化，浸淫漸潤，得以有此風尚歟？府志自康熙二年重修，越百五十載，至嘉慶戊寅宋君增輯之，中間有魯君續志，僅存其目，而書已佚。迄今六十餘

載，更變獨多，為前數百年才智之士所不及料。年近而事增，名因而實創，得斯志，攬舊撤新，類分族別，為書四十卷，補缺增完，去蕪訂偽，於利弊所關，尤述之必備，皆博君董率之力，與諸君子用心之勤。余雖息影家居，無能為役，猶幸觀厥成功，而先睹為快也。於是乎書。光緒九年六月，前撫吳使者固始吳元炳序。

衛榮光序曰：「粵惟《禹貢》揚州之域，松郡為斗宿之分野，東枕大海，襟帶江湖，三泖川澤之利，九峰崗巒之勝，魚鹽充牣，原隰砥平，衣冠文物財富之雄，為東南一大都會。國家疆理天下，懷柔遠人，交邦互市以來，輪舶往還，北通遼海，西極歐洲，海國之貨萃於滬瀆，而吳淞為江南第一門戶。《易》曰，『王公設險，以守其國』，地勢然也。光緒七年，余奉命移撫三吳，暇搜志乘，各郡邑續修，次第告成，而《松江府志》亦於去夏六月蔵事，成書四十卷，而問序於余。昔江文通謂修史之難，無過於志。誠以志者，典章所繫，自非爾雅之才，咨於故實，不足網羅放失、補益舊聞也。舊志始修於康熙癸卯，繼修於嘉慶壬申，迄今七十餘稔矣。中經兵燹，建置興廢，水道變遷，賦稅、軍政、忠義、節孝、人文、坊表之盛，日新月異，有關於政治之大、風化之原，非補苴罅漏，采摭加詳，何以資考鏡，而信今傳後也？嘗考松郡田賦，與蘇相埒，繁重甲於海內。海運、轉漕，歲輸十萬石，上供天庾。海內闤闠，填闉駢遷，通於絕域，關譏貨泉，歲徵數百萬以助各行省之餉，而農無餘粟，戶鮮蓋藏。富賈操奇，販負所鬻，或終日不得一售，然則豐財宜防其匱，計利可不慮其害哉？自粵寇之亂，受其禍者創鉅痛深。今沐浴聖澤涵濡，休養生息，垂二十餘年，食德服疇，狃厭兵革，而安於畎畝，惟願讀斯志者綜覽古今，於地利形勢之要、軍旅經制之宜，溝洫利導之方，與夫民俗盛衰之故，研究其得失，務求長治久安之道，以仰副聖天子型方訓俗之心，是則區區之懷願，與官斯土者所共勉也夫！光緒十年歲次甲申五月既望，撫吳使者古鄘衛榮光序。」

譚鈞培序曰：「松江枕江負海，九峰矗其北，三泖綴其西，沃野平疇，古稱澤國。官斯土者，在宋則稱吳、楊，在元則稱胡、呂，在明則稱樊、方。德道禮齊，流徽未沫，一時民物殷闐，風俗茂美，人文蔚起，水利誕興，後之人徵文考獻，踵而行之，允足燭幽隱，惠元元，酌損益之中，以和其政令。舊志作於嘉慶壬申，迄今近百年矣。中更兵燹，時易事繁，其政治沿革之跡，與夫賢人、君子、孝子、悌弟、士女貞義之行，闕而不書，後何觀焉？雨薌太守來

典是郡，謀於耆長集議續修，其於私家之紀載，公牘之留遺，靡不網羅，衷於至當，又別為補遺考證，各以類坿，以彌前志之缺而兼訂其訛。綱目燦陳，美矣備矣。且夫方志之作，蓋即《周官》誦訓、土訓之義。推而廣之，於以鏡藏，匡考得失，資治理耳。天下之禍患不勝防，世局之推遷無窮盡，而惟率循大卞，握其常經，乃足制萬事而有餘，應萬變而亦無不足。或者不察，以為古今異勢，彼此異時，如府屬之上海縣，昔僅瀕海之偏隅，今則通商之大邑，中外萃處，猜忌易萌，舉凡自強之術，裕富之源，必有爭奇炫異，增益於常治外者，而顧沾沾焉手一編以講求上理，迂孰甚焉？然而兩階舞而三苗格，帝典之紀功業；文德修而遠人來，《魯論》之垂訓也。我朝厚澤深仁，垓埏遐被，陸詟水慄，奔走來賓，今更舉是編而次第行之，將興學校以教民，飭營伍以保民，課農桑以養民，褒節義以導民，誼美恩明，百廢具舉，使郡之中家給人足，康樂和親，不惑異端，不寶遠物。彼遐方殊俗，重譯而來者，亦且測律瞻風，入境稱善，潛移默化，偕我太平，其在《詩》曰『柔遠能邇』，胥是道也。然後知方志權輿於《周官》，其本克端，其效彌捷，信未可以迂論目矣。雨蓀太守適以續志成，問序於余，用特揭其本旨，錄於簡端，以為勤求治理者勸。光緒十年歲次甲申六月上澣，江蘇布政使譚鈞培序。」

　　許應鑅序曰：「吾輩蒞官之始，欲周知疆域形勝土俗所宜，古今政治之得失、典章之沿革，捨志乘其奚由哉？然而職方氏之官不設，郡國紀載，莫有職司，蒐輯見聞，遞相嬗續，代有成編，斯有司與邦人士之責也。予吳中陳臬四綰藩條值寇亂削平之後，天子方蠲租減賦，修養黎元，勤求吏治，十餘年間，疆臣於廢者舉，弛者張，爰考典徵文，有志乎修志之事。而松江府曩修於嘉慶之戊寅，迄今垂七十年，郡當江海之衝，自泰西通商後，上海一隅梯航輻湊，璚貨咸集，商稅之利，工藝之巧，蓋此數十年間運會固已殊矣。又況中經兵燹，忠義節烈之盛，炳乎千秋，闕而不書，後之人奚由據？長白博雨蓀太守既蒞郡，即慨然以茲事自任，訪耆舊，招文士博採旁搜，參互考證，三閱寒暑，成書四十卷，題曰松江府續志。蓋書之體例仍舊，而自嘉慶戊寅以前，闕則補之，譌則正之，仍不敢增損前志，而別為一編，若隱然待後賢之折衷棄取彙集，以成一代之書者，此作者謙讓之旨也。余詳覽始末，他不具論，獨論松江之形勢有異於他郡者二，曰海防，曰水利。論海防，則以吳淞口為最要，東南之藩籬，亦長江之門戶也。設險守國，其在斯矣。而川沙、南匯，遙與通州廖嘴為犄角，近與崇明、寶山相綱維，險之次者也。至由外及內，尤

以黃浦為沖，又當聯上、南、寶三邑而合防也。國家設提督駐郡城，控上海之要，而海塘三百餘里，營汛棋布，此足見列聖廟謨之宏遠矣。若夫水利則三江故道所經，上受具區之巨浸，溉灌全郡土田，以委折而東，其間為港、為蕩、為涇、為浜者，殆以千計，坡塘隄堰，蓄泄之宜，因時變易，未可以成法拘也。然而洴澱之流通則上無泛溢，吳淞之流觴則下有所歸。清者疏之，濁者激之，固隄防於三面，俾奔赴於一門，挈領提綱，要不外是。前人論松江水利，修塘為急，濬洑次之，不其然歟？今觀卷首諸圖，瞭如指掌，吾更揭其大要，俾官斯土者知以海防、水利為先務，而考其形勢，詳其制度，觀已然之成跡，究當今之要圖，庶是編即為治譜，而非徒廣耳目之見聞，是則予所厚望也。爰書簡端以為之序。光緒九年癸未五月，署理江南蘇州布政使、江蘇提刑按察使廣州許應鑅序。」

　　邵友濂序曰：「松江府境為《禹貢》揚州之域，春秋時吳地，後入越，戰國屬楚，秦屬會稽郡，漢以下迭有更置。元至正十四年置華亭府，明年改松江府，郡名實始於此。負海襟江，土壤肥沃，人文蔚盛，著於東南。幸值得海宇寧謐，百廢具興，大府飭修江南通志，而華、婁、奉、金、上、南、青七邑新志以次告成，於是遂有纂修郡志之舉。考《松江府志》修於嘉慶壬申歲，迄今已六七十年，時移事異，及茲不修，後將湮沒。太守博公雨霽乃延通儒徵文獻，網羅散佚，補苴闕略。光緒六年四月庀局開纂，至九年六月藏事。時經四稔，始得裒然成帙。郵寄略節，乞言於余。竊惟郡縣之有志，本於史部之地理。松江素稱澤國，田賦、水利，關係綦重，中經兵燹，寬斂減徵之典，疏淪濬治之方，紀載不厭加詳。他若學校之建置、官師之治行、節孝之甄錄、藝文之有關事實，罔不精心采獲，踵事而增固，夫人而知之矣。而吾謂今之有異於前者，尚有二端，曰關津，曰軍制。昔之設關，稽征而已，今則中外締交，華裔錯處，自扶桑以東，若不以西，秦漢之所未通，殊方別區，遐陬絕域之所萃，舳艫萬里，瞬息往還，咸麕集於滬上一隅，而懋遷有無，商賈輻輳，海王之饒，實沾其利。此一異也。古之武事，習射為先，弧矢所以威天下也。今則創輪輿之詭製，矜礮器之精良，以至置郵傳命之書，速於掣電，破釜沉舟之具，捷於迅雷。自泰西人以是相傳，而我亦漸能得其奧窔。此又一異也。將筆之於書，以為眾人眩曜，今不大大異於古所云乎？然而人無異人，即道無異道。善為治者修其教、齊其政，首重田賦、水道，為天下大利之原。由是而興學校，則教化所從出；紀治行，則風俗所由成。下至節義、文

章，亦足以垂激揚而資軌式，誠握乎為政之本，因時而建德，稽古以準今，何難底安攘之績？前所云二者，猶其末事耳。然則郡志之修，曷可已哉？聞之昌黎韓氏曰：『《春秋》謹嚴，《左氏》浮誇。』《文中子》曰：『史之失自遷、固，始記繁而志寡。』又如蕭山毛西河所著《蕭志刊誤》暨《杭志刊誤》數十條，皆論覈最精，可為修志準繩，蓋求賅備既慮冗繁，求簡要又患罅漏，非具才、識、學三長，有筆有削者，不能操觚執簡於其間。舊志本有八十四卷，今經芟改，僅四十卷，想見簡核有法。復仿范致能《吳郡志》例，附以考證、補遺，以訂譌而增闕。其於舊志因革損益，斟酌盡善，凡例已詳列之，惜尚未見全稿，故茲不具論。因推論其今昔異同之故，明乎通變之大義而言之如此。後之來者按籍以求，折以今之法度，所謂監於成憲，其永無愆者，意在斯乎？爰喜而為之序。光緒九年癸未十月二品銜分巡蘇松太兵備道海關監督姚江邵友濂序。」

博潤序曰：「松江為東南望郡，九峰、三泖，自昔艷稱。晉唐以來，賢才輩出。洪惟我朝，恭逢翠華臨幸，輝映山川，絃歌詩誦之聲，鬱鬱渢渢，溢乎遐邇。承平日久，滋生積聚，土腴物阜，田疇綺錯，以一廳七縣之大，廣袤不過數百里，財賦之雄，駸駸乎甲於他省，與吳郡埒。聖人御宇，宏損上益下之仁，一再減其常額。逮粵氛掃蕩，普減賦則，民因悉除。余承恩命，出守是邦，大懼不任，以隳教養之基，夙夜兢兢，不自暇逸。按其地負江枕海，西連太湖，沿海二百餘里，地勢窪下，土脈鬆泛，水利塘工視他郡尤亟。蒞任以來，興舉廢墜，取前人之成憲以為法，竊幸年穀順成，民俗輯睦。固始吳大中丞以郡志相屬。夫兵燹之後，百事待理，況志乘之事，上備朝章，下徵民隱，莫非有司之責，曷敢目為後圖？考松江在唐時為華亭縣，元升為府，至元中始有松江府之名。方志之作，初云雲間，繼曰嘉禾，明正德中始名《松江府志》，而壤地析置，屢有變更。自康熙二年，郡守郭君蒐討成書，越百五十餘年，至嘉慶戊寅，宋君治郡之五年，復拾遺補闕，重修《府志》八十四卷。郭志罕見，賴宋君依據郭書而裒益之，粲乎大備。迄今又六十餘年，典章文物，踵事日增，非及時輯錄，則文獻就湮，又何以布在方策，昭示來茲乎？爰籌畫經費，招延文學之士，搜求故實，咨訪耆老，成《續志》四十卷，經姚衡堂農部、張椒岩侍御、仇竹坪庶常躬任纂修，於前志佚者補之，略者詳之，譌者訂之，輿地、沿革、田賦、學校，今昔異制者，靡不援據精覈。邦人士之忠義節孝，幽隱而待彰者，采訪必周，敘述必以實。而考訂前志之失，附

識於各目後，不敢臆改。諸君子之用心可謂勤且慎矣。自光緒庚辰迄癸未，凡三閱寒暑，屬草稿始成，郵寄陸雲孫太史覆覈審定，猥蒙許可，擬付梓人，隨刊隨校，自維譾陋，迫於簿書期會之煩，絕尠暇暑。茲得藉手以告成，皆諸君子之功，余何有焉？惟讀是書而生是鄉者有援古證今之助，官斯土者有化民成俗之心，於政教運會之所關，不無小補云。光緒九年夏六月，知松江府事長白博潤謹序。」

　　是志仍嘉慶府志之體例，有十八門，其中十志、二表、六傳，計八十目。內容較嘉慶府志有所補益，而其「所已有者不踵列也」〔註4〕。卷一至五疆域志，有星野、沿革、道里、形勝、鄉保（附表）、鎮市、坊表、衢巷、橋樑（上）、橋樑（下）、津渡、風俗、物產十三目；卷六至七山川志，有山、水、水利、海塘四目；卷八至十建置志，有城池、官署、公建（附義建）、壇廟、倉廩、館驛、鋪遞七目；卷十一至十六田賦志，有田賦、科則、田畝、漕運、解支、恩蠲、賑恤、役法、戶口、雜稅、蘆課、積儲、關榷、鹽法十四目；卷十七學校志，有松江府儒學（附書院）、華亭婁縣儒學、奉賢儒學、金山儒學（附衛學）、上海儒學、南匯儒學、青浦儒學七目；卷十八至十九武備志，有兵制、兵事二目；卷二十職官表，有武職表、監司表、府秩表、縣秩表、教職表五目；卷二十一名宦傳；卷二十二至二十三選舉表，有舉人表、進士表、貢生表、武科表、辟薦表、封爵表、封贈表、錄廕表八目；卷二十四至二十五古今人傳；卷二十六藝術傳；卷二十七寓賢傳；卷二十八方外傳；卷二十九至三十六列女傳，有華亭奉賢二縣列女完節傳、婁縣金山二縣列女完節傳、上海縣列女完節傳、南匯縣列女完節傳、青浦縣列女完節傳、川沙廳列女完節傳、義烈傳、貞孝賢淑才女傳八目；卷三十七藝文志，有經史子集目錄、金石二目；卷三十八名蹟志，有古蹟、寺觀、第宅（附記園林）、冢墓四目；卷三十九祥異志，有祥異一目；卷四十拾遺志，有拾遺一目。

　　《中國地方志聯合目錄》、《中國地方志總目提要》著錄，《中國古籍總目》著錄，《上海地方志簡目》、《上海方志資料考錄》、《上海方志提要》、《上海方志通考》著錄。

　　有《中國方志叢書》影印本，成文出版社，1975年出版；又有《中國地方志集成·上海府縣志輯》影印本，上海書店出版社，1991年出版；又有《中國海疆舊方志》影印本，蝠池書院出版有限公司，2006年出版。有占旭

〔註4〕瞿宣穎：《方志考稿》甲集第六編，北平：北平天春書社，1930年，第25頁。

東點校本，收入《上海府縣舊志叢書·松江府卷》，上海古籍出版社，2011年出版。

除上海博物館圖書館外，中國國家圖書館、中國民族圖書館、上海圖書館、首都圖書館、天津圖書館、重慶圖書館、南京圖書館、甘肅省圖書館、吉林省圖書館、遼寧省圖書館、浙江圖書館、湖北省圖書館、湖南圖書館、四川省圖書館、河南省圖書館、山西省圖書館、蘇州圖書館、南通圖書館、無錫圖書館、常州圖書館、鎮江圖書館、杭州圖書館、寧波圖書館、溫州市圖書館、重慶北碚圖書館、北京大學圖書館、清華大學圖書館、北京師範大學圖書館、中央民族大學圖書館、南開大學圖書館、浙江大學圖書館、復旦大學圖書館、華東師範大學圖書館、華中師範大學圖書館、雲南大學圖書館、華南師範大學圖書館、安徽師範大學圖書館、廣西師範大學圖書館、四川大學圖書館、廈門大學圖書館、新疆大學圖書館、揚州大學圖書館、江蘇師範大學圖書館、中國科學院圖書館、中國社會科學院考古研究所圖書館、湖南省社會科學院圖書館、中國國家博物館、故宮博物院圖書館、南京博物院、上海辭書出版社、臺北圖書館、「中研院」史語所、臺灣故宮博物院圖書館、日本大阪府立中之島圖書館、東京大學東洋文化研究所、京都大學人文科學研究所、一橋大學圖書館、美國國會圖書館、哥倫比亞大學圖書館等收藏。

（二）又一部　清光緒刻本松江府續志　807.2／26：1

〔光緒〕《松江府續志》四十卷首一卷圖一卷，清博潤修，姚光發等纂。清光緒十年（1884）刻本。24冊。半葉10行，行22字，小字雙行同。白口，左右雙邊，單魚尾。版心上鐫「松江府續志」，中鐫卷次與目名，下鐫頁碼。書高24.5釐米，寬15.4釐米，框高19.4釐米，寬13.7釐米。有牌記「甲申二月梓於郡齋」。首有清光緒十年（1884）七月曾國荃《序》、光緒九年（1883）六月吳元炳《序》、光緒十年五月衛榮光《松江府續志序》、光緒十年六月譚鈞培《松江府續志序》、光緒九年五月許應鑅《序》、光緒九年十月邵友濂《重修松江府志序》、光緒九年六月博潤《松江府續志序》、目錄、纂修銜名、凡例、圖經（松江府全境水道圖、海塘圖、柘林、提督署圖）、巡幸、宸翰。

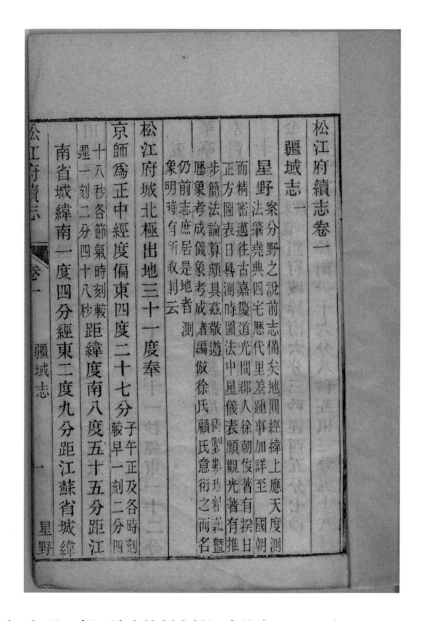

（三）又一部　清光緒刻本松江府續志　807.2／26：2

　　〔光緒〕《松江府續志》四十卷首一卷圖一卷，清博潤修，姚光發等纂。
清光緒十年（1884）刻本。24冊。半葉10行，行22字，小字雙行同。白
口，左右雙邊，單魚尾。版心上鐫「松江府續志」，中鐫卷次與目名，下鐫頁
碼。書高24.5釐米，寬15.4釐米，框高19.4釐米，寬13.7釐米。有牌記
「甲申二月梓於郡齋」。首有清光緒十年（1884）七月曾國荃《序》、光緒九
年（1883）六月吳元炳《序》、光緒十年五月衛榮光《松江府續志序》、光緒十

年六月譚鈞培《松江府續志序》、光緒九年五月許應鑅《序》、光緒九年十月邵友濂《重修松江府志序》、光緒九年六月博潤《松江府續志序》、目錄、纂修銜名、凡例、圖經（松江府全境水道圖、海塘圖、柘林、提督署圖）、巡幸、宸翰。

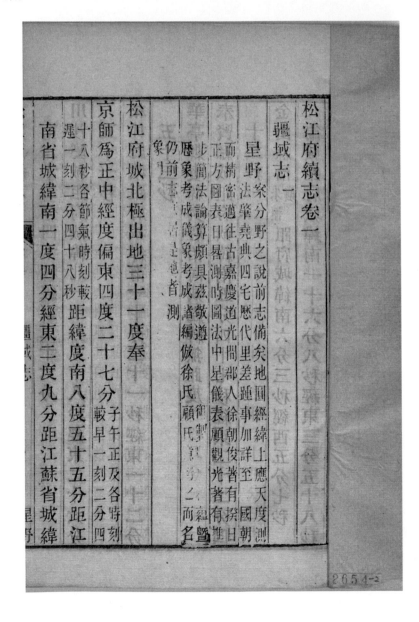

第二章 縣志類

今上海地域範圍內，古代置縣名稱、分界、地域均多有變化，而「自元代以降，上海地區府縣鄉鎮，修志累世不斷，所立縣級建置，除存時極短的福泉縣（今青浦縣境，1724～1743 年置）外，均有志書修纂和存世」[註1]。近年學者編纂上海方志目錄，其中所列縣志次序均有所不同，未能劃一。考上海地區各縣建置基本定型在清嘉慶年間，有十縣一廳，或屬松江府，或屬太倉州。本章並結合上海博物館圖書館收藏上海縣志的現狀，據以分節，附郭縣亦單列一節，得十一節。至於編次，則以置縣先後為序。

第一節 華亭縣縣志

華亭，唐天寶十載（751）置縣。吳郡太守趙居貞奏劃崑山南境、嘉興東境、海鹽北境，置華亭縣，屬吳郡。此後，代有變遷。元至元十四年（1277），昇華亭縣為華亭府，領華亭縣。次年改華亭府為松江府。至元二十九年（1292），分華亭縣東北境置上海縣。明嘉靖二十一年（1542），分華亭、上海部分地區建青浦縣。清順治十三年（1656），分華亭縣西北建婁縣，隸松江府。華亭為附郭縣。雍正四年（1726），分華亭縣東南境白沙鄉、雲間鄉建奉賢縣。民國元年（1912），撤府，華亭縣、婁縣合併為華亭縣，隸江蘇省管轄。民國三年（1914）。華亭縣改稱松江縣。

為華亭縣作志，始於宋人楊潛。楊氏於宋紹熙四年（1193）纂《雲間

〔註 1〕上海通志編纂委員會編：《上海通志》，第 6878 頁。

志》，雖不以華亭名，而實為縣志，今存明鈔本及清刻本。至明代，有聶豹修、沈錫纂〔正德〕《華亭縣志》十六卷首一卷，明正德十六年（1521）刻本。至清代，華亭方志凡兩修：馮鼎高修、王顯曾等纂〔乾隆〕《華亭縣志》十六卷，清乾隆五十六年（1791）刻本；楊開第修、姚光發纂〔光緒〕《重修華亭縣志》二十四卷首一卷末一卷，清光緒五年（1879）刻本。民國時期又有張次房修、幸邦隆纂《增修華亭縣志》四卷首一卷，民國二十二年（1933）石印本。又，王廷和〔乾隆〕《華亭縣志》稿本四十二卷，今佚。乾隆五十二年（1787），修志局取其稿不用，而光緒志據其殘稿以補輯。有此外還有與婁縣合志一部：李恩露修、雷譜桐等纂〔民國〕《華婁續志稿》，民國間鈔本，已殘。其後又有雜志：閔萃祥撰《重修華亭縣志拾補》一卷《校訛》一卷，以校補光緒志之訛誤，民國間鉛印本；顧蓮編《華亭鄉土志》，民國四年（1915）刻本。

上海博物館圖書館藏華亭縣志二種五部：〔乾隆〕《華亭縣志》二部，〔光緒〕《重修華亭縣志》三部。

一、〔乾隆〕華亭縣志

（一）清乾隆刻本華亭縣志　807.2／29

〔乾隆〕《華亭縣志》十六卷，清馮鼎高等修，王顯曾等纂。清乾隆五十六年（1791）刻本。1 函 8 冊。半葉 10 行，行 21 字，小字雙行同。白口，四周單邊，單魚尾。版心上鐫「華亭縣志」，中鐫卷次，下鐫頁碼。書高 24.3 釐米，寬 16.4 釐米；框高 20.2 釐米，寬 14.1 釐米。首有清乾隆五十六年十二月李廷敬《序》、乾隆五十六年十一月鄭濂《華亭縣志序》、乾隆五十六年十月程明愻《華亭縣志序》、乾隆五十六年十二月王顯曾《華亭縣志序》、舊序（明正德辛巳〔1521〕春二月孫承恩序）、纂輯銜名、凡例、目錄、圖說（華亭全境圖並說、華亭附郭城池圖、縣署圖、學宮圖、試院圖、海塘玲瓏壩圖、水道圖並說、營汛圖）。

馮鼎高，福建長樂人。清乾隆三十一年（1766）進士，五十四年（1789）四月任松江知府。王顯曾，字文園，華亭人。清乾隆二十五年（1760）進士，官禮部給事中。

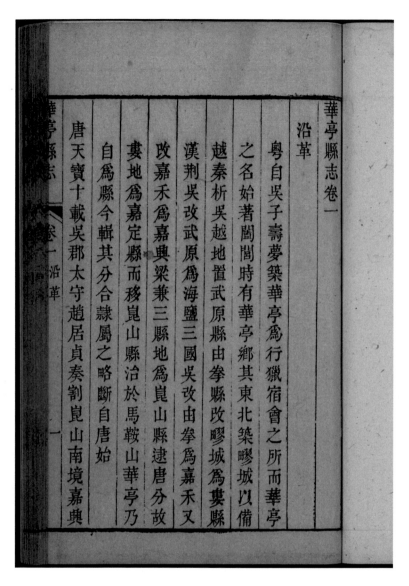

華亭縣志卷一

沿革

粵自吳子壽夢築華亭為行獵宿會之所而華亭之名始著閶閶時有華亭鄉其東北築畷城以備越泰析吳越地置武原縣由拳縣改畷城為婁縣漢荊吳改武原為海鹽三國吳改由拳為嘉禾又改嘉禾為嘉興梁兼三縣地為崑山縣逮唐分故婁地為嘉定縣而移崑山縣治於馬鞍山南境嘉興乃自為縣今輯其分合隸屬之略斷自唐始唐天寶十載吳郡太守趙居貞奏割崑山南境嘉興

李廷敬序曰：「考宋之《雲間志》、《嘉禾志》、元之松江郡前《志》、《續志》，皆華亭縣志也。洎明孫文簡本顧文禧《松江府志》修為《華亭縣志》，第畫出上海而已。今華亭自遞分後，其疆界僅得七之一，則志之將何如？今夫閭里素封之家，生齒多而析之產，田幾晦，屋幾楹，僅手幾指，牛羊羉幾蹄角，曲蘖鹽豉幾笭，與夫珠璣犀璚瑁之屬幾篋衍，既各分去其物，彼大宗子弟，不得以曩者之所有，仍登諸瑣籍也。矧志乎哉？今夏，余來守雲間，會王文園掌科修輯《華亭縣志》。書成，亟借披讀，見夫峰、泖為華亭名勝，而今不繁引也；機、雲為華亭人物，而今不詳述也；蓴菜、鶴為華亭物產，而今不

專書也。或曰：是志也，掎摭星宿遺羲娥，烏乎可？不知其壹以土斷為法，界畫之嚴同城堙，勘校之刻若仇讎，顧於域中事，數十百年仍復搜羅殆盡，不蔓不枝，正得華亭縣志之真面目。夫又何訾議耶？至其立言有體，如沐皇仁，則累朝之蠲租減賦，恭紀於田賦之前，凜對揚，則聖祖之行宮，謹志於宮室之首。以及學校、石刻等門，悉寓尊君親上之意，則以為記載方隅之書也可，及以為敷陳國家之治也亦可。夫八音無奪，而樂以成。今七邑之志具在，余得彙而覽之，於以開修府志，復攬乎雲間、海上之全模，如備金石絲竹於一堂，而集其成。是取資於邑乘者不少也，故樂為之序。乾隆辛亥暮冬中澣，知松江府事滄州李廷敬撰。」

　　鄭濂序曰：「親民之官，莫如知縣。循名責實，謂能知一縣之事也。然縣苟無志，事奚由知？則志之所關大矣。庚戌冬，濂以碭山攝金山縣篆，晤署華亭朴園李公，言及前令蘗園程公毅然以修志為己任，區畫事宜，延聘王掌科文園先生開局於正學方公祠，蒐討排纂。美哉！始基之矣。未幾，蘗園入覲。濂於今秋承乏茲土，而書已適成，經郡憲寧圃李公鑒定，屬付剞劂。濂受而閱之，志壤地之交錯，生聚之日繁，雖遞分為七，仍稱雄縣，而知我朝定鼎以來，聖聖相承，重熙累洽，以休養乎斯民也，官斯土者，益宜有以拊循之。志賦稅之昔重而今輕，庠序之昔荒而今振，而知我國家賜復蠲租，開科廣額，以加惠乎士農也。官斯土者，益宜有以富教之。志海塘之堅固、築法之精詳，而知我世宗憲皇帝不惜億萬金錢，委任臣卿成茲偉績，俾瀕海之民不至淪於魚鱉也。官斯土者，益宜有以保護之。至於志水利而知橫塘，豎浦挑濬之須勤，志鹽法而知煮海熬波，通商之有術，志名宦而知前事為後事之師，志人物而知人傑乃地靈之效，展卷瞭然，洵知是縣者之龜鑑也。夫斯志也，蘗園則經始之，朴園則繼續之，而濂獨得觀其成也，誠厚幸矣。是為序。乾隆五十六年歲次辛亥仲冬，知華亭縣事遂安鄭濂書。」

　　程明愫序曰：「愫自陽湖調任華亭，下車之始，問所謂縣志，則前明正德間孫大宗伯編纂，後未有起而修之者。二百餘載以來，疆域有分合，戶口有增減，田賦有重輕，建置有興廢，水利有通塞，與夫海塘、兵防、鹽筴之所設施，職官、選舉、人物之所紀載，莫為之志，非守土者之責與？欣逢我皇上欽定《四庫全書》，博蒐志乘，以備采擇。部臣檄下，有司通行直省，修志之舉，於今誠為亟亟。惟是江左分縣，若蘇、常、鎮、太，皆止一分為二，而華亭自元迄今，以次析而為七，區別未精，則失之混淆，搜羅未遍，則失之掛漏。是

故修志難，修華亭志則更難。先是，郡憲巽泉馮公集七屬薦紳，議修府志。六邑諸公以華亭無志，猝難匯纂。愫於是奮然思所自效而謀之，邑人士亦莫不踴躍樂從，遂於庚戌首夏與贊府春崖何公酌定章程，禮聘掌科王文園先生偕邑中留心掌故諸君子，授簡分輯，乃開局。未幾，春崖攝篆江都，愫亦奉咨入覲。尋蒙聖恩，擢授今職，從此分符南北，兼顧不遑。然客途旅次，未嘗不神往局中，相與樂觀其成也。今秋，甫抵東省，掌科千里寓書，發函伸紙，知馮公亦調守吳郡，得今太守寧圃李公區畫周詳，商榷簡當，將次付梓，徵敘厥事。愫方以不克成終為慮，茲得附名簡末，彌滋愧矣。刻既竣，竚待郵我一編，以慰始願。時乾隆五十六年歲次辛亥孟冬，賜進士出身、山東平度州知州、前江蘇華亭縣知縣楚瀙程明愫序。」

王顯曾序曰：「己酉冬，邑宰孝感程侯倡修縣志，屬顯曾總其事，自揣賦性戇直，恐得罪鄉黨，固辭。程侯固請。前太守長樂馮公復諄諄誑謏，乃勉應之。時王條山、王瑤峰、鍾康廬、翁石瓠為分纂，沈古心、沈銀槎、錢谷香、沈安貞為董事。庚戌夏，程侯有入覲之行，亟為開局。及侯去，董事置身局外，不復惠來。辛亥春，署縣中江李侯又以經費不敷辭卻條山、康廬，而同事者僅寥寥二三人矣。鄙見華亭舊壤，既畫去六邑，則所纂故實不容走入他邑甲里。於是文已成而復刪，稿將脫而重改，體例稍峻，物議譁然。賴今太守滄州李公一力維持，俾得蕆事；又賴遂安鄭侯墊俸開雕，始能裝釘成帙。顯曾首沿革，以紀分合之由；次山水以見古今之別。瑤峰則敘疆域，而兵防、物產附焉。疆域已定，營造聿興，而瀕海之隄防宜固，建置、海塘次之。此亦顯曾所譔。海患既弭，海利乃收，朝潮夕汐，旱潦有備，水土平而農事起，衣食足而文教興，鹽法、水利、田賦、學校次之。文物之邦，翠華重蒞，誠盛典也。至於名賢託跡，仙佛留蹤，亦足為地方生色。宮室次之。此皆瑤峰所輯。教養之事，厥惟民牧，職官次之。顯曾舉其概，石瓠為之傳。髦士之烝，不離耘耔，選舉次之。石瓠備其名，顯曾覈其實，漸摩之久，蔚為地靈，人物又次之。顯曾傳名臣、忠孝、隱逸、流寓，與石瓠共傳懿行、文苑，瑤峰傳貞節、藝術，石瓠傳方外，瑤峰志石刻，顯曾志藝文，又與石瓠共志兵燹、祥異，而以瑤峰所志軼事終焉。若夫參校之責，則陸君若璿一人獨任之。是役也，顯曾在局一十五月，成志一十六卷。乾隆五十六年除夕日，賜進士出身、禮科給事中王顯曾撰。」

是志「大抵本舊志，並摭陳眉公、郭會吾二郡志中事之係是邑者，而以

近事續入之，頗能條理井井，而又致嚴於限斷，務嚴目前疆域中事，乃始載焉」〔註2〕。「其地域考訂尤具特色，所纂故實，非考清域內絕不闌入」〔註3〕。有十六門，八十四目。卷首序文、纂輯銜名、凡例、圖說，卷一沿革志、山水志、疆域志（界至、鄉保、市鎮、街巷、橋樑、津渡、郵鋪、坊表、兵防、物產），卷二建置志（城池、官署、倉庫、壇、廟、祠、冢墓），卷三海塘志（塘界、號段、塘式、壩式、築法、歲修、取土、工費、塘長、管轄、海患、修築），卷四鹽法志（場鹽、商鹽、營鹽、私鹽）、水利志（水道考、水利考、水利論上、水利論下），卷五田賦志上（減蠲、戶口、田數、賦額），卷六田賦志下（起運、支給、役法、荒政），卷七學校志（詔敕、宸翰、聖訓、御碑、廟學、額設、學田、免科、書院、義學）、宮室志（行宮、第宅、園亭、僧寺、道觀、古蹟），卷八職官志上（知縣、教諭、訓導、縣丞、主簿、典史、巡檢），卷九職官志下（名宦傳），卷十選舉志上（進士、舉人），卷十一選舉志下（薦辟、貢生、武科、例選、封贈、錄廕），卷十二至十四人物志（名臣傳、忠孝傳、懿行傳、貞節傳、文苑傳、隱逸傳、藝術傳、流寓傳、方外傳），卷十五石刻志、藝文志，卷十六兵燹志、祥異志、軼事（附）。

此本卷首鄭濂序與程明愫序有錯裝。

《中國地方志聯合目錄》、《中國地方志總目提要》著錄，《中國古籍總目》著錄，《上海地方志簡目》、《上海方志資料考錄》、《上海方志提要》、《上海方志通考》著錄。

有《中國方志叢書》影印本，成文出版社，1983 年出版；又有《中國地方志集成·善本方志輯》影印本，鳳凰出版社，2014 年出版。有劉競飛點校本，收入《上海府縣舊志叢書·松江縣卷》，上海古籍出版社，2011 年出版。

除上海博物館圖書館外，中國國家圖書館、南京圖書館、浙江圖書館、溫州市圖書館、北京大學圖書館、華東師範大學圖書館、南京大學圖書館、廈門大學圖書館、中國科學院南京地理與湖泊研究所、上海辭書出版社、日本東洋文庫、美國國會圖書館等、哥倫比亞大學圖書館等收藏。

（二）又一部　清乾隆刻本華亭縣志　807.2／29：1

〔乾隆〕《華亭縣志》十六卷，清馮鼎高等修，王顯曾等纂，清乾隆五十

〔註2〕周中孚：《鄭堂讀書記補逸》，第 372 頁。
〔註3〕金恩輝、胡述兆主編：《中國地方志總目提要》，第 9-12 頁。

六年（1791）刻本。4冊。半葉10行，行21字，小字雙行同。白口，四周單邊，單魚尾。版心上鐫「華亭縣志」，中鐫卷次，下鐫頁碼。書高24.3釐米，寬16.4釐米，框高20.2釐米，寬14.1釐米。首有清乾隆五十六年十二月李廷敬《序》、乾隆五十六年十一月鄭濂《華亭縣志序》、乾隆五十六年十月程明懍《華亭縣志序》、乾隆五十六年除夕王顯曾《華亭縣志序》、舊序（明正德十六年〔1521〕二月孫承恩序）、纂輯銜名、凡例、目錄、圖說（華亭全境圖並說、華亭附郭城池圖、縣署圖、學宮圖、試院圖、海塘玲瓏壩圖、水道圖並說、營汛圖）。

二、〔光緒〕重修華亭縣志

（一）清光緒刻本重修華亭縣志　807.2／122

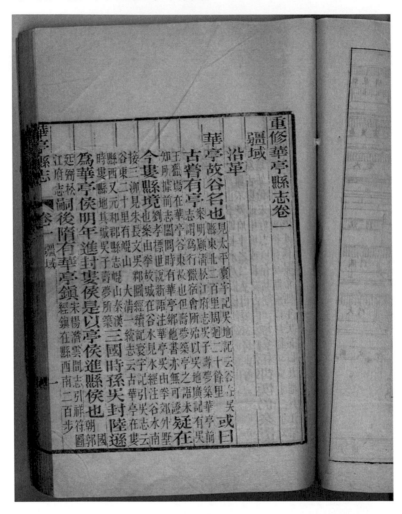

　　〔光緒〕《重修華亭縣志》二十四卷首一卷末一卷，清楊開第修，姚光發等纂。清光緒五年（1879）刻本。10 冊。半葉 11 行，行 22 字，小字雙行同。白口，左右雙邊，單魚尾。版心上鐫「華亭縣志」，中鐫卷次及目名，下鐫頁碼。書高 24.3 釐米，寬 15.5 釐米，框高 17.2 釐米，寬 12.6 釐米。卷端題名「重修華亭縣志」。有牌記「光緒四年九月開鋟，五年十二月工竣」。首有清光緒四年（1878）五月沈葆楨《重修華亭縣志敘》、光緒四年二月吳元炳《敘》、光緒四年七月勒方錡《序》、光緒四年正月劉瑞芬《序》、光緒四年十月博潤《序》、光緒四年八月楊開第《序》、光緒四年十一月姚光發《序》、修纂銜名、

凡例、目錄、圖說（全境圖、浦北鄉保圖、浦南鄉保圖、浦北水利圖、浦南水利圖、浦北營汛圖、浦南營汛圖、海塘圖、鹽場圖、城河圖、城內街巷圖、衛城圖、縣署圖、學宮圖、試院圖），末有舊序（〔紹熙〕《雲間志》宋紹熙四年〔1193〕十一月楊潛序、〔正德〕《華亭縣志》明正德十六年〔1521〕二月孫承恩序、馮鼎高序、〔乾隆〕《華亭縣志》清乾隆五十六年〔1791〕十二月李廷敬序、乾隆五十六年十月程明愫序、乾隆五十六年十一月鄭濂序、乾隆五十六年十二月王顯曾序）、舊志修纂銜名。

楊開第，字熙伯，湖北襄陽人。清同治十年（1871）進士，十三年（1874）十月任華亭知縣。姚光發（1799～1894），字汝詮，號衡堂，婁縣人。清道光二十一年（1841）進士，官至戶部主事。

沈葆楨序曰：「志者，鄉邑之史也。修志者，非捃摭舊文，鋪張故實之謂。蓋以紀民俗之升降，核政治之損益，俾後來者有所去取，意綦重也。華亭志成於乾隆時，舊板燬於兵，書亦僅有存者。邑令楊君開第奉中丞吳公重修之命，乃博採諸家紀載，補苴掇拾，視舊志義例，間有釐定。其最切於事者，水利則區事蹟、論議為二，備採擇也。海塘取道光年間全案及咸、同時續修案，詳著於篇。誠以事因時而制宜，法積久而必敝，滄海桑田，倏忽變易，前所謂利者，閱數時而又不然，非已事了了於心，又洞觀當今形勢，安得所謂至善者而用之？考鏡沿革，固一隅得失之林也。田賦仍舊志，首紀列聖蠲減，而取定以同治年間奉旨永減浮糧之案，則壤成賦，按籍可稽，亦便耕而食、鑿而飲者，子子孫孫無忘朝廷休息之德。然則良有司處今日尚得以其暇，徵文考獻，勒為成書，敢忘所自哉？敢忘所自哉？光緒戊寅夏五，督江使者侯官沈葆楨謹敘。」

吳元炳序曰：「華亭為《禹貢》揚州之域，在周為吳地。自漢已來，沿革不常。至唐天寶十年，吳郡太守趙居貞請割崑山南境、嘉興東境、海鹽北境置華亭縣。華亭為縣自此始，而縣境當今松江府全境。元時，升縣為府，後仍立縣，屬松江府。又割縣東北境置上海縣；明嘉靖間，割縣西北境置青浦縣，尋廢。萬曆間，復析置青浦縣。國朝屬府如明。順治十三年，析置婁縣。雍正二年，復析置奉賢。舊志成於乾隆五十六年，板燬於火，書亦僅有存者。明顧文僖公有府志。乾隆前，郭廷弼、魯超均修府志，並邑人王廷和有縣志。乾隆後之事蹟，則有宋如林府志，成於嘉慶二十二年，較舊志為詳，而前志之訛者，亦稍稍辨正焉。迄今垂六十年，其間鹽法、兵防迭有興廢，賦役、水道迭

有變遷，加以中經兵燹，官牘不存，幾於文獻無徵矣。茲牧令楊開第董率紳士搜輯前志，益以舊家紀載、故老傳聞，成書二十四卷，乞言於余。余維志乘之設，所以傳信將來，疑者闕之，亦諸君子補苴罅漏之苦心也。是為序。光緒四年歲次戊寅春二月，撫吳使者吳元炳謹序。」

勒方錡序曰：「華亭為松江首邑，風俗樸厚，人材輩出，土地沃衍，物產饒富。志乘之作，由來久矣。舊志修於乾隆五十六年，迄今幾及百載，中更兵燹，故家紀載，零落殆盡。歷時愈久，散佚愈多缺焉，不修何以示後？歲乙亥，中丞固始吳公有續修江南通志之舉，檄下郡縣，各事採輯，將匯為一書，以成信史。於時，令華亭曰楊君開第，乃屬耆老，延名碩，始事於丙子九月，越丁丑八月而告成，都凡二十有四卷，體例較前志為簡要，而事蹟加詳焉。如志海塘，則依道光十八年案牘為準，而咸、同間修案一一具書，所以備捍禦也；志田賦，則依同治四年《賦役全書》為斷，而恭紀減數於首，所以重蠲減也；志人物，則依史家列傳體，按時編次，不區門目。他若舊志沿革，別為一帙，而茲第列於疆域之首。舊志兵燹、祥異各為一編矣，而茲則併入雜志。此其體例之精嚴，較前志為簡要者也。方錡恭膺簡命，承乏藩垣，深愧無以率屬而敷政，所望良有司各子其民，無失厥職，庶幾臻雍熙之上治，貽樂利於無窮，方錡亦與有光焉。故於是書之成也，遂不辭而為之序。光緒四年歲在戊寅秋七月，江蘇承宣使者勒方錡謹序。」

劉瑞芬序：「作史何以難？難其筆削當而已矣。班固稱遷史文直事覈，推為實錄。顧猶以謂是非頗繆於聖人，而後之讀班書者，又不能無譏焉，況其下乎？郡邑之志，其於史也，具體而微，詳略損益予奪之際，雖慎之又慎，而前人之紀載往往來後人之訾謷。故君子於此，毋屬以糅，毋陋以略，毋膠故轍，毋參以臆私，實事求是，以蘄合於筆削之旨，而後人之訾謷與否仍一以聽之。蓋作史難，作志亦若是，其不易也。華亭縣志創於明孫文簡，修於國朝乾隆季年王文園掌科，然惟王志為得華亭真面。蓋松郡屬邑皆故華亭地，文簡時猶止析之上海，文園時始析定七縣。既析為七，則志華亭不得復涉他邑事。此定法也。王志於山川人物與一切紀載界畫綦嚴，舉當舊隸華亭者，概不闌入以自別於郡乘，可謂無屬糅之病，而不膠故轍者矣。顧當時即或譏其略，豈所謂筆之者不容濫，而削之者亦不容苟耶？然自文園迄今，將百載，中更兵火，未有能續纂之者。會大中丞吳公將修江南通志，先檄修各郡邑志，華亭令楊君開第乃與邑士大夫搜討遺聞，援據故籍，勞為十五門，成書二十

四卷，具略問序於余。大較以王志未免疏漏，復據顧、郭、魯三府志及邑人王廷和縣志殘稿以補輯之。乾隆後事，僅有宋府志，今已散亡，更徧采故家著錄，考而存之。其所更易王志者，列沿革於疆域而去其表；以時代次人物，不強分品類而列女、流寓、方外仍各自為傳；并兵燹、祥異入雜志，而不立專門。水利、海塘、田賦，王志雖較詳他事，而今制多變遷，故水利廣眾說所未備，而繫以按語；海塘悉載今年成案，而著其因革；田賦準同治四年《賦役全書》定額而詳紀蠲減曠典。凡宏綱細目，靡不視王志為加密，覃精殫思，歲葺而後竣事。嗚呼，可謂勤矣。昔歐陽修、宋祁撰《新唐書》，好為簡約，劉元城深譏之，謂鬱而不明，不得以事增文省為工。而劉昫《舊書》，其事雖贍，其文則蕪，褒貶義例，尤多乖迕，識者病焉。甚矣，詳略損益予奪之際，苟非深於《春秋》之義，固未可意為筆削也。今楊君之於王志，刪並增訂，無異歐、宋之於劉書，然劉書本詳而歐、宋損之，王志本略而君特益之，殆將兼有二書之美而並無其疵歟？夫後之視今，猶今之視昔，余不敢以王志嚴於界畫，謂今之讀者必毋病其陋以略也，亦不敢以君志踵事而增，謂後之讀者必毋病其屬以糅也。然君諗余曰：『凡所與士大夫補苴罅漏，惟實事求是，以成此書。』則其所筆之削之者，必非以臆參也。可知後人縱慾訾謷之，又烏從而訾謷之？雖以方信史焉，將毋可，豈惟志哉？光緒四年戊寅正月布政使銜、署理蘇松太兵備道海關監督貴池劉瑞芬序。」

博潤序曰：「有治民之職，必有愛民之心；有愛民之心，斯有愛民之政。政何在？教與養盡之矣。華亭為松郡首邑，治府東南偏。溯自唐宋，以迄本朝，官斯土者，流風善政，代不乏人。或懸榜而赤心示民，或執法而蒼頭斂跡，或盟心淡簡書於屏牆，或雅意諮周登諸劄記。某也植人才，學校崇矣；某也籌積儲，倉廩建矣；某也輯閭閻，某也闢田疇，保衛嚴矣，農桑勸矣；其他一舉一廢，載在舊志；要皆盡心於教養之所為。顧猶是學校而人才何以有盛衰？猶是倉廩而積儲何以有盈絀；保衛農桑猶是人，而何以閭閻之居處，昔安而今擾？田疇之耕作，彼勤而此惰，豈治術之不同歟？亦視乎奉行者之心之實與不實，以呈其效耳。往歲中丞吳公檄廳縣，舉修志乘，時楊君開第任華亭，蒐遺掇要，延士紳合舊志輯之，凡二十四卷，而事之繫乎民生國計者書之特詳，後之覽者庶幾執是編以準酌乎古今時事之變，審度乎風土人物之宜，講求乎得失利病之源，調攝乎風化人心之漸。於以躋生民於仁壽，上佐聖天子風同道一之休，是則志之所以為重而修之不容再緩也。若視為空文陳

跡，存紀載、備掌故而已，夫豈中丞命修之意，而亦何以無忝於教養斯民之職哉？志成，楊君以敘請，博潤承乏郡守，不敢以固陋辭，爰識數語，竊願與宰是邑者共勉焉。光緒四年戊寅冬十月，知松江府事博潤拜手謹敘。」

楊開第序曰：「華亭為松郡附郭首邑，其東南接奉賢，東北上海，西南金山，西北婁，犬牙相錯，風俗大同，惟南至海，離城較遠，民情憬悍，多鹽梟，外來匪徒亦或雜處。海塘東接奉賢，西連金山，尤恃為兔窟，作奸犯科，屢出於此，號稱難治。至於兩界之交，公舉則相觀望，命盜則相規避，開濬之役，則巧說以營脫，而詞訟遂多。凡地之相錯者類如此。夫元明以前，華邑遼闊，兼全松之地，今析而為七，設官分治，宜其釐然各當而猶汲汲圖治之不遑，何哉？豈風俗婾薄，不能復古歟？抑任職之非其人歟？開第承乏是邦蓋五年，於此嘗悉心推究利弊之所在，力圖補救，而德薄才黜，未見起色。與士紳相接，興言及此，則以為積重難返，移風易俗有不可以驟至者，不特華邑然也。比年奉撫軍檄，重修邑志，益考求其疆域、田賦、學校、科舉及有司各職之仕於此者，前言往行之足以信今傳後者，輒相與慨然興歎。今昔政治得失，民俗變遷，水利通塞，市肆盛衰，大都積漸使然，非智力所能禦。然而興舉廢墜，防微杜漸，不敢不勉焉。華邑前志修於乾隆辛亥，意主簡嚴，所收過隘，迄今八十八年，中更兵燹，文獻凋落，搜采不易，就所聞見，纂述成編，於前志之例，少為推廣，具見凡例。烏乎，治民猶治病也，察其素質，詰其嗜好，望其顏色，聽其聲音，審其脈以得其病之所由來，邪則攻之，虛則補之，調其血氣，通其阻滯，主於病已，而毋參以成見。此志也，譬諸方書在，有事於醫者通其意而善用之。開第譾陋，不足以語此，抑以之自勵，庶幾寡過云爾，輒述其硜硜之見以為序。光緒四年歲在戊寅仲秋之月，知華亭縣事楊開第謹識。」

姚光發序曰：「華亭為縣，始於唐。自元明以至國朝，遞析為七，然當日無一非華亭地也，故志邑事者，往往與他邑轇轕不可辨，而於婁尤甚。城池、學校，共焉者也。他或一事耳分理之，或一事而合治之，欲於分合之故、詳略之宜，畫然無所牽混，難矣。往歲，中丞固始吳公檄縣，舉修志乘。丙子秋，邑侯襄陽楊公迺屬光發偕張嘯山文虎、仇竹屏炳台總其事，而以顧香遠蓮諸君分任焉。蓋邑志之修，自乾隆辛亥王文園給諫後，歷今八十餘年，未有起而繼之者。其間政事之得失、風俗之盛衰、人材之廢興、民生之休戚，時代既遠，修輯不可不亟。然中經兵燹，官牘無存，故老彫謝，咨

訪末由，私家撰述，半皆零落。光發不揣譾陋，與諸君子就聞見所及，熟審乎分合之故、詳略之宜，而不敢以私意行乎其間，此則光發所兢兢焉共勉其難者也。是役也，開局視他邑為後，期年而稿成。夫以歲月之迫與文獻之無徵，而復以譾陋之才與乎其列，欲求分合詳略之各當，安知所謂分合者不乖且雜，所謂分合者不濫且遺哉？嗚呼難哉。至人物列傳，一遵前志之例，以里居為斷，其采自近代者，輯錄較廣，以俟論定。若夫忠孝節烈，潘冶山兆蓉嘗采訪成帙，茲所增入，悉仍其本云。時光緒四年戊寅冬十有一月，婁縣姚光發謹序。」

　　是志係據明顧清府志、清郭廷弼府志、魯超府志稿及清乾隆間王廷和邑志殘稿以補乾隆志之略，據宋如林府志以增乾隆後事蹟之缺。是志體例較舊志有所改動，瞿宣穎《方志考稿》謂「檢其凡例所列更定前志體例，殊不盡當」[註4]。是志有十五門，七十四目，內容多注明出處，並加按語。卷一疆域，分沿革、界至（附古道里）、鄉保區圖（附古鄉保村裏）、街巷（附古街巷）、鎮市（附古鎮市）、橋樑（附古橋樑）、津渡（附亭）七目；卷二建置，分城池（附古城）、官署（附舊署）、倉庫（附舊倉庫）、善堂（附義冢）四目；卷三水利，分水道、治績、治策三目；卷四海塘，分形勢（附塘外近境諸山）、界址、築法（附取土）、管轄、歲修、修築六目；卷五學校，分廟學（附縣學舊跡）、書院（附古書院）、義學（附舊義學、社學、鄉約所）、學田（附書院等項田畝經費）四目；卷六祠祀，分秩祀（壇、廟、祠）、雜祀（附舊祀）二目；卷七至八田賦，分減賦（附明代減賦）、蠲緩（附前代蠲緩）、賑恤（附前代賑恤）、戶口、科則（附前代科則）、田數（附各圖田數）、賦額（附前代稅糧）、雜稅（附前代雜稅）、起運（附起運舊目）、支給（附支給舊目）、賦法、役法十二目；卷九鹽法，分鹽場（附古鹽場）、鹽官（附歷代鹽官）、鹽課（附歷代鹽課）、鹽政四目；卷十兵防，分兵制（附舊制）、汛防（附明代墩塘）、郵鋪（附古鋪）三目；卷十一職官，分官制（附舊制）、題名（附舊職題名）、名宦三目；卷十二至十九人物，分選舉、列傳、備考、流寓、列女五目；卷二十藝文，分經部、史部、子部、集部、金石（附帖）五目；卷二十一名蹟，分行宮、第宅、園林、坊表、冢墓、古蹟六目；卷二十二方外，分寺（附舊寺）、觀（附舊觀）、釋老三目；卷二十三至二十四雜志，分風俗、物產、祥異、兵燹、軼事五目。

〔註4〕瞿宣穎：《方志考稿》甲集第六編，第25頁。

此本《舊志纂修銜名》裝訂於《舊序》前。

《中國地方志聯合目錄》、《中國地方志總目提要》著錄,《中國古籍總目》著錄,《上海地方志簡目》、《上海方志資料考錄》、《上海方志提要》、《上海方志通考》著錄。

有《中國方志叢書》影印本,成文出版社,1970 年版;又有《中國地方志集成‧上海府縣志輯》影印本,上海書店,1991 年出版。有郭時羽、李劍雄點校本,收入《上海府縣舊志叢書‧松江縣卷》,上海古籍出版社,2011 年版。

除上海博物館圖書館外,中國國家圖書館、中國民族圖書館、首都圖書館、上海圖書館、天津圖書館、南京圖書館、浙江圖書館、山東圖書館、遼寧圖書館、湖北圖書館、蘇州圖書館、北碚圖書館、寧波圖書館、北京大學圖書館、清華大學圖書館、復旦大學圖書館、南開大學圖書館、四川大學圖書館、中國科學院圖書館、中國社會科學院考古研究所、中國國家博物館、故宮博物院圖書館、南京博物院、上海辭書出版社、「中研院」史語所圖書館、臺北故宮博物院圖書館、臺灣孫中山紀念圖書館、臺北圖書館、日本國會圖書館、靜嘉堂文庫、東洋文庫、東京大學東洋文化研究所、京都大學人文科學研究所、美國國會圖書館等多家公藏機構收藏。

(二)又一部　清光緒刻本重修華亭縣志　807.2 / 122：1

〔光緒〕《重修華亭縣志》二十四卷首一卷末一卷,清楊開第修,姚光發等纂。清光緒五年(1879)刻本。10 冊。半葉 11 行,行 22 字,小字雙行同。白口,左右雙邊,單魚尾。版心上鐫「華亭縣志」,中鐫卷次及目名,下鐫頁碼。書高 25.3 釐米,寬 15.5 釐米,框高 17.2 釐米,寬 12.6 釐米。卷端題名「重修華亭縣志」。有牌記「光緒四年九月開鋟,五年十二月工竣」。首有清光緒四年(1878)五月沈葆楨《重修華亭縣志敘》、光緒四年二月吳元炳《敘》、光緒四年七月勒方錡《序》、光緒四年正月劉瑞芬《序》、光緒四年十月博潤《序》、光緒四年八月楊開第《序》、光緒四年十一月姚光發《序》、修纂銜名、凡例、目錄、圖說(全境圖、浦北鄉保圖、浦南鄉保圖、浦北水利圖、浦南水利圖、浦北營汛圖、浦南營汛圖、海塘圖、鹽場圖、城河圖、城內街巷圖、衛城圖、縣署圖、學宮圖、試院圖),末有舊序(〔紹熙〕《雲間志》宋紹熙四年〔1193〕十一月楊潛序、〔正德〕《華亭縣志》明正德十六年〔1521〕二月孫承恩序、馮鼎高序、清乾隆五十六年〔1791〕十二月李廷敬序、乾隆五十六年十月程明愫序、乾隆五十六年十一月鄭濂序、乾隆五十六年十二月王顯曾序)、

舊志修纂銜名。

　　此本《舊志纂修銜名》裝訂於《舊序》前。

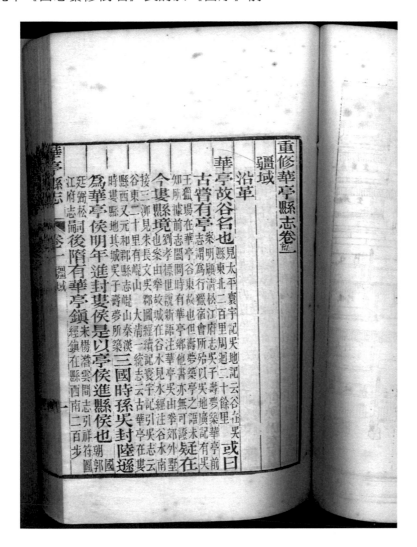

（三）又一部　清光緒刻本重修華亭縣志　　807.2／122：2

　　〔光緒〕重修華亭縣志二十四卷首一卷末一卷，清楊開第修，姚光發等纂。清光緒五年（1879）刻本。2 函 10 冊。半葉 11 行，行 22 字，小字雙行同。白口，左右雙邊，單魚尾。版心上鐫「華亭縣志」，中鐫卷次及目名，下鐫頁碼。書高 25.1 釐米，寬 15.4 釐米，框高 17.2 釐米，寬 12.6 釐米。卷端題名「重修華亭縣志」。有牌記「光緒四年九月開鋟，五年十二月工竣」。首有清光緒四年（1878）五月沈葆楨《重修華亭縣志敘》、光緒四年二月吳元炳

《敘》、光緒四年七月勒方錡《序》、光緒四年正月劉瑞芬《序》、光緒四年十月博潤《序》、光緒四年八月楊開第《序》、光緒四年十一月姚光發《序》、修纂銜名、凡例、目錄、圖說（全境圖、浦北鄉保圖、浦南鄉保圖、浦北水利圖、浦南水利圖、浦北營汛圖、浦南營汛圖、海塘圖、鹽場圖、城河圖、城內街巷圖、衛城圖、縣署圖、學宮圖、試院圖），末有舊序（〔紹熙〕《雲間志》宋紹熙四年〔1193〕十一月楊潛序、〔正德〕《華亭縣志》明正德十六年〔1521〕二月孫承恩序、馮鼎高序、清乾隆五十六年〔1791〕十二月李廷敬序、乾隆五十六年十月程明愫序、乾隆五十六年十一月鄭濂序、乾隆五十六年十二月王顯曾序）、舊志修纂銜名。

此本《舊志纂修銜名》裝訂於《舊序》前。

第二節　嘉定縣縣志

嘉定，宋嘉定十年（1217），析浙西路平江府崑山縣東境春申等五鄉置縣。元屬江浙行中書省江南浙西道平江路。元貞二年（1296），改為州。明洪武初，又改為縣，屬南直隸蘇州府。弘治十年（1497），將縣北境分隸太倉縣。清初，縣屬江南江蘇布政使司蘇州府。雍正三年（1725），改屬江南江蘇布政使司太倉直隸州，並分置寶山縣。

為嘉定作志，始於元人秦輔之。秦氏於元順帝後至元六年（1340）輯《練川志》，今已佚。此後，明洪熙元年（1425）曾魯、周璿合輯《練川志》、弘治年間浦杲輯《練川志》，均已佚。現存最早的嘉定方志是明正德四年（1509）陳淵修、都穆纂的《練川圖記》二卷。此志原本亦佚，今僅存清張伯倫鈔本。此後又有楊旦修、蒲南金纂的〔嘉靖〕《嘉定縣志》十二卷，明嘉靖三十六年（1557）刻本。此志是最早的以嘉定為名的方志，今僅存前九卷。其後修志日繁，有韓濬修、張應武等纂〔萬曆〕《嘉定縣志》二十二卷，明萬曆三十三年（1605）刻本；趙昕修、蘇淵纂〔康熙〕《嘉定縣志》二十四卷，清康熙十二年（1673）年刻本；閔在上修、許自俊等纂〔康熙〕《嘉定縣續志》五卷，清康熙二十三年（1684）刻本；程國棟等纂修〔乾隆〕《嘉定縣志》十二卷首一卷，清乾隆七年（1742）刻本；吳桓修、王初桐纂〔嘉慶〕《嘉定縣志》二十卷首一卷，清嘉慶十六年（1810）年刻本；程其珏修、楊震福等纂〔光緒〕《嘉定縣志》三十二卷首一卷補遺一卷，清光緒八年（1882）刻本，又有民國十六年（1927）年重印本；范鍾湘、陳傳德修，金念祖、黃世祚纂〔民國〕《嘉定縣續志》十五卷首一卷末一卷，民國十九年（1930）鉛印本。

上海博物館圖書館藏嘉定縣志四種五部：〔萬曆〕《嘉定縣志》一部，〔乾隆〕《嘉定縣志》一部，〔光緒〕《嘉定縣志》一部，〔民國〕《嘉定縣續志》二部。

一、〔萬曆〕嘉定縣志

（一）明萬曆刻後印本嘉定縣志　807.2 / 259

〔萬曆〕《嘉定縣志》二十二卷，明韓濬修，張應武等纂。明萬曆三十三年（1605）刻本。2 函 8 冊。半葉 9 行，行 18 字，小字雙行同。白口，左右雙邊，單魚尾。版心上鐫「嘉定縣志」，中鐫卷次、卷名及頁碼，下鐫字數及刻工。書高 27.3 釐米，寬 17.4 釐米，框高 21.6 釐米，寬 14.8 釐米。首有萬

曆三十三年（1605）三月時偕行《重修嘉定縣志序》、韓濬《重修嘉定縣志序》、須之彥《重修邑志序》、王錫爵《嘉定縣新志序》、凡例、目錄、纂修姓氏、圖（嘉定縣水利圖、縣城圖、舊縣志圖、縣志圖、儒學圖、吳淞所城圖、寶山所圖），末有萬曆三十三年四月李之彥《重修嘉定縣邑志後序》。

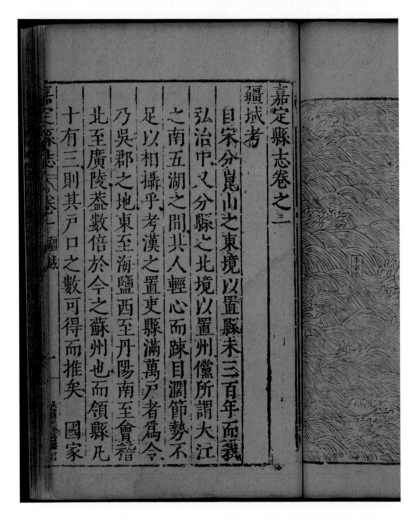

韓濬，字邃之，號惺庵，山東淄川人，明萬曆二十六年（1598）進士，次年授嘉定知縣，有善政，後升任御史。張應武，字茂仁，一字三江，嘉定安亭人。父情，兄應文，弟應忠，從歸有光遊。著有《文起齋稿》等。

時偕行序曰：「夫志者，識也，文獻理道所以識也。郡邑之土，上應星躔，下辨疆域。若城池橋宇，若風俗物產，若錢穀賦役，若名賢勳德，匪志則弗傳，匪核則弗信，匪文則弗遠。右文者據以修辭，考古者循以博綜，守土者依

以鏡治，何可廢也？吾嘉邑志重修於嘉靖丁巳，迄今四十有九年矣。淄川韓侯以名進士蒞政之六年，治具畢張，有感於邑志之曠闕也，喟然歎曰：『邑之有志，猶國之有史也。史以有稽而源委可覈，法以籍生而弊竇日滋，修之曷可已乎？』於是具禮幣，謀之邑縉紳，咸謝不敏。乃徵隱逸之士，進文學之傳，開館聚彥，別類分掌，俾各殫其見聞，獵幽微，搜放佚，正舛訛，核名實，自宋元以及昭代，咸摭其可徵者而定之輿論，首疆域，終文苑，共二十二卷。新故畢該，文質具備，俾後來藻雅者考跡而知故，宰人者鑒古而知今，皆韓侯之遺利也。信可以徵文獻之隆，而鏡理道之要矣。偕行鄙陋，不能為役，幸得寓目，而竊有感焉。邑不產禾，故利永折；邑土潮淤，故利濬河。河者，民所藉以為命者也。上既舉行，而得安其田里矣。第俗尚奢靡，刁訟蝟起，少侮長，賤凌貴，石碏所稱六逆，賈生所謂『至冒上』『至亡等』者，往往而有。語云：『障狂瀾者，以千鈞之石；療奇疾者，以千金之劑。』宦斯土、生斯鄉者，欲樹之表儀，納之軌物，去刁爭欺謾之習，而還禮讓淳龐之風，非賢哲孰能當此者乎？此韓侯修志之本意，而吾黨所當共勗者也。侯敏介詳縝，凡規為措置，偉前修而憲方來者，班班具志中。而治理之暇，創立書院，表先令先民之特賢者，申達專祠。而今又修舉數十年廢墜之邑志，是大有關於風教，非若它政績之僅以庇民者，宜士民之交欣，茲頌於不忘也夫！萬曆三十三年歲次乙巳春三月上浣日，邑人時偕行撰。」首鈐「嘉定宏農楊氏四知齋珍藏金石書畫印」朱文方印、「璜川吳氏收藏圖書」朱文方印。

　　韓濬序曰：「按《周官》，外史掌四方之志，後世因之，有郡邑志。志者，史之遺也，比詞屬事，纂要舉凡，用以彰往詔來，輔政教之不逮。蓋夫人躍然若跂，赧然若沮之思，所不得之慶賞刑威者，用能觸機於微，徵鑒於遠。枯管腐毫，陰有以操其重，蓋其嚴也。則凡隸茲土與蒞茲土者，安得不用是為兢兢？顧隸者人眾而事散，責寬而任輕，即有瑕纇，或逸於討。若蒞則耳目之所蘗、德怨之所歸，畫地而守，集木以居，不勝求多焉。苟其為敗德，為失政，誰其私之？則蒞者之懼，安得不滋甚？不佞筮仕茲土，於吏治亡當私計，吏不習事，視已成事，掌故記乘法戒昭焉。因索舊志閱之，志故脫略，且距讎校之日遠，即幅員無改，而其間風俗之隆替、時事之變遷、政令之沿革、建置之廢興，有難同日語者十之九矣。不佞何所藉以習事？及睹所謂官師考者，益用凜然。夫自宋至今，上下數百年，而傳循例者，抑何寥寥也？其中敗德失政者，即不為置傳，或附見他事，或微致隱詞，身後之誅，懵於斧鉞，不佞

寔寒心矣。《詩》曰：『鼓鍾於宮，聲聞于外。』不佞自惟視事以來，冰兢怵屬，誓不敢以其身為垢。府內負此心，外負百姓，顧短馭泥於致遠，小知拙於用大，興時鑿枘，譽尤寔多。愛我者，不能掩；譽我者，不能諱也。後之視今，亦猶今之視昔哉。夫人情惡訐甚於慕榮，遠有所師，不若近有所鑒。有如余之不德，後來者指為炯戒，弦改轍易，與士民更始，則不佞實邀惠焉。顧茲不佞在事，遺文往緒，已不可復尋，其又何以徵後？無徵不信，不欲以貽後人者，復貽後人也。是用謀之搢紳，暨諸文學，共襄茲役。因與之約，毋猜毋疑，毋阿毋黨。罪狀盈積，不妨於單詞；事蹟昭彰，不嫌於直指。暴其短者愈甚，昭其鑒者愈嚴。此不佞一念不敢自安之心，與不敢自文之心，所期與後之人均任其懼者也。若隸斯邑者，在國稱典刑，在鄉稱耆碩，所黽勉好修，以不辱茲役者，豈其不與不佞交致其懼哉？所為輔政教之不逮者，仰借非細，倘徒曰存往跡、備掌故已也。此記載之任，按籍而書足矣，不佞何敢以重煩士大夫乎？賜進士第、文林郎、知嘉定縣事淄川韓濬撰並書。」

須之彥序曰：「余憂居之明年，會邑有修志之役，邑侯猥以余從縉紳後，令濫竽其間，冀效一得，以裨主者。顧餘生也晚，往事遺跡，得於目擊者少，而故老傳聞、野史論述，事在有無間者，又不敢以未信附會。即其中有公論所歸、碩畫所在，為耳目睹記章明較著者，間慫恿以贊其成，大較因人成事，等於一籌莫展耳。余是用自愧，所藉老成，在事博採精收，循名責實，不憚拮据，以襄茲役。邑侯躬為主持，斟酌損益，多所釐正，俾成一家書，舉邑實邀惠焉。余且得以逸享其成，則又是用自幸，顧私心不能無概於中者。吾嘉故稱樸茂，士生其間，雅知自好，一有不類，若無以自容。以故吾鄉之清議亦較嚴，至刻覈之過，幾無全人。追數前輩勳名，事業所至，赫然有聲，或尸祝生前，廟食身後，而終不能滿鄉人之口。即志所載，可具睹已。寧鄉邦易轍，出處殊致，所為持論之嚴，固不易許可也。余是用自懼，韓侯之言曰，蒞茲土者與隸茲土者，『均任其懼』。夫蒞者，弛擔而論定，懼有已時；隸則自少至老，靡日不供彈射，懼不較甚耶？蓋人情狃於所安，警於所惕，局曲如余所不敢妄自菲薄，一念豈其即安，而觸目激衷，鑒往懲來，不得不用是加惕，茲者以先輩之懼勗諸鄉，異日者以韓侯之懼勗諸邑，則余之藉手茲役也，獲益實多，余之愧不勝余之幸矣。邑人須之彥撰並書。」

王錫爵序曰：「淄川韓侯來尹嘉定，膚敏廉清，次第修廢決壅，為嘉民百年之慮。蓋初猶稍稍別白禾莠，以威稜佐道化。三年之後，鳴琴而四境治矣。

乃以引割之暇，與二三耆俊討論邑志，而手潤色之，凡五閱月，新志成。余受而卒業，蓋愀然發古今之愾焉。夫邑里之時析時合，時耗時實也，與世遷者也。遡嘉之遺跡，健將揚旗之壘，飛仙舞鶴之墟，尚且塞為榛莽，化為闠闠，而況津梁壇宇，廢興由人者乎？若存若亡，有掌故在。抑吾猶記二十年前之嘉定也，丁壯棄產而逋，彌望甌脫，上高原膴膴，農趾錯而屋櫛比矣。問何以故，則曰，田賦之有則也，徭役之易充也。我吳蓋自周文襄平米而後，代有興革，諸繁苦浮淫之竇，漸劑漸平，漸減漸輕，譬如負千鈞而趨者，遞而減之，千羨百，百羨十，恨不即徒手而陰道旁耳。嘉定役至於條編，賦至於折色，而賢牧伯之所調停，良父母之所營畫，幾無餘力矣。侯又以善巧方便，與民變通，凡籍於書者，皆口嘗而知辛鹹，手揣而知輕重。後之來者，奉為矩程參伍焉，而不輕變法，雖百世可也。惟是民情風俗，其為化也，密移易知而難名。為志者，第能紀其風土節物之舊，點綴面目而已，要無當於神理。蓋昔王文恪之志姑蘇，曰：蘇民西近華，東近質，濱海之民多悍，則嘉定似之矣。俯仰百年以來，風靡波流，非但醇酒之味醨，即烏菫之毒，亦漸以薄矣，而其大略猶可概見。余聞之外大父，嘉定當弘、正間，里中大夫豪引蒼頭盧兒，牽黃臂蒼，騁而過市，婦子皆走匿，甚至有犯官吏短長，持白挺而擬其後者，而今大家，畏小民如虎。其敢訟勇鬥輕犯法者，止華寶之無賴耳。悍不啻且馴矣，而質則尚存。第見吾里以西，奇冠冶服，靡因不新，流言蜚文，無脛而走。問之嘉，嘉不知也。洞庭之珍，吳江之鮮，朝而東下，筐筥立罄，過嘉之市而不問也。士人務為新聲，一唱百和，又或餙交遊，課玄虛以博名高，往往得志去。而嘉之儒宿，抱其嘐嘐好古之志，即窮老而不悔也。仕宦者甫釋蔬蹯，置田出息遍境外，而嘉縉紳之產，多不逾中人。其外肆以遊居積而牟利者，皆僑居客也，蓋其智拙於爭。時甲第之盛，物產之豐，不能與它邑爭勝，所自來矣。夫民亦何厭之有？以葃爾僅存之質，而立乎聲華之間，濃淡相形，貧富相耀，而有如長民者，聽其自化不隘之以今義，申之曰勸懲，即嘉又能長保此質乎？以齊風之大也，聖人刪《詩》而次之以魏唐，即《葛屨》之褊心、《蟋蟀》之勞苦，而猶有取焉。若曰救大國之奢，必以小域之儉；救沃土之逸，必以瘠土之勤。今吳俗儉矣，華不已而侵，侵不已而僭。又數十年後，無論它邑，不知嘉之為嘉，尚有先進遺法，可以為四方則不？韓侯曰：救政者，於已形，於已敗，一弦未安，即更一弦，志可考鏡也，救俗者於未形、於未敗。夫吾既表而樹之，異時浸漬而觀厥成，則以俟後之君子。賜進士及第、光祿大

夫、太子太保、吏部尚書兼建極殿大學士、知制誥經筵國史玉牒總裁、予告、存問太原王錫爵撰。」

　　李之彥後序曰：「數國家陬區者，輒首三吳；於吳諸郡中，輒首蘇郡。嘉定其嚴邑也。往余之未屆於茲也，則已聞其人材之盛美、風土之敦厖，而心慕之。比幸分鱣席，獲與其賢士大夫遊，得於聞且見者為詳，未嘗不快其所聞之愜也，而因以習知其邑中之故。邑故瀕於海，其俗儉以思，其人文而有質。凡夫通顯於時者，率流鴻標駿，炳於旂常。而其間貞操奇行，與夫長林秀民，所在有之，不可勝紀，其地則斥鹵而高亢，無長川大河以流溉其間，潮汐時至，乃多壅積，田以污萊，民輒嗷嗷無如何而所輸歲貢，顧不下於他邑，大海環其東，島夷之所出沒也，而亦為諸作奸犯科者之淵藪。所居民漸而成習，譸張交鬥，訟獄弘多，故茲邑與諸邑中，亦稱難理。方余來時，雖時邑侯淄川韓先生已報政成矣，先生愷悌塞淵，同古循良之軌，而精心理學，富有經綸。其為政於茲也，已七年所，無一日不殫心於民事，田賦無弗正也，土地無弗闢也，川澤無弗濬也，而奸宄亦罔弗戢也。民用以悅安，遂陶淑之以禮樂，肇為講堂，而為田以給之，時振鐸其間，俾人士知所向，風而偕之大道。先生之為德於茲土也渥矣，而猶有無窮之思焉，以為邑之有乘，是為治者之所明徵也，則取前此所為邑乘，而循求之。蓋自邑浦公為書以來，數十年間，其規制經畫，已自殊別，於凡風尚名蹟所湮闕亦多矣。乃延諸縉紳暨文學、掌故之家，共為纂定之，凡七閱月而書成，酌斟增損，靡有遺憾。而先生復出其精誠約言，各為之論著於篇末，美哉，彬彬乎。先生與諸君子之相與以成此書也，豈非不朽之盛事，而為茲邑所嘉賴者乎？夫以茲邑，越在海徼，土瘠而民勞，常患無以保聚，使夫經賦不飭，教化不興，此亦邦國之憂也。是編也成，按名則實可覆也，揣末則本可循也，舉數十年以來，利弊得失之故，燦然若指諸掌。願治者誠按籍而圖之，其於治何有？則夫是書也，豈維茲邑之所嘉，賴將邦國，實式憑之矣。余不敏，猥廁於校讎之末，而無能為役，徒樂觀厥成，而知其所繫之重也。爰贅數語於末簡，用彰先生之用心，庶來者得以考云。萬曆乙巳孟夏朔日，署嘉定縣教諭、舉人祁閶李之彥謹序。」

　　是志有十門，七十目，「頗勝他志之鄙陋，然亦時有疏舛。如以水利志列於人物之後，已覺不倫；以古蹟及寺觀敍於雜記門中，更非其例」〔註5〕。邑

〔註 5〕永瑢等編，四庫全書研究所整理：《欽定四庫全書總目（整理本）》，北京：中華書局，1997 年，第 1001 頁。

人錢大昕《題韓濬嘉定縣志後》謂是志「詞筆雅訓，而考證殊多疏舛」﹝註6﹞，並舉數證。卷之一至二疆域考，有縣境圖、建置、裏至、形勝、鄉都、市鎮（行村）、山岡、津梁、風俗（節序、方言、占候）九目；卷之三至四營建考，有城池圖、縣治舊圖、縣治新圖、學宮圖、縣治、學宮（廩田附）、小學（廩田附）、書院（廩田附）、倉庫、公署、屬廨、祠宇、壇壝、坊巷、郵遞十五目；卷之五至七田賦考，有戶口、田賦、徭役、貢課、物產、漕折緣由、復熟緣由、賦役條議八目；卷之八至九職官考，有設官、官師表、宦績三目；卷之十選舉考，有薦辟、仕貢表（進士、鄉貢、歲貢、例貢）、封贈、恩蔭、儒士、武秩、雜進七目；卷之十一至十三人物考，有官宦、文行、忠臣、孝子、義士、隱德、方技、仙釋、流寓、列女十目；卷之十四水利考，有江海、塘浦二目；卷之十五至十六兵防考，有兵制、民兵、兵器、海寇、倭亂、條議、戎鎮（吳淞所圖、城池、寶山所圖、官廨、鎮將、世官、卒伍、糧餉、兵器、火器、戰艦、汛期、科名）七目；卷之十七至十八雜記，有古蹟、逸事、祥異、寺觀、祠廟、冢墓六目；卷之十九至二十二文苑，有文編、詩編、書目三目。

是版刻工有：章次、朱子靜、郭成望、古吳章欽超、楊文、文、欽、王、右、鄧、張茂功、章右、章君錫、陸科、英、濮文、倪奎、錢英、利、王臣、顧昌、倪密、郭、章利、密、陸、郭成、昌、章福水、水、劉、本□、宣、梅、沔、張、潘、成、□柏、金、朱、才、山、尤任、仁、見、吳、石、尤直、尤、許、宋、談等人，於刻工外又偶有：金對、宣對、徐對。首卷卷端葉於刻工外，又有寫工：長洲劉廷憲。

此本版有漫漶，有斷版，為後印本。此本有朱、墨筆批點，舊有修補。此本有缺頁，卷二十第三十五至三十六葉，卷二十一第十、十六葉，卷二十二第十一正、十二、二十六葉及後序鈔配，卷二十第四十二葉，卷二十一第十八、二十、二十四葉，卷二十二第三葉缺而未及鈔配。王錫爵序有錯裝。

《中國地方志聯合目錄》、《中國地方志總目提要》著錄，《中國古籍善本書目》、《中國古籍總目》著錄，《上海地方志簡目》、《上海方志資料考錄》、《上海方志提要》、《上海方志通考》著錄。

《四庫全書存目叢書》所收〔萬曆〕《嘉定縣志》據此本影印。有《中國

﹝註6﹞ 錢大昕：《潛研堂文集》，陳文和主編：《嘉定錢大昕全集（增訂本）》第9冊，南京：鳳凰出版社，2016年，第477頁。

方志叢書》影印本，成文出版社，1983 年出版；劉兆祐主編《中國史學叢書
（三編）》影印本，臺灣學生書局，1987 年出版；《原國立北平圖書館甲庫善
本叢書》影印本，國家圖書館出版社，2013 年出版；《中國地方志集成·善本
方志輯》第一編影印本，鳳凰出版社，2014 年出版；《天一閣藏歷代方志彙刊》
有影印本，存卷五至六，國家圖書館出版社，2017 年出版。有何立民點校本，
收入《上海府縣舊志叢書·嘉定縣卷》，上海古籍出版社，2012 年出版。

　　除上海博物館圖書館外，北京大學圖書館、天一閣博物院、臺灣「國家」
圖書館、日本尊經閣文庫、前田育德會等收藏。南京博物院藏民國二十三年
（1934）鈔本。

二、〔乾隆〕嘉定縣志

（一）清乾隆刻本嘉定縣志　　807.2／48

　　〔乾隆〕《嘉定縣志》十二卷首一卷，清程國棟等纂修，張陳典、馮致芳
等同修。清乾隆七年（1742）刻本。8 冊。半葉 11 行，行 21 字，小字雙行
同。白口，四周單邊，單魚尾。版心上鐫「嘉定縣志」，中鐫卷次及目名，下
鐫頁碼。書高 24.3 釐米，寬 16 釐米，框高 19.2 釐米，寬 15.1 釐米。首有清
乾隆六年（1741）十一月汪漋《嘉定縣志序》、乾隆七年六月顧棟高《新修嘉
定縣志序》、乾隆七年三月程國棟《嘉定縣志序》、目錄、沿革、詳文、纂修姓
氏、凡例、圖（縣境舊圖、縣境新圖、縣城圖、縣治圖、廟學圖、縣境水利舊
圖、縣境水利新圖、縣城水利圖、吳淞江圖、劉河圖）。

　　程國棟，字玉亭，安徽休寧人，入籍浙江烏程。清康熙五十二年（1713）
舉人，雍正十一年（1733）任嘉定知縣。張陳典（1680～1742），字徽五，又
字毅庭，本姓陳，嘉定人。乾隆元年（1736）進士，任貴州銅仁知縣。工詩
文，善書畫，著有《陸舟剩稿》、《燕翼堂集》、《閒窗偶吟》、《韓昌黎編年詩集
詮釋》。馮致芳，字孟鄰，號芝山，嘉定人。康熙五十六年（1717）舉人，授
四川永川知縣。著有《芝山詩集》。

　　汪漋序曰：「雍正三年，詔以蘇州府之太倉州直隸布政司，而移府屬嘉
定、崇明二縣為屬；又分嘉定縣東境，立寶山縣。十一年，程君國棟宰嘉定。
逾一考，調淮安之鹽城。當君仕嘉定時，予適督理浙之海塘工，與其縣相距
僅三舍。君為予癸巳典浙江試所得士耳，其政聲甚茂，私喜不謬知人。今上
之四年，予總理淮揚水利，則鹽城在吾境。每因巡視入其疆，君從予舟以行

於水道，干支原委，口講指畫，若老農數其家阡陌。予歎君不獨才優，亦勤於政矣。間持所纂《嘉定縣志》稿見示，且請曰：『志不修五十餘年，今移屬分縣，體例較殊。國棟竊以為不可緩，輒不自揆，訂舊志，續近跡，書垂成而調任。然不敢輟前業，撫綏餘暇，探幽削冗，幸克卒業。惟夫子序其端。』余嘗歎吏思速化，視其官如逆旅，凡夫國計民生，至大且重，尚不免於苟且，況志書之作，因陋承譌，數月可以竣事，其視為文飾也亦宜。殊不知郡縣之有志，即古者外史之職，隱與史書相表裏。特史詳於紀傳，而地理止載歷代沿革分併，即搜採之詳，如《元和郡縣志》、《太平寰宇記》、《九域志》、《方輿勝覽》諸書，於郡縣、山水、戶口、貢賦、八到、四裔，多史所未備，而人物或載或不載，非有闕略，其體例宜然也。惟志郡縣，則自輿圖下至雜事，利弊之興除、文獻之盛衰，本諸史，參諸稗乘，其關係甚大，顧可草率從事，耗費煙墨，而不加精覈乎？君於是書，多歷年所，雖調任而參伍折衷，務期確實而適於用。而水利之疏濬，尤為明悉，行之久而無弊，與為余口講指畫於鹽城者互相發。觀君書，愈知君之勤於政矣。君輯是書後，又將輯鹽城志，會予覆命赴闕，未及見其成。然觀其志嘉定，則其詳覈於鹽城又可知也。瀕行，為之序，見君之於政於書，皆無所苟如此。乾隆六年歲次辛酉仲冬，賜進士出身、通議大夫、欽命總理淮揚水利、大理寺正卿海陽汪漋撰。」

顧棟高序曰：「程侯令嘉定凡四年，政寧事和，民獲蘇息。以縣既分析寶山，且前志已經五十餘年，不可不及時編輯，乃另立體例，為卷十有二，為目七十有七。書未及成，而侯移任淮安之鹽城，請於上官，願終輯以竣厥事。上官嘉其意，許之。越五年，為乾隆之壬戌，始克告竣。而余掌教淮陰書院，侯來謁，具道其事。逾月，屬余門人夏生建勳函志書，並以書來，曰：『為我敘之。』余惟志乘之弊有三：一曰考核失真，二曰體例未當，三曰敘次無法。又其下者，臚列去思之碑，縷載詠物之句，連篇累牘，無益政治。甚則廣因請託，參以愛憎，賢奸雜載，真贗並登，人物、鄉賢，幾成蠹藪，是非失實，毀譽無憑，謠諑繁興，流為口實，致閱者沿革一卷而外，輒已束不復觀。比之姑布子之不足信，志乘之取輕於人久矣。侯之為此書也，集紳士，誓諸神明，務期實錄，上溯未縣，下及新割，博考史籍，旁搜掌故。縣境水道有變遷之或異，則列新、舊二圖，以詳其原委。邊海營汛，以新隸寶邑而界分，則刪去不錄，以清其裏至。考核真矣。編年紀月，衷諸涑水；大書細書，仿諸紫陽。藝文則僅存書目，盡削汗牛充棟之辭；人物則嚴覈品題，絕去耆碩濫觴之目。

體例嚴矣。其傳先賢也，或分或合，簡潔雅慕班陳；其搜野乘也，蒐事瑣言，典贍同於《新語》。有關於利病者罔弗錄，徒託諸詞藻者概弗登。敘次精矣。而其最大者，其一謂吳淞江，為太湖全流所注，宜專力濬此，以泄東南水害。劉河特為之副，而以明夏忠靖公專濬白茆，挈吳淞江之水北達婁江，棄直東百三十里之地不復濬者，為捨近圖遠。其一謂嘉定，瀕海高亢，地不宜稻，明萬曆十二年改為永折，而民始樂業。明季，議半兌而民已惶駭，一時之奏疏條議，無不備載。又以秋糧已經折色，則漕額自宜全蠲；匠班攤入地丁，恐日久漸忘其朔。是皆有關於生民利害之大，故述往事，詔來者，一編之中，三致意焉。譬如扁鵲視病，洞見癥結，標出示人，後之臨症者但按斯編而考之，檢陳方，理故疾，不必博求廣詢而已可起數十百年之痼，活億萬生靈之命，則是書之為功鉅矣。夫載筆者，患無其識。有其識矣，而或怵於權勢，或惑於眾咻，狥庸流之耳目，違登載之本心。余向者僭修《河南省志》，有意芟繁薙穢，而有時不能盡如吾意者，亦牽於時勢之不得不然也。余承侯命，瀏覽斯集，嘉侯能專力為此，又能盡破俗見，以成此真實有用之書，上佐聖天子勤求民瘼至意，因不揣愚陋，為弁其首而歸之。侯名國棟，以烏程籍登康熙癸巳賢書，今為鹽城令。壬戌六月下浣，錫山顧棟高書。」

程國棟序曰：「凡記載之書，創者每略而疏，繼者每詳而密，亦理勢之必然耳。蓋當夫建置未久，民物未蕃，無意於略而常略。及夫生聚彌盛，事變彌殷，無意於詳而常詳。前人之疏略，正賴後之人起而正之。自古迄今，類然矣。縣肇自宋嘉定十年丁丑，以年號名縣。迄元，秦輔之作《練川志》；明曾魯修之。二書今不可得見。都穆撰《練川圖記》，其自序云：『志，猶之史，法宜簡嚴。後之志郡縣者，罔知出此，識者以為謄吏牘耳。』其意似主於略。然古人著述，貴豐而不餘一言，約而不共一詞。夫詎專以略為尚？都之所記，正嫌其太略耳。厥後，若龔，若楊，若韓，入國朝，若趙，若聞，積而加詳，有不容已者，但貴詳而有體。彼長吏去思之碑，時流詠物之句，謏文淺制，累牘連篇，果何義？國棟於斯志，承昔賢之舊，續以近數十年來所見聞。恭惟列聖覆露群生，嘉定海隅，被澤尤渥，大興水利，蒙永賴之休，屢減浮糧，免橫征之苦，所當大書特書。又因戶口滋多，吏治繁劇，分東境立寶山縣，則版圖、兵賦、人物、事蹟亦當分晰。在既分以後者，固不贅矣，而故壤或有與現隸當並存者，特於『並載』之中，注明分轄之界，非以求詳，寔難過略，獨於冗濫，慎之又慎，庶不至貽譏蕪穢。昔賢偶有疏處，考證苟確，急為更易。閱

者比而較之，可以共鑒。若鄙拙所述，寧敢遽信為密？昔人謂讀書校讎，譬如風庭掃葉，旋掃旋有。書之有疏，正復相類。後之君子，倘能指而論定之，勿以護短憑愚相目，此則余私心之福幸也矣。乾隆七年壬戌春三月，知鹽城縣事、前嘉定縣知縣程國棟撰。」

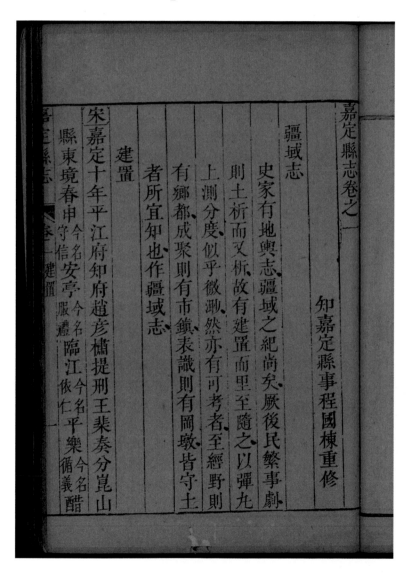

是志係據明代舊志，博訪稗乘，續以近事而成，以糾康熙兩志內容之失實，有十二門，七十七目。「體例嚴謹，除列傳、風俗、軼事外，多依編年紀月繫事而記，凡沿革必源始末，如分合縣境、水道，均列新舊兩圖。又因寶山已分建，凡寶山所轄者均予剔除；語言、節序、占候等與前志略同，予以省

略。」〔註7〕卷一疆域志，有建置、裏至、分野、鄉都、市鎮、岡墩六目；卷二營建志，有城池、縣治、倉獄、壇廟祠、郵遞、坊表、街巷、橋樑八目；卷三賦役志（上／下），有考賦／田畝、戶口、額徵、款目、類餉、雜稅、役法、役目、祥異十目；卷四水利志（上／下），有江海、縣境水道／治跡、濬法、條論五目；卷五學校志，有廟學、祭器、樂器、書院、小學、義塾、學田、宣講、鄉飲九目；卷六兵防志，有城守、吳淞（附）、寶山（附）、武略四目；卷七職官志，有職官表、教職表、雜職表、武職表四目；卷八選舉志，有科貢表、薦舉表、例選表、雜進表、武秩表、封廕表六目；卷九名宦志，有知縣、縣丞、主簿、典史、教諭、訓導、巡檢七目；卷十人物志（上／中／下），有賢達、忠節、孝友／文學、隱逸、藝術、流寓／列女八目；卷十一藝文志，有書目、碑記二目；卷十二雜類志，有物產、風俗、古蹟、第宅園亭、神祠、墳墓、寺觀、軼事八目。

是書有朱筆批點和墨筆批語。

《中國地方志聯合目錄》、《中國地方志總目提要》著錄，《中國古籍總目》著錄，《上海地方志簡目》、《上海方志資料考錄》、《上海方志提要》、《上海方志通考》著錄。

有李貴、慈波、李俊標點校本，收入《上海市府縣舊志叢書·嘉定縣卷》，上海古籍出版社，2012 年出版。

除上海博物館圖書館外，中國國家圖書館、上海圖書館、天津圖書館、復旦大學圖書館、中國科學院圖書館、南京博物院、臺灣「故宮」博物院圖書館、美國國會圖書館等有收藏。

三、〔光緒〕嘉定縣志

（一）清光緒刻本嘉定縣志　807.2／228

〔光緒〕《嘉定縣志》三十二卷首一卷，清程其珏等修，楊震福等纂。清光緒八年（1882）尊經閣刻本。2 函 16 冊。半葉 11 行，行 22 字，小字雙行同。白口，左右雙邊，單魚尾。版心上鐫「嘉定縣志」，中鐫卷次及目名，下鐫頁碼。書高 26 釐米，寬 15.5 釐米，框高 19.3 釐米，寬 13.9 釐米。內封刻「光緒庚辰重修／嘉定縣志／版藏尊經閣」，又有牌記「辛巳正月開雕」。首有天章、譚均培序、光緒六年（1880）九月許應鑅序、光緒八年五月吳承潞

〔註 7〕　金恩輝、胡述兆主編：《中國地方志總目提要》，第 9-28 頁。

序、光緒六年十一月劉瑞芬《嘉定縣志序》、光緒七年（1881）二月曾紹傳《嘉定縣志序》、程其珏《序》、憲檄、詳文、纂修姓氏、目錄、凡例、圖說（縣境舊圖、縣境新圖、縣城圖、縣署圖、廟學圖、縣境水利舊圖、縣境水利總圖、縣城水利圖、西南境水利圖、西北境水利圖、東南境水利圖、東北境水利圖、吳淞江圖、劉河圖）、建置沿革表。

程其珏（1834～1895），字序東，江西宜黃人。清同治十三年（1874）進士，光緒四年（1878）任嘉定知縣，後擢太倉直隸州知州。楊震福，字子勇、聲伯，同治七年（1868）歲貢生。著《五經集解》、《依韻求母》、《六書啟

蒙》等。

譚均培序曰：「嘉定舊為吳郡屬邑，宋嘉定十年析崑山東五鄉，因年以紀名，即練祁鎮以為治，南襟吳淞，北帶婁江，遂為江南劇望。我朝深仁枕被，化洽幽遐，孳生積聚，地廣物博，其疆域、財賦、兵防、學校之大者，建置增析，隆於往古，而民俗之樸厚、人文之閎偉，尤甲於他邑，蓋其所由來遠矣。當湖陸清獻公以理學大儒出宰是邦，崇節儉，務修養，教以孝悌，化以德禮，除稂莠而殖嘉禾，親鸞鳳而遠梟獍，自訓農、育材、寬賦、聽訟，與夫冠、婚、賓、祭、飲食、服御之細，莫不勤懇曲摯，殫極纖微，俾其民默率潛移，一歸於純固渾樸而後已。芬華之習，蕩滌廓如，建縣五百年來，未之有也。故嘉定自康、雍迄今，號稱易治。況國家昌明，經學超軼曩代，通儒碩彥，接踵而生。王光祿、錢少詹兩先生崛起於乾、嘉之間，人倫師表，履蹈粹然，博大閎深，海內宗仰，為一代儒者冠冕。後之學者仰承軌躅，無不以潛研經義、躬行實踐為宗。蓋沐浴遺澤，瀸漬盛媺，雖百世下，猶聞而興起，況近在二百數十年乎？由是而觀，則官斯邑而生斯土者，宜何如礱砥名德，以求無愧於前賢？余自束髮受書，慨焉生慕，迨出守毗陵，涵護撫篆，尤習聞夫正學清德，自慚闇愚，莫測厓岸。大令程君其珏以翰林起家，繼清獻之後，作宰於二先生之鄉，時更兵燹，瘡痍未復，而乃因其地之利，權其事之宜，徇其俗之媺，以究心於河渠、田賦、諸大政，疏水利則主於蓄清捍渾，建倉儲則主於因微積鉅，以及學塾之課、耕桑之經，靡不修舉，若網在綱，可謂能勤其政矣。眠事之暇，惻然於志乘之未輯，蓋距程君國棟修於乾隆壬戌，迄今百四十餘年矣。歲久事湮，典章淪墜，前令作而旋輟，卒未成書。乃與邑人躬任纂輯，掇拾舊聞，佚者補之，略者詳之，斟酌損益，燦然稱備，益以見程君之用心，視民事如己事，不以齟齬繁重而遂止也。斯非則效前修，務其所急，烏能若是哉？余因是書之成，綴述崖略，而獨殷然於清獻之盛德粹詣與二先生之流風餘韻，亦欲後之人知所尸祝而觀感也。凡已詳敍例者，茲不贅云。護理江蘇巡撫布政使灤陽譚均培序。」

許應鑅序曰：「嘉定本崑山地，宋南渡後，始析為縣。縣之有專志也，實創於元秦輔之、明曾魯、都穆、龔宏、浦南金繼之。顧其書久佚，惟萬曆中，邑令韓濬所修之志尚存。其時纂輯者，張應武、唐時升、婁堅、鄭閒孟、李流芳輩，皆邑中之儁，當時稱為實錄，而近代錢宮詹大昕獨謂其考證多疏，舉謬誤而一一指斥之。甚矣，纂述之不易也。逮入國朝，一修於康熙初，再修於

乾隆初，然要皆據韓志為藍本而已。嘉慶中續修，未成書中輟，蓋至於今一百數十年所矣。歷歲既遠，加以兵燹，已聞放失，不有賡續，何以昭示來茲？前令汪君福安始議重修，曾君紹傳、許君恒身繼修未就，程君其玨以名翰林來宰是邑，嘅然引為己任。書已成，丐序於予。夫志書體例，昉自史家，顧史家以列傳為重，而志書則以掌故為重。即以吳中而論，若《吳地記》、《圖經續記》之類，大都皆略於人物者也。嘉定瀕海，戶口數萬，稱劇邑。今君之書雖不出韓志範圍，而人物則謹而嚴，留心掌故，於水利、荒政尤拳拳，與韓志固同而異也。嗚呼，讀其書，可以知其政矣。蓋方志有褒無貶，人物不無溢美。纂輯者非其人，往往有繁冗之譏。矯之者又趨於簡略，不知簡略之弊與繁冗正同。或慕以為名高，誤矣。是書也，繁簡得中，不遺不濫，然則君不特知所先務，亦且工於文體者矣。自來循吏多能文章，近時如武虛谷億、惲子居敬、汪龍莊輝祖、姚石甫瑩，皆起家州縣，擅著作材，而有循良治績，君殆其倫也。余故諾其請而為之序。光緒六年歲次庚辰季秋，江蘇按察使者廣州許應鑅謹序。」

　　吳承潞序曰：「嘉定之為邑，於宋嘉定間始；邑之有志，於元秦輔之始。由明迄今，屢經修輯，最後得前邑宰程君國棟於乾隆初纂次成書，洎今蓋又百數十年矣。而續輯未成，大惧典章散漫，文獻無徵，是固有司之責也。宜黃程君其玨以庶常政官，來蒞斯邑，嘅然於曩諸令君之一再有志於編集，而卒未底於成也。爰進邑之士大夫，詢之以掌故，更周諮博訪，以求其賅備，暇則復勾稽載籍，遴其有涉於志乘者，必躬親摘錄弗少怠。益損奉錢，並豫籌鉅費，以供校訂友人之修脯與夫鈔胥之口食，以迨成書後剞劂之資。閱數年而始脫稿，蓋定本若此之難也。工既竣，貽書於余，屬弁言於其簡端。余自庚午來牧婁東，先後逾十載，竊惟嫽之民俗尚儉約，習於勤苦，距吳門不過百十里，距滬上不數十里，獨力於耕織，絲毫不汩於奢靡之風。其壯男以不亟輸將為辱，其婦女以不勤機杼為恥。厥風尚已，其人文之盛，亦他邑所未逮。顧地迫海濱，沙瘠土田，薄不宜稻，旱澇易於為災。讀婁先生堅之《濬採淘港記》，知水利之不可不講。讀侯公峒曾之《論復漕諸書》，有云：『邑在樂歲，得於天者最寡，及其降災也，而得天最多。』烏乎，何其言之痛切如是？蓋嫽之田宜稻者少，唯樹棉為布，規百里遠近，多紡織之具，而寡車、牛、農器、茭稾之屬。然則備荒之政，所尤當先事綢繆者也。今程君拳拳於河道、荒政二者，於志中所述水利、倉儲，不憚言之諄切，不亦深識為政之大要哉？抑

余嘗覽唐時升氏之《論徵布本末》及徐學謨氏之《序改折漕糧書》，竊歎勝國時，疁民困於委輸，一若蠲額不可終日。今獨急公奉上，里有不完錢糧者，人皆非笑，不以齒從。可知我國家深仁厚澤，逾二百年，民之沐浴涵濡於和甘中者，已匪伊朝夕，而又賴得陸清獻公以鼓舞而振興之，故克底於此。程君治疁，清淨不擾，蓋勉勉焉效法清獻之治以為治者。因不辭而為之敍。時光緒八年歲在壬午夏五月，賜進士出身、三品銜江蘇候補道、知太倉直隸州事歸安吳承潞撰。」

劉瑞芬序曰：「程大令其珏續修《嘉定縣志》成，舉其略以來請序，大要謂水利、倉儲在嘉邑，尤為當務之急，而眾咻所萃，懼善政之不克竟，後之人未由踵其續，故一編之中，三致意焉。余作而歎曰：『有是哉？君之為政與志，非夫徒善徒法者比哉。』往余嘗為君序《婺縣志》矣，以為志也者，出治之譜，匪直文字而已。蓋其治婺也，肫然以興養率教為先，而其志婺也，於田賦、節義、學校，視舊志為特詳，誠以因地因時，其大且要者在是爾。今更惓惓於水利、倉儲兩大端，豈無所見而然耶？嘉定前襟吳淞，後帶婁江，左倚大海，河之在境內者，支幹縱橫以百數，宜若蓄泄之資，莫便於此矣。然瀕海地窪，易泄難蓄，淞、婁二江日仄，清水力弱，不足以刷濁潮，所在輒致壅淤，故旱潦俱病。又沙土疏瘠，宜棉不宜稻，民食大半糴於旁縣，家無宿糧。偶值祲歲，旁縣不遏糴，而嘉民已大困。然則水利也、倉儲也，謂非治嘉之急務乎？顧境內之水，邑令得而治之，若淞、婁大幹，連跨數郡縣，所關利害至鉅，非治嘉者所能專也。為嘉計，無過於蓄清捍渾，自治其境內之小幹大支，以達於大幹，使尾閭無塞而已矣。昔范希文、郟亶先後治水吳中，實始設為壩閘，後乃一切廢壞，固由歲祀浸遠，以長吏暨鄉之士夫，意多齟齬，修護不力故也。余嘗見邑有耆宿張明經補庵者，當嘉慶季年，著《水利論》一書，其規畫疏濬事宜，及壩閘之制，至為剴晰。今書尚存，不知曾入斯志藝文否？又不知其擬建壩閘處，所蓄清捍渾之法，與君今所施設大略相合否？要之，所見固同也。明經並欲使嘉民廣種禾，無仰食旁縣，尤得備荒之原，今不知邑中禾田，視明經時多寡奚若？然雖產穀之區，倉儲不可闕也。《周官》遺人以鄉里之委積蓄饔餼，以縣都之委積待凶荒，即後世之常平倉、社倉、義倉之所權輿。法非不善，而所司非人，其弊至不可究詰。今郡縣積穀，實社倉遺意，斂之少則輸之無所苦，聚之多則散之無不給，實之里中則就食者便，掌之民間則胥吏無所容奸。積微成鉅，未雨綢繆，凡為縣者，皆不可緩，

而於嘉邑為尤急。實與水利相表裏。君既自行其實政,更纂入志乘,以詔後來,是其愛民之心之所貫注為何如。余故曰,君之為政與志,非徒善徒法者比也。志肇修於汪前令福安,輾轉作輟,閱今十餘稔而後成。遠宗韓志,近本程志,體例極為簡嚴,其中自疆域、漕賦、人文、節行,以至土俗、民風,靡不兢兢考載,足為出治者之憲式,固不獨水利、倉儲兩大端,而因地因時,則以為大且要者,尤在乎是,蓋猶夫志婁之意也。然則讀君之志者,即以為君之治譜也可。光緒六年庚辰冬月,布政使銜蘇松太兵備道海鹽監督貴池劉瑞芬序。」

曾紹傳序曰:「歲在壬申、癸酉間,忝握縣篆。兵燹之後,舊志無徵,偶有存者,其書已年遠不修矣。先是,大憲奏請開修江南省志,鈔折飭知下縣。紹傳蒞任之初,適奉檄飭前因。竊思縣志實省志所肇端,凡天時、地理、物產、民情、政績之循良、科名之顯達,與夫忠臣孝子、義夫節婦、理學名儒、嘉言懿行,歷歷詳載,誠采風者考鑒之先資,不可不急於續纂也。亟延眾紳會商,得已故國子監助教諸君成琮所著凡例十八條,可為程序。爰通稟設局,諏吉開修,捐廉助用,冀速其成,無如編遺事軼,採訪殊難,且所費不貲,非僅什伯計。未逾歲而紹傳奉諱解職,深以未能卒事為憾。迨同郡程君序東亦庶常繼膺是宰,培學校,減漕糧,裕倉儲,疏河道,凡便於民生、宜於土俗者,或創或因,或損或益,罔不次第修舉,弊革利興,而是書亦於是乎成。函牘往還,時道及之。紹傳自維譾陋,無意仕進久矣,況筆墨一道,荒廢不堪,何敢佛頭著糞?第念是書之成,前為名宿所撰述,茲經群賢纂修,體例謹嚴,情文樸茂,洋洋乎大觀也。紹傳雖於是書未竟其役,然亦嘗從事於斯。今聿觀厥成,夙志克慰,不禁為之歡欣慶幸,而述其緣起如此云。光緒七年歲次辛巳仲春月,前嘉定縣知縣珊城曾紹傳書於維揚寓次。」

程其玨序曰:「戊寅孟夏,其玨來蒞斯土,會邑有修志之舉,限滿而未有以應,崔太守奉檄督催。在局諸君僉曰:『姑俟楊先生旋里。』未匝月,楊君震福自海州回,其玨從容質之曰:『嘉邑人文奧區,著述流傳遍於海內。太原閻百詩與劉超宗手簡,願與同誌感奮興起,紹明古學,直追嘉定諸先生之遺風。其為閎雅君子所重如此。其玨慕之久矣。今此志也,汪前尹創修於前,曾前尹踵修於後,皆以經費不繼,旋作旋輟。迨許前尹開局以來,節縮署中辦公盈餘,按月支用,楮筆之需,勿慮其缺,乃編纂一二年,猶未見片紙隻字。意者修志固若斯之難乎?』楊君作而對曰:『誠哉,其難也。兵燹之餘,案無

故牘，書鮮完本，則蒐訪難；老成凋謝，後進孤陋，則纂輯難；所見異辭，所聞異辭，則考訂難；語焉不詳，擇焉不精，則去取難；紛紜聚訟，言人人殊，則折衷難。有此五難，誠未可所辦於歲月間也。且此特草創之難耳。若夫討論、修飾、校勘之難，非展緩二三年不可。」其玨聞而頷之，以為甘苦自得之言也。顧憲檄兩下，勢難再稽，姑集初稿，就正於陸雲孫前輩，猥蒙許可，且以人物志簡而不漏，無可增損，餘則尚煩校補云。其玨自維受任既久，地方情形，略得要領，簿書之暇，輒與諸君子上下其議論，謂邑介淞、婁兩水之間，濁潮內灌，河道日淤，歲濬則傷財，不濬則病農。節屢淤屢濬之力，莫如相河道之間要，留壩捍渾，以圖永利。此治水之大要也。地土沙瘠，止產木棉，七八月間，猝遇風雨，花鈴浥爛，且邑無鉅萬之富，戶無半年之蓄，偶逢歉歲，勸募為難，故嘉邑倉儲，非積穀五萬石、積錢十萬緡，不足以備賑。此荒政之先務也。他如漕糧之蠲減、徭役之輕重、物產之贏虛、風俗之醇澆，牧民者將以是書為治譜，苟非斟酌時勢，抉摘利弊而徒斤斤焉排比舊聞，於吏治民生庸用裨乎？嘉定崇經術，尚節義，乃鄉先生之著作，僅志其書目，則學問、文章何由窺其厓略乎？睦姻任恤之士，不得與孝友並書，何以勸善？貞孝節烈婦女，見於志乘者寥寥無幾，何以發潛德而闡幽光？凡如此類，務於舊志條例變而通之，推而廣之，倘憚其煩而畏其難，輒以簡要文其空疏，不知簡非掛一漏十之謂。宜簡而簡，雖一二言不為略；宜詳而詳，雖千百言不為繁。簡與不簡，不在字句之多寡也。爰屬楊君暨諸紳士補缺增完，去蕪訂偽，利害所關，必窮源而竟委，見聞所及，務傳信而闕疑，朝稽夕考，寒暑無間。庚辰歲杪錄成清稿，請其玨重加筆削。其玨辭不獲命，反覆紬繹，凡體例之容有未安、詞意之間有未暢者，參酌而損益之。釐訂既定，擬付梓人，而諸君子猶欿然不滿，謂：前明萬曆中，韓志秉筆者為張三江、唐叔達、婁子柔、李長蘅諸先生，而錢少詹猶摘其譌。國朝康熙初，趙志預修者為蘇眉聲、侯柤園、汪介人、陸道協諸先生，而王光祿亦嫌其蔓。乾隆初，程侯國棟修志未竟，攜之鹽城新任，手自刪潤，閱五載始成，而錢少詹復譏其漏。嘉慶中，吳侯桓延王竹所、錢既勤，及小盧、同人諸先生一再修輯，迄未成書。修志之難，自昔已然。某等末學譾陋，以數年之心力，網羅一百四五十年之掌故，其不為後人所詆詞者，幾希矣。其玨則謂，力所能盡而不盡，誠有愧於心；力之既盡，而窮於力之所不逮，則姑聽之後人而已。且校書如掃落葉，旋掃旋有。今君輩之撰是志也，或訂前志之誤，或補前志之闕，安見後之視今，不猶今

之視昔？誠得如王光祿、錢少詹者起而糾正之，是即其珏與諸君子厚幸也。趣令開雕，隨刊隨校，蓋已登梨棗而斫削者，尚不下萬言。夫豈好為其難哉？將使生是鄉者居今而知古，官是土者援古以鏡今，誠未可以率爾操觚者塞乃責也。刻既竣，述其梗概而為之序。賜進士出身、翰林院庶吉士改授嘉定縣知縣宜黃程其珏撰並書。」

是志紀立縣至清光緒初約七百年事，「包舉宏富，即藝文一志已占兩冊之多」〔註8〕，「資料搜輯頗富，重點在軍事和經濟、水利及人文方面」〔註9〕，有十四門，八十八目。卷一疆域志，有建置、裏至、星野、鄉都、市鎮、岡墩六目；卷二營建志，有城池、官署、公廨、倉獄、壇廟祠、郵亭、街巷、坊表、津梁九目；卷三至五賦役志，有賦法沿革、田畝、戶口、額徵、起存款目、雜稅、役法沿革、役目、蠲賑、祲祥十目；卷六至七水利志，有水道（附治跡）、濬法、條論三目；卷八風土志，有風俗、土產、歲時、占候、方言五目；卷九學校志，有廟學、祭器、祭品、樂舞、釋奠儀、朔望釋菜上香儀、宣講、鄉飲酒禮、頒藏書籍、學籍、田廛、書院、義塾、小學十四目；卷十兵防志，有兵制沿革、吳淞所（附）、寶山所（附）、防禦四目；卷十一至十三職官志，有縣職表、教職表、雜職表、武職表、名宦五目；卷十四至十五選舉志，有科貢表、制科表、恩賜表、薦舉、考職、各館議敘、例選、雜進、武科表、武秩、封贈十一目；卷十六至二十三人物志，有宦績、忠節、孝義、文學、武功、隱逸、藝術、僑寓、列女九目；卷二十四至二十八藝文志，有經部、史部、子部、集部四目；卷二十九金石志；卷三十名蹟志，有古蹟、第宅園亭二目；卷三十一至三十二雜志，有寺觀、祠宇、古墓、軼事、餘錄五目。凡例以為共九十目，或選舉志中封贈一目前有封爵，後有蔭襲未計入之故。志文與目錄偶見不同。

羅友松、許洪新謂：「是志版本甚多，內容亦稍異，光緒七年（1881）初刻本無補遺、勘誤，計十六冊，存上海圖書館；光緒八年刻本有補遺而無勘誤，存上海圖書館；民國十六年（1927）重印本又增勘誤，藏上海圖書館。」〔註10〕《上海通志》中表述略同。此本並無補遺，然前有清光緒八年吳承潞序，則刊刻時間非光緒七年。

〔註8〕瞿宣穎：《方志考稿》甲集第六編，第54頁。
〔註9〕陳金林、徐恭時：《上海方志通考》，上海：上海辭書出版社，2007年，第284頁。
〔註10〕金恩輝、胡述兆主編：《中國地方志總目提要》，第9-29頁。

《中國地方志聯合目錄》、《中國地方志總目提要》著錄，《中國古籍總目》著錄，《上海地方志簡目》、《上海方志資料考錄》、《上海方志提要》、《上海方志通考》著錄。

有《中國地方志集成・上海府縣志輯》影印本，上海書店，1991年出版。有嘉定縣縣志編纂委員會今譯本，1983年內部發行；又有王光乾整理本，上海古籍出版社，2012年出版。

除上海博物館圖書館外，中國國家圖書館、中國民族圖書館、上海圖書館、首都圖書館、天津圖書館、南京圖書館、浙江圖書館、遼寧省圖書館、吉林省圖書館、湖北省圖書館、廣西壯族自治區圖書館、貴州省圖書館、陝西省圖書館、重慶圖書館、重慶市北碚圖書館、蘇州圖書館、嘉興市圖書館、北京大學圖書館、北京師範大學圖書館、復旦大學圖書館、華東師範大學圖書館、南開大學圖書館、天津師範大學圖書館、四川大學圖書館、西南大學圖書館、蘇州大學圖書館、江蘇師範大學圖書館、安徽師範大學圖書館、中國科學院圖書館、中國國家博物館、南京博物院、天一閣博物院、上海辭書出版社、臺灣「中研院」史語所、日本國會圖書館、東洋文庫、大阪府立中之島圖書館、東京大學圖書館、山口大學圖書館、美國國會圖書館、哈佛大學哈佛燕京圖書館、哥倫比亞大學圖書館、芝加哥大學圖書館等收藏。

四、〔民國〕嘉定縣續志

（一）民國鉛印本嘉定縣續志　807.2 / 34

〔民國〕《嘉定縣續志》十五卷首一卷末一卷附一卷，民國范鍾湘、陳傳德修，金念祖、黃世祚纂。民國十九年（1930）年鉛印本。8冊。半葉11行，行25字，小字雙行同。白口，左右雙邊，單魚尾。版心上記「嘉定縣續志」，中記卷次及目名，下記頁碼。書高25.7釐米，寬15.4釐米，框高19.2釐米，寬13.4釐米。內封印「嘉定縣續志」，有牌記「中華民國十九年十一月印」。首有民國十九年（1930）陳傳德序、目錄、凡例，末有改革紀略，附有前志補遺、前志考證、敍錄，及民國十九年十月黃世祚敍。每冊首附有勘誤表。

范鍾湘，1918年7月起任嘉定縣知事。陳傳德（1883～1954），字仲達，宣統三年（1911）任嘉定縣議事會副議長，1929年任嘉定縣長。後任無錫縣縣長，光華大學、復旦大學中文系教授。金念祖，字聿修，清光緒十五年（1889）舉人，嘉定人，國史館繕錄，議敍知縣。後任聖約翰大學國文教員、暨南大學

中國語文學系教授。黃世祚（1871～1942），字永吾，號虞孫，又號勤之，自號補拙居士，嘉定人。清光緒二十八年舉人，嘉定學務公所總董，縣教育會長，上海《申報》館記者，上海高等實業學堂國文教員。著有詩文集七卷，未能傳世。

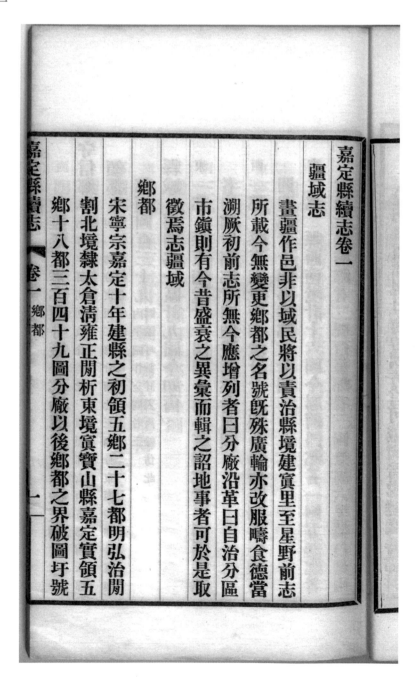

　　陳傳德序曰：「吾邑人士建議續修縣志，在民國十年六月，由前知事林黻楨呈奉省署核准，籌款設局，延訂總協纂，擬具條例，開始徵訪，從事編輯。以人事之不常、地方之多故，八更寒暑，三易總纂，迄未成書。十八年四月，傳德奉委來攝縣篆，屬父母之邦，忝膺民社，故鄉文獻尤所關懷。甫受事，適總纂黃君世祚以續修縣志久而未成，引以為咎，函請辭職。既堅留之，又為召集與修諸君，會商進行之策，預訂脫稿之期，復經討論修飾，至本年九月全書完稿。黃君持以見示，傳德克觀厥成，不勝慶幸。披閱之餘，既感黃君等之始終其事，不懈益勤，並以知志乘之實未易作也。考之我縣之有專志，始自元之秦輔之，繼之者，明則有曾魯、都穆、龔宏、浦南金及知縣韓濬之志，清則有知縣趙昕、程國棟之志，最後則有知縣程其玨之志。別有知縣聞在上之續志、趙向奎之補編，及吳桓續輯未成之志。今獨後程志，家有其書，原版庋藏完好；都穆圖記暨韓、趙、前程諸志，間有存者；餘則其書久佚矣。後程志綜括建縣以來迄清光緒初葉七百年之邑事，為卷三十有二，翔實簡嚴，稱邑乘中名著。但有清乾隆丁巳以前事，率蛻自韓、趙、前程舊志，誠如本編凡例所云，混合新舊志為一，致無從識別前後人編纂之原旨者。是編既定名為續志，其門類雖不能出前志範圍，其體例當然不同於前志，而其意旨則在網羅光、宣兩朝邑中三十年間事實，以結舊志之局，而作民國新志之先聲。述往思來，闕疑傳信，實鄉邦不可少之載籍也。顧或以為志乘之作，要以提倡風氣、改進治績為主旨。比來文化日新，民治銳進，設猶是因襲前例，排比舊聞，或標舉一二，號為刷新之政，以供撰述資料，曾何足以促進社會史之進化？傳德則謂，記載之文，別於言論之可得自由。已往之史蹟，以最新之目光評判之則可，以後來之主觀緣飾之則烏可。若夫順應風會之轉移，創制嶄新之記錄，則有待於後之載筆者。質之邦人君子，其不以斯言為河漢乎？刊行有日，黃君請為之序，因不辭而述其意見如此。中華民國十九年雙十節，署理嘉定縣縣長邑人陳傳德謹序。」

　　黃世祚後敘曰：「吾邑修志，發軔於民國九年二月。范知事鍾湘召集各機關人員討論經費問題，議決在忙銀項下，每兩帶徵國幣銀七分，以二年為限，約計可得一萬三千餘圓，即由九年上忙起帶徵至十年六月。林知事黻楨遴選陳君楠為總纂，金君念祖及世祚為協纂，呈准省公署，分別委任，世祚未敢承諾也。其年八月，陳、金二君假勸學所餘屋二間為局所（在西門內舊遊擊署），雇嚴維中為文牘兼徵訪，高先第為會計兼書記，並訂定採訪要目，分函

市鄉董事暨童君以謙、陳君慶容、葉君繼楣等協助徵訪。十月間,世祚以陳、金二君之一再敦勸,未便固辭,於是遂濫竽其間。唯金君與世祚均就教職於滬上,未能常川到局,約定二星期開議一次,討論各項事宜。旋經陳君訂請童君世亨為測量主任、張世傑為測量員,購置儀器,實地測量。其明年,又由童君介紹松江鍾鏡清來嘉,與張分鄉測量,並推定金君編纂疆域、建置、賦役、水利、風土各門,世祚編纂教育、職官、選舉、人物、藝文、金石各門。唯以光復之際,縣署案卷被燬無遺,各鄉訪稿亦屬寥落,荏苒二年,成績殊鮮。十三年春,世祚以校務殷繁,函請辭職。旋陳君解職,江知事鎮三即聘金君繼任總纂,並添聘戴君思恭、趙君文郁為協纂,而金君又聘周君承忠、黃君天白為分纂,並堅邀世祚始終其事,故與志局仍未脫離關係。九月間,齊、盧構兵,嘉邑炮火連天,舊遊署設紅十字會治療所,留養受傷兵民。修志局辦事處亦為傷兵所居,文卷訪稿頗多散失。十四年春,奉軍南下,蘇、錫被兵,嘉邑亦風聲鶴唳,一夕數驚。修志一事,無暇顧及。是年秋,金君因摯友相邀,參戎幕於滬上,遂將稿件攜往,備暇時編纂。無如事繁體弱,兼顧為難,訖於年終,仍無眉目。十五年春,金君遂宣告,自本年一月始,停止局用開支,以節經費。是年夏,金君以疾卒於滬。錢知事寶龢徵求邑人同意,即令世祚繼其任。世祚以學識譾陋,能力薄弱,斷難勝任,一再堅辭。而錢縣長極力維縶,不容諉卸,始允勉承其乏。唯念茲事體大,決非一二人所能集事,建議於錢縣長,函聘戴君思恭、黃君守孚為協纂,章君欽亮、周君承忠、潘君昌豫、張君世雄、黃君天白、莊君乘黃、黃君世法為分纂,以期眾擎易舉。又以舊遊署房屋不能適用,乃遷局所於縣議事會余屋。當時以已編、未編之稿件,均遺在金宅,無從著手編輯,乃商請金君家屬將各稿檢出,多方交涉,始得如願。但經此波折,而散失者又復不少。又以初定體例修至民國十年為止,經眾討論,以為前志體例不能適用於民國,倘使蟬聯而下,窒礙殊多,不如截至宣統三年為止。民元以後,如何編纂,由後來者另行規畫。經多數贊同,因此定議,遂將所集稿件整理一過,推定各人分門編纂,另訂徵訪要目,分函各市鄉董事及熟悉掌故之人士,將從前缺漏之事蹟續行徵訪。又任徐直為調查員,分赴各鄉採訪,俾資取材。十六年四月,國民革命軍到嘉,縣黨部成立,函令本局暫緩進行。本局即行結束,將款項交款產處保存。五月間,嘉定縣政治監察委員陸君友白以志書為鄉邦文獻所關,函令繼續纂修。其時縣會取消,租房退還,因又遷局所於教育局余屋,籌議進行方法。同時,戴君思恭

因病辭職，經縣政府聘王君燾曾補其缺，又以徵存之修志經費曾移撥二千圓充教育經費，慮將來開支不敷，無可籌畫，公議函請撥還。幾經磋商，乃由教育局議准照撥，經費始稍充裕。滿擬一年以內，可以成書。詎料十七年春，世祚奉吳縣長伯庚委任為嘉定市行政局籌備處主任，諸事草創，日不暇給，繼又奉委為市行政局長，職務益繁，修志事宜勢難兼顧。當經函請吳縣長准予辭職，並推王君燾曾繼任。無如王君堅決不就，吳縣長又極力挽留，只得作罷。四月間，西鄉又有焚殺之慘劇，追隨行政軍警長官，籌謀地方治安組織維持會，舉辦保衛團，昕夕不遑。未幾，又奉令推行村制，辦理清鄉，修志事益復無暇兼顧。因又函達馬縣長紹周辭職，仍未得請。唯為節省經費計，議定自十七年七月起，總、協纂及分纂薪水一律停止開支。十八年夏，陳縣長傳德蒞任，一再敦促竣事，然卒無從著手。八月間，市政局改組區公所，世祚得卸仔肩。又以為饑所驅，復執教鞭於滬瀆。休沐回里，與同人集議，將已編之稿件輪流校閱，簽注意見，從事改正。假定年終，一律告竣，整理一月，即行付印。詎力與心違，延至本年夏間，校閱仍未周遍，成書之期渺無希望。世祚以延誤要政，咎無可辭，因覆函縣，再請辭職。陳縣長召集各同人會議，仍未允世祚卸責，且益加督促。爰於七月中，邀請王君燾曾、黃君天白會同整理，並請王君兼任總校，黃君兼任參校。又定於每星期召集同人開會，校正疏謬，解析疑難。至九月，全書始得脫稿，卷首為序文、目錄、凡例、圖說（黃君守孚纂），下分十五門：一曰疆域志（金君念祖遺稿未竟，王君燾曾完成之），二曰營建志（王君燾曾纂），三曰賦役志（金君念祖遺稿未竟，周君承忠、黃君天白完成之），四曰水利志（王君燾曾、黃君守孚纂），五曰風土志（黃君天白纂），六曰自治志（黃君世法纂），七曰教育志（潘君昌豫、黃君天白纂），八曰兵防志（王君燾曾、黃君天白纂），九曰職官志（世祚纂），十曰選舉志（章君欽亮纂），十一曰人物志（王君燾曾與世祚纂），十二曰藝文志（章君欽亮纂），十三曰金石志，十四曰名蹟志（均黃君天白纂），十五曰雜志（王君燾曾、黃君天白與世祚纂），卷末為改革紀略（王君燾曾纂），卷附為前志補遺（王君燾曾、周君承忠與世祚纂）、前志考證（周君承忠與世祚纂）、敘錄。每門子目詳目錄中，不備列。同人又慮編纂時僅憑訪稿，舛謬遺漏，在所不免，當經函請城鄉老成碩彥蒞局鑒閱，參照簽注意見，重行修正。十月中，付上海華豐印刷所排印；地圖三十八幅，付上海鑄豐公司石印。屈計開辦訖今，歷時十載，三易總纂。自十年訖十五年，則因訪稿寥落，時局不寧，

再三停頓。自十六年訖今歲，則由世祚之因循不振，以致不能早觀厥成，上無以應省志之需求，下無以對地方之屬望。清夜捫心，負疚靡已。茲將開辦以來重要文件排比於後，俾邑人士知歷來經過之情狀，且益足證明如世祚之材疏學淺，實不能勝此重任。雖賴眾擎之舉，幸底於成，蓋猶深抱無涯之餘愧焉。中華民國十有九年十月，黃世祚謹敘。」

是志設目周備，記載詳細，頗能反映社會丕變之新局面，頗具史料價值；前志補遺可補充其未備，前志考證可糾正其疏失，頗具參考價值。是志有十五門，七十目。卷一疆域志，有鄉都、分廠沿革、自治分區、區域沿革並析表、田畝細數表、市鎮六目，卷二營建志，有營繕（附義莊、義塚）、交通、會所（附各業公所）三目，卷三賦役志，有賦法概要、田畝、額徵、稅捐、役法概要、蠲賑、災異七目，卷四水利志，有水道、治跡、濬法三目，卷五風土志，有風俗、物產（附賽會）、方言三目，卷六自治志，有諮議局議員、城鄉自治、縣自治、自治經費、自治事業五目，卷七教育志，有書院、教育行政機關、教育研究機關、學校表、大學及專門學校畢業生（附書報）五目，卷八兵防志，有營汛、徵兵、團練、防禦、警察五目，卷九職官表，有文職表、武職表二目，卷十選舉志，有科貢表、學堂畢業獎勵科貢表、考職、各館議敘、例選雜進、武科表、武秩、封贈、蔭襲九目，卷十一人物志，有宦績、孝友、德義、文學、藝術、僑寓、列女七目，卷十二藝文志，有經部、史部、子部、集部四目，卷十三金石志，有鍾鼎、碑碣二目，卷十四名蹟志，有古蹟、第宅、園亭三目，卷十五雜志，有寺觀祠宇表、教會、古墓、軼事四目。

是志斷限，起清光緒七年（1881），迄清宣統三年（1911）。

是志有另函所附之圖說不分卷，石印，有圖三十七幅：嘉定地位鳥瞰圖、嘉定全境幹河幹路簡明圖、城區圖、三十二鄉圖各一幅、劉河圖、吳淞江圖。然此本未見。

《中國地方志聯合目錄》、《中國地方志總目提要》著錄，《中國古籍總目》著錄，《上海地方志簡目》、《上海方志資料考錄》、《上海方志提要》、《上海方志通考》著錄。

有《中國方志叢書》影印本，成文出版社，1975 年版；有《中國地方志集成·上海府縣志輯》影印本，上海書店出版社，1991 年出版。有嘉定縣縣志編纂委員會今譯本，1983 年內部發行；又有徐徵偉整理本，收入《上海府縣舊志叢書·嘉定縣卷》，上海古籍出版社，2012 年出版。

除上海博物館圖書館外，中國國家圖書館、上海圖書館、天津圖書館、南京圖書館、浙江圖書館、遼寧省圖書館、山東省圖書館、湖北省圖書館、北京大學圖書館、清華大學圖書館、復旦大學圖書館、華東師範大學圖書館、南開大學圖書館、四川大學圖書館、中國科學院圖書館、中國社會科學院考古研究所、南京博物院、臺灣「內政部門」圖書館、日本東洋文庫、京都大學人文科學研究所、關西大學、美國國會圖書館等收藏。

（二）又一部　民國鉛印本嘉定縣續志　807.2 / 34：1

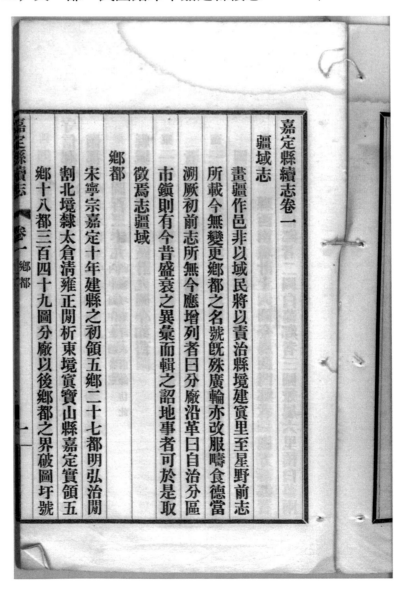

〔民國〕《嘉定縣續志》十五卷首一卷末一卷附一卷，民國范鍾湘、陳傳德修，金念祖、黃世祚纂。民國十九年（1930）年鉛印本。8 冊。半葉 11 行，行 25 字，小字雙行同。白口，左右雙邊，單魚尾。版心上記「嘉定縣續志」，中記卷次及目名，下記頁碼。書高 25.7 釐米，寬 15.4 釐米，框高 19.2 釐米，寬 13.4 釐米。內封印「嘉定縣續志」，有牌記「中華民國十九年十一月印」。首有民國十九年（1930）陳傳德序、目錄、凡例二十則，末有改革紀略，附有前志補遺、前志考證、敘錄，及民國十九年十月黃世祚敘。每冊首附有勘誤表。

是志有另函所附之圖說不分卷，石印，有圖三十七幅：嘉定地位鳥瞰圖、嘉定全境幹河幹路簡明圖、城區圖、三十二鄉圖各一幅、劉河圖、吳淞江圖。然此本未見。

第三節　上海縣縣志

上海，元至元二十九年（1292）置縣。分華亭縣東北境的長人、高昌、北亭、新江、海隅 5 鄉 25 保地置上海縣，隸松江府。元泰定三年（1326），撤松江府，上海縣屬嘉興路。元天曆元年（1328）復置松江府，上海縣仍屬之。明嘉靖二十一年（1542），分華亭縣、上海縣部分地區置青浦縣。清雍正四年（1726），自上海縣析置南匯縣。清嘉慶十五年（1810），自上海縣析置川沙撫民廳。民國元年（1912），上海縣屬江蘇省。又二年，隸江蘇省滬海道。

上海縣志始修於明弘治年間。郭經修、唐錦纂〔弘治〕《上海志》八卷，明弘治十七年（1504）刻本，是上海縣最早的方志。刻本罕見，通行的是民國二十六年（1937）上海市通志館影印明弘治本和民國二十九年（1940）昆明中華書局影印本。其後又有鄭洛書修、高企纂〔嘉靖〕《上海縣志》八卷，明嘉靖三年（1524）刻本，又有民國二十一年（1932）上海傳真社影印明嘉靖本；顏洪範修、張之象和黃炎纂〔萬曆〕《上海縣志》十卷，明萬曆十六年（1588）刻本。上海志明代凡三修，清則五修：史彩修、葉映榴等纂〔康熙〕《上海縣志》十二卷，清康熙二十二年（1683）刻本；李文耀修、談起行和葉承纂〔乾隆〕《上海縣志》十二卷首一卷，清乾隆十五年（1750）刻本；范廷傑修、皇甫樞纂〔乾隆〕《上海縣志》十二卷首一卷，清乾隆四十九年（1784）刻本；王大同修、李林松纂〔嘉慶〕《上海縣志》十二卷首一卷，清嘉慶十九年（1814）刻本；應寶時等修、俞樾和方宗誠纂〔同治〕《上海縣志》三十二卷首一卷末一卷，清同治十年（1871）吳門皁署刻本，又有清同治十二年（1873）上海文

廟南園志局校正本、清光緒八年（1882）補刻同治十二年本。馴至民國，先後有吳馨和洪錫範修、姚文楠等纂〔民國〕《上海縣續志》三十卷首一卷末一卷，民國七年（1918）上海文廟南園志局刻本；吳馨和江家嵋修、姚文楠纂〔民國〕《上海縣志》二十卷，民國二十五年（1926）鉛印本。

此外還有一些專志、雜志，如：褚華撰、梅益徵參訂《滬城備考》六卷，清光緒四年刻本；秦榮光撰〔同治〕《上海縣志札記》六卷，清光緒二十八年（1902）鉛印本；胡懷琛撰〔同治〕《上海縣志札記補》，民國年間稿本；胡懷琛撰〔民國〕《上海縣續志札記》，民國間稿本；李維清撰〔光緒〕《上海鄉土志》一卷，清光緒三十三年（1907）上海著易堂鉛印本；胡祥翰纂《上海小志》十卷，民國十九年（1930）上海傳經堂書店鉛印本；穆湘瑤修、楊逸等纂〔民國〕《上海市自治志三編》，民國四年（1915）鉛印本；李維清撰〔民國〕《上海鄉土歷史志》，民國十六年（1927）上海著易堂鉛印本；李維清撰〔民國〕《上海鄉土地理志》，民國十六年（1927）上海著易堂鉛印本。

上海博物館圖書館藏上海縣方志七種十部：〔弘治〕《上海志》影印本二部，〔嘉靖〕《上海縣志》影印本一部，〔萬曆〕《上海縣志》一部，〔康熙〕《上海縣志》一部，〔嘉慶〕《上海縣志》一部，〔同治〕《上海縣志》三部，〔民國〕《上海縣續志》一部。另有專志、雜志，不列此。

一、〔弘治〕上海志（影印本）

（一）民國影印本明弘治上海志　870.2 / 14

〔弘治〕《上海志》八卷，明郭經修，唐錦纂。民國二十九年（1940）中華書局據明弘治七年（1504）刻本影印。2冊。半葉9行，行17字，小字雙行同。白口，左右雙邊，單魚尾。版心中記「上海志」及卷次，下記頁碼。書高26.4釐米，寬15.3釐米，框高17.2釐米，寬12.4釐米。首有明弘治十七年閏四月王鏊《上海縣志序》、圖（上海縣地理圖、儒學圖、上海縣圖）、凡例，末有明弘治十七年閏四月錢福《上海志後序》，又有民國二十六年（1939）五月二十六日柳亞子跋。

郭經，字載道，直隸盧龍人，明弘治九年（1496）進士。任上海縣令、開封知府。唐錦，字士絅，號龍江，上海人，明弘治九年進士。任東明知縣、江西提學副使。

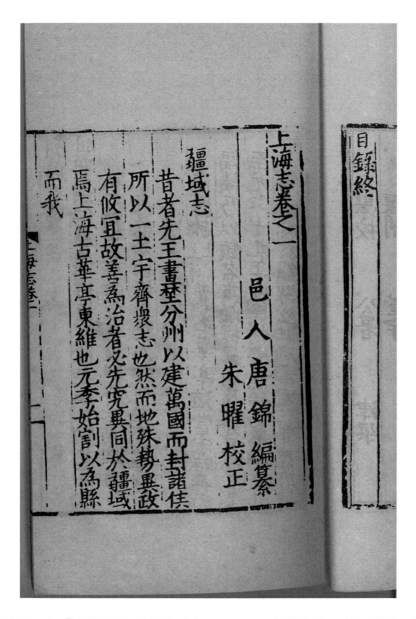

王鏊序曰：「盧龍郭侯載道為上海之三年，威德敷施，廢墜脩秩，顧誌書猶缺久之，曰：『唐進士士絅，邑人也，而文盍屬諸士絅？』」乃為稽故籍，詢遺老，摭遐搜隱，彰善黜衰，匯次得八卷。予嘉侯之知所先也，唐君之善志也，推其意序之。序曰：今天下名郡稱蘇、松。松之屬邑才二，曰華亭，曰上海。上海，故華亭之東維耳。至元割為縣，土壤始分，非獨人之為也，天之分野、地之形勢、民之習俗，亦若有殊焉。況其沿革有可言者，不可不志也，故首之以疆域。疆域之中，其大者有二，峙為山，流為川。松之勝有九峰、三

泖，而在上海，山則有若崒、福，川則有若青龍、黃浦，而大海在其東。斯觀之大者也，故次之以山川。有土斯有貢，松一郡耳，歲賦京師至八十萬，其在上海者十六萬有奇。重以土產之饒，海錯之異，木棉、文綾、衣被天下，可謂富矣。故次之以田賦。事有緩而急者，祭祀是也。祠廟壇壝，載在祀典。而不及載者，有其舉之，亦所不廢也。故次之以祠祀。若夫學校以造士也，公署以聽斷也，津梁堰埭以通利也，樓臺亭榭以觀遊也，亦不可廢，故次之以建設。古今之在天地，一而已矣。事往跡遺，則感慨係之。阤丘故墟，過者躊躇，為其古也，故次之以古蹟。設官分職，本以為民，官上海者，自元迄今，其政往往可書，然不能無遺也。書其可書，其不書者，非遺之也，蓋亦有勸誡存焉。故次之以官守。國無小，有人焉則重。上海僻在海隅，而名獨聞者，非財賦之謂也，賢才輩興，實華茲邑，然則使茲邑之有聞，獨不在於人乎？故以人品終焉。弘治十七年歲在甲子閏月之吉，嘉議大夫、吏部右侍郎、前詹事府少詹事兼翰林院侍讀學士吳郡王鏊序。」

　　錢福後序曰：「上海，華亭一舊鎮也。至元間，始割為縣，屬松江府。百五十年於茲，益繁益茂，天下之以縣稱者，自華亭而下，莫能先焉，而志未有，缺典也。其膏腴富庶與華亭同，而加之以魚鹽萑葦之利，乘潮汐上下浦射貴賤貿易，馳疾數十里，如反覆掌。又多能客販湖襄、燕趙、齊魯之區，不數年可致鉅產。服食侈靡，華亭殆不及焉。然名賢高士，雖不乏人，而甲科顯宦，則視華亭為劣。邇來屢得文章道德之士作尹，以鼓舞之，彬彬匯徵，錯布臺省，而巨筆雅音，漸出華亭上矣。志之作於此時，非有待也哉？盧龍郭君載道以名進士尹上海，律己廉，撫眾寬，繩惡嚴，貧而無告者加之以惠。如是者三年，上下交孚，行且升矣，而阨於浮議，眾為不平，公論遂白，神人胥慶。君曰：『吾不喜居此，喜得成吾志也。吾尹大縣，而志不作，非吾過與？』乃屬其邑人唐進士士綱撰次之。郭君即所謂道德文章之士，而士綱所謂巨筆雅音，科甲臺省之一也。又贊之以宿學朱叔易，則其志烏得不成哉？抑亦非真有待也哉？其風俗節奢從儉，而邑中之建設，大半出今郡守宜春劉公作尹時，則今日人才之盛、官守之賢，亦不可謂無所自也。志之作，真有待也哉？其為卷凡八，類各有論列，簡而不遺，備而不泛，兼收並蓄，而無所混淆，是則可嘉也已。志成，屬予書其後。予聞史家莫難於志。《書大傳》曰：『天子有問無以對，責之疑；有志而不志，責之丞。』司馬遷不作志，遂使三代、秦、漢之制度沿革不傳，而班固強作之，又不能明其顛末，後來第相踵襲而已。

有識者不能不為之浩歎焉。今郡縣各有志，則所謂宋、鄭之史皆稱志，非特史家一事而已，不尤難哉？然而地不乏書，代不乏人，作不苟同，則固各有見矣。與其漠然不顧，孰若奮然有作也哉？予於是乎有取焉？推是以往，成一代之制度，以備聖天子之疑丞，不在斯人也夫？不在斯人也夫？予於是乎良有待也。弘治甲子閏月十日，賜進士及第、儒林郎、翰林院國史修撰郡人錢福序。」

柳亞子跋曰：「上海之有志，創自明洪武朝顧彧，未及成書。至弘治癸亥，縣令郭經延邑人唐錦等纂修，始有定本。厥後，一修於嘉靖甲申，再修於萬曆戊子，清代五修，民國二修，成書凡十。顧明代三志，萬曆獨傳，弘治、嘉靖，佚自清初。咸同之際，《嘉靖志》嘗一度復見，近入吳興周氏之藏，既獲影印傳世矣。惟最古之《弘治志》，始終晦閟未顯。民國二十一年秋，上海市通志館成立，編輯部同人以文獻無徵，力求舊志，詢之國內外公私圖書館與藏書家，俱未獲《弘治志》之蹤跡。歷時二載，始悉此散佚近三百年之《弘治志》，尚存一孤本於四明范氏天一閣，復經二年餘之商洽，幸得假錄副本，並攝其全影，重返故土焉。書凡八卷，為目三十有八，志法有則，紀述簡而不遺，備而不泛，兼收並蓄，而無所混淆，錢福序之詳矣。念此志覓求之匪易，若仍聽其孤傳閟藏，何如公諸世人而共寶之？爰檢影片付中華書局，仿原樣印行，用存其真。此一舉也，庶幾彰范氏收藏之功，誌編輯部同人搜訪之勤，兼以饜嗜古者之求，並足廣文獻流傳云爾。中華民國二十六年五月二十六日，吳江柳亞子跋於上海市通志館。」

是志分類恰當，「簡而不遺，備而不泛，兼收並蓄，而無所混淆」（錢福《後序》），有八門，三十八目，每門下又小序。卷之一疆域志，有沿革、裏至、分野、風俗、形勢、城池六目；卷之二山川志，有山類、水類、鄉保、鎮市、坊巷五目；卷之三田賦志，有貢賦、稅額、鹽課、戶口、土產五目；卷之四祠祀志，有廟貌、壇壝二目；卷之五建設志，有學校、公署、津梁、堰閘、堂宇五目；卷之六古蹟志，有城壘、第宅、勝致、丘冢四目；卷之七官守志，有忠節、惠政、學政、水利、題名五目；卷之八人品志，有孝行、文學、科貢、節義、規用、流寓六目。

《中國地方志聯合目錄》、《中國地方志總目提要》著錄，《中國古籍總目》著錄，《上海地方志簡目》、《上海方志資料考錄》、《上海方志提要》、《上海方志通考》著錄。

有何立民點校本，收入《上海府縣舊志叢書・上海縣卷》，上海古籍出版社，2015 年出版。

除上海博物館圖書館外，中國國家圖書館、中國民族圖書館、上海圖書館、北京大學圖書館、復旦大學圖書館、華東師範大學圖書館、中國社會科學院考古研究所、上海辭書出版社、孫中山紀念圖書館、臺灣文獻委員會、日本東洋文庫、天理大學圖書館、日本國會圖書館、一橋大學圖書館等多家公藏機構收藏。刻本藏中國第一歷史檔案館、寧波天一閣博物院。

（二）又一部　民國影印本明弘治上海志　870.2／16

跋

上海之有志，剙自明洪武朝顧或，未及成書，至弘治癸亥縣令郭經延邑人唐錦等纂修，始有定本厥後，一修於嘉靖甲申再修於萬曆戊子，清代五修，民國二修，成書凡十。顧明代三志萬曆獨傳弘治嘉靖，佚自清初咸同之際嘉靖志嘗一度復見近入吳興周氏之藏既獲影印傳世矣惟最古之弘治志始終晦悶未顯民國二十一年秋上海市通志館成立，編輯部同人以文獻無徵力求舊志詢之國內外公私圖書館與藏書家俱未獲弘治志之踪跡。歷時二載始悉此散佚近三百年之弘治志尚存一孤本於四明范氏天一閣復經

　　〔弘治〕《上海志》八卷，明郭經修，唐錦纂。民國二十九年（1940）中華書局據明弘治十七年（1504）刻本影印。2 冊。半葉 9 行，行 17 字，小字雙行同。白口，左右雙邊，單魚尾。版心中記「上海志」及卷次，下記頁碼。書高 26.4 釐米，寬 15.3 釐米，框高 17.2 釐米，寬 12.4 釐米。首有明弘治十七年閏四月王鏊《上海縣志序》、圖（上海縣地理圖、儒學圖、上海縣圖）、凡例，末有弘治十七年閏四月錢福《上海志後序》，又有民國二十六年（1939）五月二十六日柳亞子跋。

二、〔嘉靖〕上海縣志（影印本）

（一）民國影印本明嘉靖上海縣志　807.2 / 218

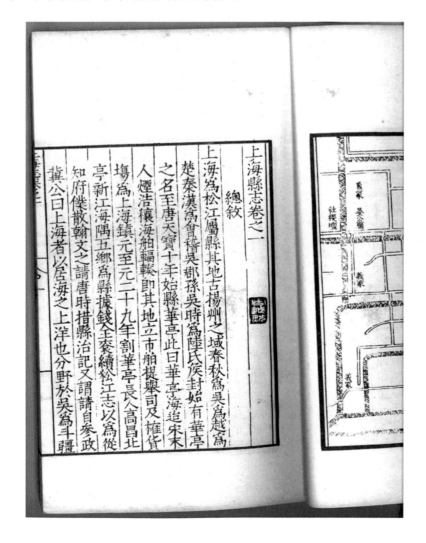

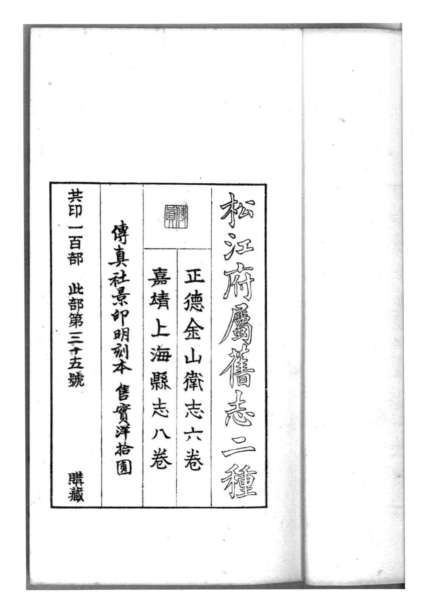

〔嘉靖〕《上海縣志》八卷，明鄭洛書修，高企纂。民國二十一年（1932）傳真社據明嘉靖三年（1524）刻本影印，為《松江府屬舊志二種》之一。3 冊。半葉 10 行，行 21 字，小字雙行同。白口，左右雙邊，單魚尾。版心上記「上海縣志」及卷次，中記頁碼。有牌記「民國廿一年五月傳真社假吳興周越然藏本景印」。書高 26.3 釐米，寬 15.6 釐米，框高 16.9 釐米，寬 12.4 釐米。首有明嘉靖三年八月徐階《上海縣志序》、嘉靖三年八月鄭洛書《序》、目錄、圖經（上海全境圖、上海縣市圖）。末有明嘉靖三年八月高企《書上海縣志後》、

民國二十一年（1932）十一月陳乃乾《嘉靖上海縣志跋》。

鄭洛書（1496～1534），字啟範，號思齋，福建莆田人。明正德十三年（1518）進士，任上海知縣，歷給事中，著《思齋文集》。高企，字進之，上海人。諸生。

徐階序曰：「莆陽鄭君啟范以名進士令上海之四年，嘉靖三年云，絃歌之化，洋洋乎，慮紀述之隕，後莫所考矣，乃取舊圖經讀之，以知故實，復參互近事，擷意流藻，月課成篇，裁成義類，凡十五卷，曰上海志云。且夫審曲面勢，良匠之工也；分畦疏蒔，老圃之能也；備意略文，志家之藝也。是故摘分野，上以明天；列土田、山水，下以則地；陳學校、財賦、戶口，中以盡民。論時務，則先善惡而後災祥；論人物，則黜藝術而進列女；論祠祀，則崇王教而抑佛老；論風格，則明感應而上勤儉。或總敘以發凡，或志雜以旁通，或紀文以稽故。考諸傳而賢否之實備矣，觀諸制而因革之宜辯矣。其述詳，詳而勸誡昭矣；其詞約，約而義例見矣。予以文學叨從君後，於志之成，翻閱竟日，竊歎夫往而不復者跡乎，來而不已者事乎，渙而成章者文乎，存而不忘者志乎。志以圖跡，跡不陳也；志以永事，事不遺也；文以成志，志必傳也。君懃於稱述，時為論敘，有激而嘅，有婉而引，跡斯乎證，事斯乎啟，而所謂文者實兼焉。嗚呼，若是者，周子之言「美則愛，愛則傳」，其可必哉？質之博雅君子，以為何如也？嘉靖三年甲申八月朔日，郡人階譔。」

鄭洛書序曰：「上海據吳會之東，負海帶江，天下稱壯縣。予以正德十五年冬為之宰，及是邑沿革、分野、疆域之故，山水之勝，風俗之變，物產之宜，尸役之煩簡，貢賦之盈縮，建置之古今，祠祀之邪正，官師之姓名邑里，名宦之聞望德業，登用之途，人物之彥，與凡古蹟之可知、雜事之可紀、文之可讀者，蓋已四載見聞，乃縣志之修，自弘治癸亥，越今嘉靖甲申，廿有餘年矣。嗟乎，跡往述遺，今日之事，有明日弗知者矣。同室之情，有閉戶弗知者矣。況於地理非褊，年數寢遠，微書契紀傳，是安足知乎？故往者來之則也，億者一之積也。今人耳目，後之聰明寄焉。輒不自揣，授意於邑儒高企，撰志十五篇，分為八卷，事以時損益，文以意筆削，篇各為之論序，義竊取之矣。不敢虛美，不敢迪意，不敢舍其所宜存，不敢增其所當棄。凡六百里，數百年之概，庶乎明備濫，稱一方之志。夫志，史之流也。昔者聖人作《春秋》，以道權天下之是非，斯固蔑敢望矣。然糟粕之談，博雅者所取：苟稽於其故乎，律襲之道具；苟觀於其勝乎，仁智之心興；苟盡於其變乎，禮樂之化廣；苟察

於其宜乎，康阜之功作。又辨於煩簡乎，思所均之；又通於盈縮乎，思所利之；又明於古今乎，思所嗣之；又審於邪正乎，思所一之；又嚴於宦某也賢、仕某也正、人某也彥乎，思所上之；又綜於跡，練於事，遊於文乎，思所精之。如是邑有珪璋之吏，鄉有麟鳳之夫，則志雖無是非，勸懲寓焉。初寓欲撝酷吏姦佞各為傳，乃復思美患不見，名疾不稱，善揚有歸，述泯可，知前垂形，後為鑒，故有書不必書。質之高生，果然斯言。生經明行修，思齊古人，編校之事咸屬焉。後有作者，更加釐正，勒成一家，傳之四方，是固所願也。八月朔日，前進士莆陽鄭洛書謹序。」

高企後序曰：「縣大夫莆陽鄭公治上海之四年，出我師少宗伯東江顧先生《府志》、唐提學士同《縣志》，謂企曰：『我將有事於此，爾從之。』遂授以凡例。退而遍閱諸志，命侍史錄為括例以進。蓋聞志猶史也。史自春秋以來，馬遷變例，君臣為紀傳，千古宗之。然西漢之外戚，東漢之黨錮，唐之藩鎮，五代義兒、伶官雜傳，皆因事立言，不相沿襲。吾上海舊隸華亭，唐以前事散見《吳郡》。石晉以來，見於《嘉禾》。唐縣華亭，別稱雲間，故在宋有《雲間志》。元為府，有《松江府志》。元末，府有《續志》。上海新立縣，乃無專志。國朝府有新志，有通志，顧孔文有《上海志》，未經脫稿，而士同與今封御史朱叔易共成之，弘治十三年也。茲析我師郡志為縣志，述乎云爾。縣公上讀《春秋》，下宗《史》、《漢》，筆削間，自有餘師。編校既成，聊敘一時相與之言，以識其後。嘉靖三年歲次甲申八月朔日，邑人高企謹書。」

是志「取舊時郡邑諸志，事以時損益，文以意筆削」而成，「敘述詳明，詞約義舉，洵足為唐、朱之後勁」〔註11〕，有十五門。卷之一總敘第一、山水第二、風俗第三、物產第四，卷之二戶役第五、貢賦第六，卷之三建置第七、祠祀第八，卷之四官師第九、名宦第十，卷之五登用第十一、人物第十二，卷之六古蹟第十三、雜志第十四，卷之七至八文志。

《松江府屬舊志二種》1函7冊，前四冊為〔正德〕《金山衛志》六卷。書共印一百部，此本為第三十五號。

陳乃乾（1896～1971），名乾，字乃乾，以字行，浙江海寧人。文獻學家，歷任大東書局、開明書店、中華書局編輯，上海通志館、上海市文獻委員會、上海市文化局社會文化事業管理處編纂。

陳乃乾跋曰：「上海縣志在明代凡三修，入清以後，歷順、康、雍、乾四

〔註11〕周中孚：《鄭堂讀書記補逸》，第348～349頁。

朝，再經三修，而後有嘉慶甲戌李農部（林松）之志。又五十三年，為同治丙寅，而俞氏樾之志出，即今坊肆所通行者也。上下四百年間，由鄉而市而縣，而建城，而通商，其水道之遷淤、建置之興革，與夫海寇侵擾、武備設施，變化萬端，誠非他邑所可比擬。為之志者，因時定例，匪可以默守成規為能事也。惟其然，故一時代之志即一時代之精神寓焉。新志雖出，而舊志仍不能廢。明志三本中，惟萬曆修者傳於世，今北平圖書館（有缺卷）、上海徐家匯天主堂藏書樓（徐紫珊舊藏），及吳興周氏（蔣孟蘋舊藏）皆有之。而清初四次所修，亦胥以是為藍本。逮咸豐十年，邑令劉松岩（郇膏）始得嘉靖志，延寶山蔣劍人（敦復）參校新誌異同，作沿革表、官司選舉表、宦績人物傳若干卷。俞志因之。弘治志既久佚，則嘉靖志即為上海最古之志矣。余以己巳之秋，得嘉靖志原本於市肆，為徐紫珊（渭仁）舊藏，後有徐氏手跋三行，謂農部修志時，以未見此書為恨，余從嘉興吳氏得之，為絕無僅有之本云云。紫珊與劉令同時，疑劉令所見者，即此本也。其體例、分目與後來諸志不同，故詳略異同，亦非倉卒所能校。今蔣氏手校之稿不可見，試以俞志略勘之。宋青龍監鎮陳某亡其名，故嘉靖志作□，今誤作回；明訓導盧德淵為道州人，今誤作通州；又若知縣劉宇字志大，鈞州人；縣丞楊紀字大綱，房山人；蔣楷字邦敬；主簿黃明字鑒之；訓導黃黼字成章；徐研，黃岩人；任朝璉，巴縣人；劉昱；安寧人；吳潤，騰衝人；劉充，鄞縣人；吳山，安福人：皆可補俞志之闕。即此官司一卷，其可補正者已如此，則舊志之不可廢，益彰明矣。此志在康熙癸亥修志時，已不可見。至咸、同時，始得據以校補。今乃再見，復得據以糾前賢校補之疏，物之顯晦，其果有定數歟？余作客茲邦，寒暑廿更，披卷懷想，情逾故土，惟念舊藏星散，勢成孤寄。每勞三旬九食之憂，何以保此絕無僅有之書？適吳興周君越然廣羅異本，頗愛好此書，因珍重付之，且以異日印布為約。今年一月二十八日之變，周君之廬舍燼焉，所藏亦大半罹於難，而此書幸存。亂後見周君，握手相慰，藉慶再生。念此歷劫之書，追維前約，為醵金而傳之。上海瀕海，向為倭寇出沒地，明季特築城禦之。此志之成，尚在築城前三十年。今茲重印，又值閘北巨劫之後。俯仰今古，與外患相始終。後之覽者，豈獨私人聚散家室存亡之感而已哉？二十一年十一月，海寧陳乃乾跋。」

此本底本為周越然言言齋舊藏，今亦藏上海博物館。

《中國地方志聯合目錄》、《中國地方志總目提要》著錄，《中國古籍總目》

著錄，《上海地方志簡目》、《上海方志資料考錄》、《上海方志提要》、《上海方志通考》著錄。惟各家著錄上海博物館藏鈔本，不確。是志原刻本藏上海博物館、日本靜嘉堂文庫。

有何立民點校本，收入《上海府縣舊志叢書‧上海縣卷》，上海古籍出版社，2015 年出版。

除上海博物館圖書館外，中國國家圖書館、中國民族圖書館、上海圖書館、南京圖書館、浙江圖書館、蘇州圖書館、北京大學圖書館、復旦大學圖書館、華東師範大學圖書館、南京大學圖書館、武漢大學圖書館、南開大學圖書館、南京博物院、上海辭書出版社、臺灣大學圖書館、日本東洋文庫、日本國會圖書館、京都大學人文科學研究所、靜嘉堂文庫、美國國會圖書館等收藏。

三、〔萬曆〕上海縣志

（一）明萬曆刻上海縣志　　807.2 / 260

〔萬曆〕《上海縣志》十卷，明顏洪範修，張之象、黃炎等纂，明萬曆十六年（1588）刻本。1 函 4 冊。半葉 9 行，行 18 字，小字雙行同。白口，四周單邊，單魚尾。版心上鐫「上海縣志」，中鐫卷次、頁碼，下鐫卷名及刻工姓名與字數。書高 26.5 釐米，寬 17.4 釐米，框高 20.6 釐米，寬 14.5 釐米。有鈔補。首有陸樹聲《續修上海縣志序》、上海縣舊志序（明弘治十七年〔1504〕王鏊《序》、弘治十七年錢福《後序》、徐階《上海縣續志序》、鄭洛書《又序》、明嘉靖三年〔1524〕高企《後序》)、圖、目錄、提調官與纂修名氏。

顏洪範，字仲起，浙江上虞人，明萬曆十一年（1583）進士，次年任上海知縣，歷任監察御史、南京戶部給事中等職。張之象（1507～1587），字月麓，一字玄超，號王屋、王屋山人。太學生，歷任浙江按察使司知事、布政司經歷等職。著有《楚騷綺語》、《張王屋集》、《史記發微》、《史記匯》、《古詩類苑》、《唐詩類苑》等。黃炎，縣學生。

陸樹聲序曰：「上海在宋末，猶鎮也，而縣於至元間，縣未志也，而創於弘治癸亥，修於嘉靖甲申，續於今。萬曆戊子，志成，學士大夫屬余序首簡。余惟志者，史也。《周官》外史掌邦國之志，上自星野，下逮山川、疆域、戶版、田賦，及官師、選舉、人物、風俗、藝文、建置、秩祀之典，屬之掌故，

以體裁紀傳。其事之貴乎核，而文之貴乎直也。故發凡起例則準之史，摛菁揉藻則繫之文，刪述取捨則裁之義。義立而辯名物，以備傳信，以垂勸誡。斯數者，志之大較也。上海，邑於郡之東南，岸海帶江，僻在一隅，以比於吳之錯壤，雖若孤臣客卿，而禮制冠裳，以及土毛耕織之利，與華亭埒，稱嚴邑焉。志之脩，始盧龍郭尹。越世廟甲申，蓋六十餘禩，一脩於莆陽鄭君，以迄于今，若有待焉者。中間吏治之得失、建置之沿革、民生之利病、財賦之瀛縮、俗尚之淳漓，與夫築城、濬隍、海防、河渠、經賦、均則之類，諸凡嗣起所宜續入者，參互采撫，條分臚列，較若指掌。總之則義達而事例明，文核而體要備，蓋斌斌乎質有其文，於邑志稱良焉。使夫宦於斯、生於斯者，因之以考政問俗，由百世而上下之，其故可知也。昔朱晦翁令南康，首閱志書，君子謂之知務。讀是編者，可以占海上治績所繇矣。志凡若干卷，始事於萬曆丙戌，越歲戊子告成。主其事者，上虞顏侯洪範；司纂輯以事讎校者，藩幕張君之象暨黃君炎輩六文學也。賜進士出身、資政大夫、太子少保、禮部尚書兼翰林院學士、經筵官、國史副總裁郡人陸樹聲撰。」

　　修是志時，已劃上海西境北亭、新江、海隅三鄉置青浦縣，故疆域與〔嘉靖〕《上海縣志》不同。清修康熙、乾隆、嘉慶縣志，皆祖是志。

　　是志「義達而事例明，文核而體要備，蓋斌斌乎質有其文，於邑志稱良焉」〔註12〕，有十門，六十一目。第一卷地理志，有分野、疆域、鄉保（村裏附）、鎮市、風俗（歲序附）、形勝（園亭附）六目；第二卷河渠志，有海、江、浦、諸水、水利（堰閘附）五目；第三至四卷賦役志，有田糧、稅課、魚課、物產、戶口、貢賦、徭役、匠班、屯田、軍需、鹽課、鹽榷十二目；第五卷建設志，有公署、儒學、倉庫、城池、兵衛、郵遞、津梁、坊巷、寺觀、丘墓（義冢附）十目；第六卷秩祀志，有祠廟（祠堂、生祠附）、壇壝二目；第七卷官師志，有歷官表、宦跡二目；第八卷選舉志，有科貢表、辟召、薦舉、封贈、錄蔭、例貢、儒士、武舉八目；第九卷人物志，有賢達、孝友、方介、文學、武功、義行、隱逸、遊寓、貞節九目；第十卷藝文志，有書籍、法帖二目；雜志，有仙釋、方藝、祥異、兵燹、遺事五目。每志前有四言十二句之小序，述作志之由，頗有特色。

　　是版刻工有陸本、張茂、盧鑒、張、沈雲、徐、王、陸、雲、盧、江、吳、才、化、玉、其、初、本、羅、山、川、元等。

〔註12〕周中孚：《鄭堂讀書記補逸》，第353頁。

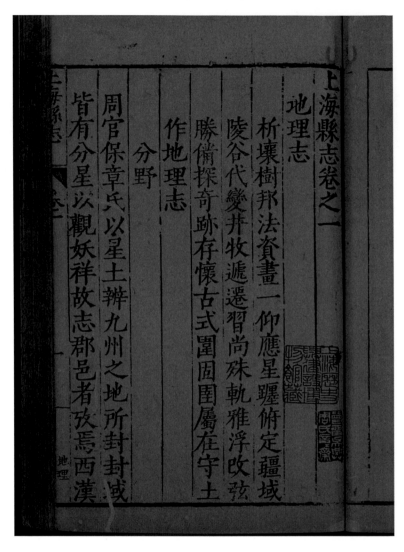

此本護頁鈐「吳興」白文方印、「周越然」朱文方印、「言言齋善本圖書」朱文長方印，陸樹聲序首頁鈐「曾留吳興周氏言言齋」白文長方印、「越然」朱文長方印，王鏊序首頁鈐「周越然」白文長方印，首卷卷端葉鈐「曾留吳興周氏言言齋」白文長方印、末卷卷尾鈐「周越然」朱文方印，知為周越然舊藏。此本舊有修補，偶見朱筆圈點。

《中國地方志聯合目錄》、《中國地方志總目提要》著錄，《中國古籍善本書目》、《中國古籍總目》著錄，《上海地方志簡目》、《上海方志資料考錄》、《上海方志提要》、《上海方志通考》著錄。周越然《版本與書籍》有介紹。

有《中國地方志集成・上海府縣志輯》影印本。有占旭東點校本，收入《上海府縣舊志叢書・上海縣卷》，上海古籍出版社，2015 年出版。

除上海博物館圖書館外，上海圖書館、日本內閣文庫、靜嘉堂文庫、尊經閣文庫、公文書館、前田育德會等有收藏，中國國家圖書館、山東圖書館藏殘本。

四、〔康熙〕上海縣志

（一）清康熙刻上海縣志　　807.2 / 261

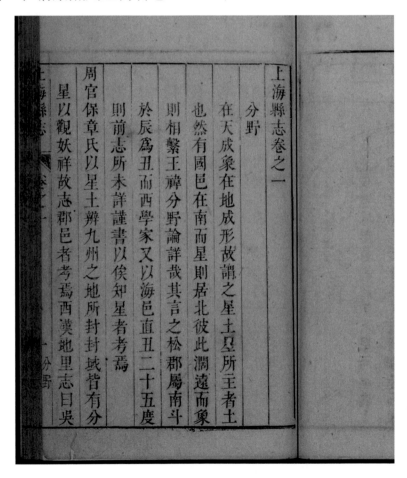

〔康熙〕《上海縣志》十二卷，清史彩修，葉映榴等纂，康熙二十二年（1683）刻本。2 函 16 冊。半葉 9 行，行 20 字，小字雙行同。白口，四周單邊，單魚尾。版心上鐫「上海縣志」，中鐫卷次，下鐫頁碼及卷名。書高 26.5 釐米，寬 17.4 釐米，框高 20.6 釐米，寬 14.5 釐米。首有康熙二十二年十月魯

超《上海縣志序》、康熙二十二年十一月史彩《續修上海縣志序》、舊序（明弘治十七年〔1504〕王鏊序、弘治十七年錢福序、明嘉靖三年〔1524〕八月鄭洛書序、嘉靖三年八月徐階序、嘉靖三年八月高企序、明萬曆十六年〔1588〕十一月陸樹聲序）、纂修姓氏及參訂姓氏、凡例、目錄、圖經（序圖、上海縣治圖、上海縣圖、上海縣儒學圖）。

史彩，字簡庵，浙江會稽人，監生，康熙二十年（1681）任上海知縣。葉映榴，字炳霞，號蒼岩，上海縣人。順治十八年（1661）進士，選庶吉士。歷任禮部郎中、陝西提學、湖廣糧儲道，諡忠節，《清史稿》有傳。有遺作《忠節遺稿》。

魯超序曰：「松郡屬邑凡四，上海去郡為遠，其地僻，非舟車水陸之衝、冠蓋之交罕至焉。又瀕海近寶，桑麻秔稻而外，有漁鹽之饒，故往時號為壯縣。其民皆足自給；其士子皆好詩書，能文章；其擢巍科，躋顯仕，上之為名宰相，次之為臺閣侍從，以文章勳業名海內者，比肩相望，可謂盛矣。然數十年以來，習俗稍異，民多好拳勇，樂爭鬥，又喜為鮚訞告訐睚眥之忿，錐刀之爭，輒舞文巧詆，以虛詞瀆聽。乍閱其詞，雖皋陶聽之，以為死有餘辜。及訊其情，則多滿讕誣妄，百無一實。今給諫任公前令茲土，予與之同心勖勵，磨革矯柔，力為禁戢，雖稍稍衰止，然未能不變也。又以近海多盜，繕城隍廟，斥堠民力凋敝，而歲比不登。近海之田，幾同斥鹵。又海禁嚴切，四民失利，故往時所號為大家富室者，今多蕭然懸磬矣。且民間男子多好遊閒，不事生業；其女子獨勤苦織紝，籌燈燎火，至達旦不休，終歲生資，率仰給於織作。此其大都也。昔史稱大江之南，五湖之間，其人輕心；又云江淮以南，民多偪窳偷生，無積聚，故無凍餓之人，亦無千金之家。以今之所見，合之古人所言，其風俗固不甚相遠，蓋不特上海一邑為然，而即以上海一邑觀之，其尤大彰明較著者也。近者海氛蕩定，方陸晏然，皇上方與二三大臣屬精求治，江介海表之區，延頸企踵，冀徼寬政以觀德化之成，而復往時承平之盛。生聚教訓，與民休息，此其時也。縣令史君為政靜而惠，以治辦有聲，所修輯邑志既成，予讀之，見其事覈而辭簡，可謂有作者之風矣。夫民風與吏治相為轉移，故同一馮翊而朱博治之以權譎，薛宣治之以寬平；同一潁川，而趙廣漢行之以擊斷，韓延壽行之以禮讓。蓋與時消息，不膠一法，然而其為博，不如其為宣；與其為廣漢，不如其為延壽。如良醫之視疾，因其虛實以為調劑之方而已。為司牧者，其不可不加之意哉。康熙二十二年十月朔吉，中憲大

夫、江南松江府知府加六級會稽魯超撰。」

　　史彩序曰：「古者，賢士大夫閎覽博物，亦嘗研精殫思於九丘之書。九丘，
志地也，說該天人，得其理，將以從政也。昔人謂志與史相表裏，然司馬遷、
班固敘紀、傳、年表矣，別立八書十志，而於數百年制度沿革之故略焉弗詳，
後世猶有議之者，於是志有專書，通史之窮也。上海，故市舶地，遠文教，人
民龐雜，自至元二十九年創建縣治，歷明孝宗朝，風俗一變，隱與華亭埒。
顧閱百五十年，猶乏邑乘。時盧龍郭載道以為長吏之過也，與唐士絅、朱叔
暘兩先生銳意編輯，凡三年，志成。又二十年，莆田鄭啟范修之。又四十年，
上虞顏中起續修之。迄今九十有六年矣。彩奉命吏茲土，求前志，烏有也。問
顏公，遺版得之塵墢中，亦朽蝕不可識。彩因之有感焉。百年掌故，編削壽
之，金石固之，而猶若此，況浮湛在九十餘年中者，可勝道哉？夫事苟繫國
家，利百姓，與夫名臣碩儒，赫赫在耳目者，學士大夫能言之，若孤蹤絕塵，
放聲滅跡，其風可思，名不可得而識矣。名閨峻烈，或操行潔白，或殺身成
仁，不嘗求譽於鄉曲也。乃若滅若沒於白楊黃蒿之間，能不悲哉？於是搜訪
舊文，攈摭逸事，大者得之史冊，細者亦不遺負薪，闡幽發潛，不敢不慎也。
今年秋，國家修《一統志》，遴選重臣，軺車四出省會郡邑，無弗奉明詔，獻
方書。彩乃與薦紳先生蠲日肅衣冠，再拜授簡，重國典也。凡地理、河渠、賦
役、建設、秩祀，則曹綠岩、朱拜石、張弘軒、董君節四先生，暨唐嵩少、雍
庠諸茂才共襄厥事，讎校釐訂矣。如官師、選舉、人物、藝文、雜志，葉憲副
蒼岩先生，則撰次之，既而網羅畢該，見聞涒雜，諸君子隱審，悉心討論義
例，予奪筆削之嚴。彩竊與聞焉。三閱月而屬稿，四月而成書。諸君子具良史
之識，手定百年巨製，鴻裁煥然有第，可借手以報行人矣。伏而讀之，彩益瞿
然思懍然起也。憶曩者，初到官，風俗凋敝，百姓僄悍，警詐趨利，若鸜鵒嗜
訟，若菽粟漸靡難返，於是解弦更張，不為束濕，去其所苦，聚其所欲，歷今
三載。瀕海百萬戶，隱若齗齗洋洋，有所移易者，知不易民而治，非虛語也。
今海上地不加闢，收事重苦，困且數百年，安得為民請命，減常額，公私充然
上無負逋，野有藏蓋也。士子稽古取榮矣，然必培養器識，修尚勵節，恂恂具
禮樂之容，蔚然文物改觀焉。乃若農田水利之屬，以時舉行，民得優游田間，
姦偽不作，而獄訟衰息，父老非讀法期會不見官長，胥吏不敢窺里門，桑麻
蓊蓬之中，黍華陵巔，良禾被野六百里，煙火相望，雞犬聲相聞，可謂和樂
矣。彩懼弗勝任，然意願堅勇，皇然若或遇之，蓋上不敢負聖天子加惠至意，

次亦不敢渝諸君子大書特書之義也夫。時康熙二十二年癸亥冬十一月吉日，文林郎、上海縣知縣加二級會稽史彩撰。」

是志「詳而不蕪，簡而不漏，網羅顏後百載間事，而田賦、水利、荒政、兵志，尤較舊志為備焉」〔註13〕，又更定修纂體例，有四十門。惟其中不足處亦毋庸諱言，陸慶循《嘉慶上海縣志修例》指謫其中不足之處甚多：「沿革無表；繪圖不知開方計里之法，且無市舶司等圖；水道不辨吳淞江、黃浦源委，不載潮候；賦役繁而不核；官司不表巡檢；武科不表舉人；兵燹、祥異事多脫略；官署、寺觀、冢墓不稽舊跡，不考舊碑；鄉飲賓不詳其人名；名宦、鄉賢、忠義等祠崇祀諸公不盡有傳；藝文不符《明史·藝文志》與今文淵閣所著錄；金石不著本末；而傳之失考尤難殫述，承訛襲謬，悉數之不能終。」〔註14〕卷一分野、疆域（附形勝、鎮市、古蹟）、風俗；卷二水利；卷三田賦一、田賦二；卷四田賦三、鹽法（附蘆課、雜稅）；卷五徭役、戶口、荒政、土產；卷六城市（附倉庫、坊巷、津梁、郵遞）、兵防；卷七官署、學校（附義學）壇廟、寺觀、第宅（附園亭）、壙墓；卷八歷官表、宦績；卷九科貢表、辟召、薦舉、封贈、錄蔭、明經、儒士、武科；卷十名臣、獨行、文苑、隱逸、流寓、藝術、列女、仙釋卷十一藝文、兵燹；卷十二祥異、遺事。

此本有鈔配。

《中國地方志聯合目錄》、《中國地方志總目提要》著錄，《中國古籍總目》著錄，《上海地方志簡目》、《上海方志資料考錄》、《上海方志提要》、《上海方志通考》著錄。

除上海博物館圖書館外，中國國家圖書館、上海圖書館、南京圖書館、北京大學圖書館、中山大學圖書館、中國科學院南京地理與湖泊研究所、臺北圖書館等有收藏。

五、〔嘉慶〕上海縣志

（一）清嘉慶刻上海縣志　807.2 / 231

〔嘉慶〕《上海縣志》二十卷首一卷，清王大同修，李林松纂。清嘉慶十九年（1814）刻本。1 函 14 冊。半葉 9 行，行 22 字，小字雙行同。白口，左右雙邊，單魚尾。版心上鐫「上海縣志」，中鐫卷次及目名，下鐫頁碼及卷名。

〔註13〕周中孚：《鄭堂讀書記補逸》，第 360 頁。
〔註14〕陸慶循：《嘉慶上海縣志修例》，清嘉慶二十一年（1816）刻本，第 2 頁。

書高 24.7 釐米，寬 15.6 釐米，框高 19.4 釐米，寬 14.1 釐米。首有清嘉慶十九年五月鍾琦《嘉慶上海縣志序》、嘉慶十八年（1813）十一月王大同《嘉慶上海縣志序》、嘉慶十九年七月陳文述《嘉慶上海縣志序》、嘉慶十九年閏二月盧焌《嘉慶上海縣志序》、嘉慶十九年六月葉機《嘉慶上海縣志序》、纂修姓名、凡例、目錄。圖有今上海全境圖、黃浦、鄉保區圖圖、水道圖、縣署圖、古學宮圖、今學宮圖、分巡道署圖、敬業書院圖。末有舊序（明弘治十七年〔1504〕閏四月王鏊《郭志王序》、弘治十七年閏四月錢福《錢序》、明嘉靖三年〔1524〕八月徐階《鄭志徐序》、嘉靖三年〔1588〕八月高企《高序》、嘉靖三年八月鄭洛書《鄭自序》、明萬曆十六年十一月陸樹聲《顏志陸序》、《張之象小序十則》、清康熙二十二年〔1683〕十月朔魯超《史志魯序》、康熙二十二年十一月史彩《史自序》、清乾隆十五年〔1750〕四月申夢璽《李志申序》、乾隆十五年四月朱霖《朱序》、乾隆十五年三月李文耀《李自序》、乾隆四十九年四月章攀桂《范志章序》、乾隆四十九年〔1784〕四月盛保《盛序》、乾隆四十九年正月梁群英《梁序》、乾隆四十九年正月范廷傑《范自序》）。末有《嘉慶上海縣志小序》。

　　王大同，字是之，號炎峰，山東樂陵人。清嘉慶十年（1805）進士，嘉慶十五年（1810）任上海知縣。李林松，字仲熙，一字心庵，號易園，上海人。嘉慶元年（1796）進士，任戶部員外郎。著《周易述補》、《通韻便覽》等。

　　鍾琦序曰：「親民之官莫令若，今曰知縣。試問所知者縣何事乎？夫其人既無問燕、齊、秦、楚，一旦儻然來民，且將神明我、父母我，詢其事與俗與夫因革之所宜，賓客不盡知，史胥不足信，士大夫有敢告，有不敢告，又或告而不以實也。故夫志也者，知斯縣者之鏡也。若夫志之或漏與誣，則志斯志者之過也。苟非漏與誣而志之所不及，則必令之所不必知也。首疆域，數廣輪，陳樂苦也。次水利，計條理，籌宣防也。次賦役，課最於是乎存，撫綏即於是乎在。次建置，民力之所成也。過弛則廢，過勞則讟。表者，列賢否、考得失之林也。為職官，而遴其賢者為傳，民不能忘，後事之師也。為選舉，識邑人之用於世者也。而別其選為人物，大則為列傳。旌賢也，曰獨行，曰文苑，曰隱逸，曰藝術，曰方外，曰流寓。雖一善弗或遺，苟可傳皆可述也。名教之防，閨閣為重，故以列女終焉。次藝文，其言有足采，其芬不可揜也。而歸奇於志餘，附以辯證，殿以敘錄。志之能事畢矣。上海故瀕海巖邑，市舶集焉。雖然，民力外強而中乾，民氣易動而寡靜，所恃上之人修養而鎮撫之者，

夫豈一端而已哉？予自丙寅奉命觀察是道，司關駐邑中，惟隕越是懼，兢兢於茲九年矣。先是，令王君以修志請延邑士共編纂之，以心庵、農部綜其事。越一年，葉君實來，類皆能急先務者。會予將以政成入覲，而志適成，受而讀之，其亦庶免於漏與誣矣。令斯邑者循是覽焉，知其所當知，而不知其所不必知，則將為賢令無難。豈惟邑人士之望？抑予亦得所藉手以少稱厥職也歟？是為序。嘉慶十九年歲次甲戌仲夏月，分巡蘇松太兵備道、監督海關巴林鍾琦撰。」

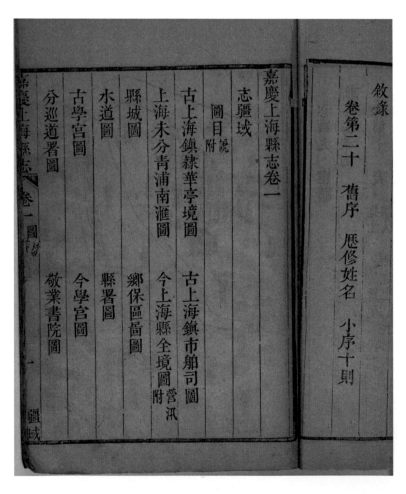

王大同序曰：「幼讀《中庸》『下襲水土』之說，不得其解，竊疑凡物皆有一定之理，奚必水土哉？後讀安溪李文貞公語錄云：『九土異賦，五方異宜，民生其間異尚。聖人周流天下，凡十五國之形勢風俗，無不周知。舉所謂救奢以儉、救儉以禮者，皆有以講明切究之。』又云：『今人為守令者，下車初

政，動與其民情不甚相宜。聖人則有委國以聽者，莫不期月已可，三年有成。』
迺恍然於『水土』之說之不可易也。國家功令，凡為吏者必出省，去其鄉必五
百里，遠者或千里、數千里、萬餘里。其間習尚既殊，言語莫通，欲政之宜於
民也，難矣。人人而問之，舌敝而莫能遍也；事事而考之，心眩而莫適從也。
此志書之不可以已也。前上海令史君尚確，樂陵人也，攜《上海志》以歸。余
童卯時嘗即其家閱之，於其風俗人情亦大概識之矣。歲庚午，余由金壇調任
上海，稽其賦役，詢其利弊，別其莠良，與志之所載雖不盡同，而亦不甚相遠
也。歲壬申，署郡守周希甫先生適有修府志之檄，余因進紳士而告之曰：『縣
志者，府志之嚆矢也。今縣志越三十年矣，盍續之？』諸君子皆以為然。舉凡
總修分纂、勸輸捐資，以及董事經理各役，莫不踴躍從事。書未成，而余以憂
去事，諸君子不以余去而遂輟也。至癸酉之冬而書以成，甫脫稿即授余讀之。
見其綱舉目張，分門別類，事增於舊，文省於前，洵善本也。余之涖上海也，
塵容俗狀，豪無可言。然竊幸三年以來，凡所設施，不至大拂乎人情者，則翻
閱舊志為有益焉。後之蒞斯土者，本之《詩》、《書》以端其政，參之律例以一
其法，更考於志，以斟酌乎人情風俗之所宜而持其平焉，豈非『下襲水土』之
一端？而斯邑之民之厚幸歟。若乃考疆域之沿革，紀山川之形勢，溯往哲之
遺徽，覽風物之勝概，斯又志之餘事也。是為序。嘉慶十八年歲次癸酉仲冬
月旦，賜進士出身、上海縣知縣樂陵王大同撰。」

　　陳文述序曰：「余試吏江左八稔矣。江以南濱海之區，若寶山、常熟、奉
賢、上海，皆以奉檄至之。大約形勝之扼要莫如寶山，人物之秀麗莫如常熟，
風俗之醇樸莫如奉賢，而兼之者則惟上海。上海為華亭所分縣，大海濱其東，
吳松繞其北，黃浦環其西南。閩廣、遼瀋之貨鱗萃羽集，遠及西洋、暹邏之
舟，歲亦間至。地大物博，號稱煩劇，誠江海之通津，東南之都會也。而其人
物不徵之遠，徵之近則如趙璞函光祿祀昭忠之祠，陸耳山副憲校四庫之書，
曹劍亭侍御荷諍臣之褒。其餘文采風流，後先接踵，則志不可以不作也。余
謝事之次年，邑士大夫貽書來索弁言。余惟近之司牧視其所治之地，若越人
視秦人之肥瘠，而民之視其長上，亦若傳舍之客，有數年而不相習者矣。則
書所謂豈弟父母者，亦交相失也。余之承乏也，以癸酉三月；其受代也，月有
四日耳。民之疾苦未盡聞，農桑水利未盡興也，則以傳舍之客視余，亦奚辭？
而邑之賢士大夫於余獨惓惓焉。吾園之桃、法華之牡丹，歲輒走數百里相餉。
書院諸生之文，寓書乞評閱者，無虛月也。夫余之迂拙不足道，而邑之敦行

而多情，即此可見。宜其登拔萃科，捷鄉舉捷，南宮蟬聯，鴻漸文治，蒸蒸日上，方興未艾也。余之在上海也，志局方創始，逾年告成。總其事者，李農部心庵也；同纂輯者，皆邑之名宿也。農部以名進士奉諱家居，與同事諸子，以邑之人為邑之書，其詳考而慎紀載，視康海《武功》、張采《太倉》諸志，當無媿色。余與農部為京華舊相識，其文名之美，至今見重輦下。諸子之文，則又皆余素所心折。雖未見全志，其書之卓然可傳無疑也。是為序。嘉慶十九年秋九月，前署上海縣事錢塘陳文述撰。」

盧焌序曰：「上海壯縣也，東連大海，北繞吳松，西南環歇浦，洪濤巨浸，所在多有。其潮汐往來，足以毓靈異而助文瀾，則於士為秀地；其波流浩瀚，足以資灌溉而利耕桑，則於農為沃壤；其海舶帆檣，足以達閩廣、遼瀋之遠，而百貨集焉，則於商賈為通津。然而地饒居密，率起爭端，雜處紛來，易藏奸宄，則於蒞治者，實為極繁最要之區焉。乃百餘年來，國家重熙累洽，化治日隆，海氛永靖。民之漸摩休養者，觀於市，市有山積星羅之盛也；觀於野，野無帶牛佩犢之嫌也。且觀於黨庠術序，而圭璧束身之彥、文章命世之英，郁郁乎蛟騰而鳳起也。此其風俗之休美，原於政教，而政教之精醇，大抵賴有志以匯得失之全，而資莅治者之考鏡也。故志不可以或闕，即不可以失修。余宦遊三十餘年，自己未簡發來蘇，於松屬曾歷青浦、奉賢，去秋又攝篆於茲。蓋雲間已三至矣，而下車之始，正當修志之時，總其事者，為心庵李農部。余夙欽心庵文望，公餘之暇，朝夕過從，樂觀其鴻裁鉅筆。閱五月餘，而瓜期已及，書稿適成。余細讀之，或刪或補，或總或分，略於分野、祥異、景物等文，而詳於水利、兵防、關榷、田賦諸要務。竊欣茲書之條理秩然，上有裨於八政，下有益於四民，而可以佐理繁治劇之功為不淺也。是為序。嘉慶十九年歲次甲戌閏二月，署上海縣事、邠州知州墊江盧焌撰。」

葉機序曰：「今天子御極之十有九年，聲教覃敷，紀綱整飭，車書南北，侯尉西東，莫不鱗集仰流，含和吐氣。而皇上猶諄諄誡臣工，申明利弊，除疲玩因循之習，以勤民察吏為先。凡有師帥之責者，益知上體皇仁，推求治本。矧在親民之官，當何如恪恭而將事也？余以閏春捧檄來治縣事，見夫民物之秀、土脈之腴，魚鹽萑葦之沃饒、市舶商廛之錯雜，誠東南一赤緊矣。然地廣則政繁，土肥則人奢，濱江臨海則氣悍。集百貨而射什一，鬥訟滋煩；通五方以雜賢愚，姦邪易混。非挈吏治民風之要領，而曰操刀使割，其勢甚難。昔朱子知南康軍，首閱志書。余下車日，適前宰王公大同暨攝篆諸君有修志之舉，

紳士踴躍從事，而主其綱者，則李心庵農部。余亟受而讀之，曰美矣備矣。此吏治之權輿，而民風之準的也。今夫不習為吏，視已成事。是志分十門，列二十卷。刪分野之糾紛，見穿鑿支離之難據；析水衡之原委，知決排疏瀹之宜先。疆域必嚴界畫，而營伍則旁及鄰封，聯絡之形寓焉。人物兼補南、青，而分治則專收本邑，採輯之義精焉。至統循吏、名臣為列傳，敘兵燹、祥異為志餘。詳政事之書，期收實用；採前賢之論，足備師資。發潛德之幽光，矢公矢慎；示激揚之大典，無濫無遺。詳略得宜，折衷咸當。他若金石、文章之瑰偉，旂檀、亭沼之清幽，又其餘緒矣。余少長海濱，土風相近，習覩夫潮汐煙波之出沒，熟究夫繭絲保障之遠謀。既深慶我國家仁洽道豐，海波翕靜，又樂數年來茲邑之科第蟬聯，人文蔚起，駸駸乎為一郡之冠。自今伊始，有父母斯民之任者，相與酌古斟今，興利除弊，仰副聖天子已治求治之心，而已疲玩因循為大戒，則是編之為吏治民風計者，豈非指南之一助哉？是為序。嘉慶十九年夏六月，上海縣知縣定海葉機撰。」

康熙、乾隆三部邑志「遞仍舊稿，殊多復衍掛漏」，故修纂者「遍搜諸史及各省直通志、各府縣志，以及私家撰述諸書，詳加校補」，「事增文省，實較舊志遠甚」，而陸慶循「作《修例》一卷，雖各尊所聞，而各行所知，究之得失利鈍，亦互陳也」。〔註15〕是志有十門，五十六目。志疆域，為卷第一，有圖說、沿革、界至、鄉保、鎮市、古蹟、風俗、物產八目；志水利，為卷二至三，有海、浦、江（潮汐附）、支水（堰牐護塘附）、歷代治水諸績、古今治水議略六目；志賦役，為卷四至五，有戶口、田賦、蘆課、蠲緩、役法、關榷、鹽法、積貯、荒政九目；志建置，為卷六至七，有城署（倉庾附）、學校（書院、義學附）、兵防（郵遞、軍工廠附）、坊巷、橋樑、津渡、壇廟、寺觀（施善諸堂及義冢附）、第宅園林十目；志職官，為卷八至九，有歷官表、宦績二目；志選舉，為卷十至十一，有進士舉人、貢生武進士武舉人、辟薦、封爵封贈錄廕欽賜監貢武職附四表；志人物，為卷十二至十七，有列傳、獨行、文苑、隱逸、藝術、方外、流寓、列女八目；志藝文，有經、史、子、集、金石五目；志餘，為卷十九，有兵燹、祥異、遺事、辯證四目。敘錄，為卷二十，含舊序、歷修姓名、小序（十則）。

清陸慶循撰《嘉慶上海縣志修例》一卷，以糾正是志內容之訛誤與體例之不足。

〔註15〕周中孚：《鄭堂讀書記補逸》，第 376 頁。

《中國地方志聯合目錄》、《中國地方志總目提要》著錄,《中國古籍總目》著錄,《上海地方志簡目》、《上海方志資料考錄》、《上海方志提要》、《上海方志通考》著錄。

有和衛國點校本,收入《上海府縣舊志叢書·上海縣卷》,上海古籍出版社,2015年出版。

除上海博物館圖書館外,中國國家圖書館、上海圖書館、南京圖書館、浙江圖書館、湖北圖書館、天津圖書館、北京師範大學圖書館、復旦大學圖書館、華東師範大學圖書館、南京大學圖書館、廈門大學圖書館、吉林大學圖書館、西北大學圖書館、中國科學院圖書館、上海辭書出版社、日本東洋文庫、美國國會圖書館等收藏。

六、〔同治〕上海縣志

（一）清同治重校本上海縣志　807.2 / 28：1

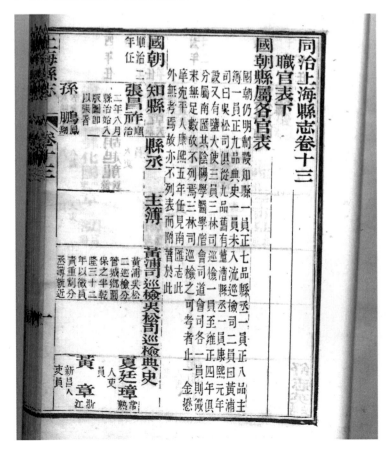

　　〔同治〕《上海縣志》三十二卷首一卷末一卷，清應寶時等修，俞樾、方宗誠纂。清同治十一年（1872）上海文廟南園志局重校本。16 冊。半葉 12 行，行 23 字，小字雙行同。白口，四周雙邊，單魚尾。版心上鐫「同治上海縣志」，中鐫卷次，下鐫頁碼。書高 26.2 釐米，寬 17.2 釐米，框高 18 釐米，寬 12.7 釐米。有牌記「同治壬申夏六月南園志局重校本」。首有清同治十年（1871）三月應寶時《同治上海縣志序》、同治十年九月涂宗瀛《同治上海縣志序》、凡例、纂修銜名、目錄、圖說（古上海縣全境圖、今上海縣全境圖、上海縣南境水道圖、上海縣北境水道圖、上海浦東鄉保區圖圖、上海浦西鄉保區圖圖、上海縣城圖、上海縣城內外街巷圖、社稷壇圖、新學宮圖、武廟圖、城隍廟圖、道署圖、上海縣署圖、參將署圖、古學宮今敬業書院圖、蕊珠書院圖、龍門書院圖、江南機器局圖），末有同治七年（1868）四月俞樾《同治上海縣志敘錄》。

　　應寶時（1821～1890），字敏齋，號可帆，浙江永康人。清道光二十四年（1844）舉人，同治三年（1864）任蘇松太兵備道，後擢江蘇按察使署布政使，贈內閣學士銜。著《射雕山館集》等。俞樾（1821～1907），字蔭甫，晚號曲園居士，浙江德清人。清道光三十年（1850）舉人，歷任翰林院編修、河南學政。著《春在堂全書》。方宗誠（1818～1888），字存之，號柏堂，別號毛溪居士、西眉山人，安徽桐城人，《清史稿》有傳。曾任棗強縣令。著《柏堂集》九十四卷、《柏堂經說十種》三十三卷、《讀書筆記》三十五卷等。

　　應寶時序曰：「同治五年，余奉命備兵上海，時邑人士方有重修縣志之議，余遂為之設局，延禮名賢，分門編纂，而余亦得以管見與諸先生參定之。越四年，書成，乃為之序曰：縣之有志，創於明洪武間顧彧，弘治間郭經成之。其後鄭洛書、顏洪範、史彩、李文耀、范廷杰重修者五，而嘉慶十七年李農部林松復編輯焉，是為嘉慶《上海縣志》。既成，邑人陸慶循著《嘉慶志修例》一卷，以訂其失。迄今五十餘年，兵燹頻經，典文散佚，若不及時蒐討，慮愈久而文獻益無足徵，故參稽諸志，旁搜博采，反覆究論，擇善而從，以成茲編，凡三十四卷。考《郡縣志》體例，本於史部之地理，其後乃附益以傳紀，故古謂之圖經，亦謂之圖志。今首圖說而冠疆域。疆域定則建立城池，官師以經理之，故次建置。先王體國經野，首重明農，而農事以水利為最重。堯舜之治天下，命禹平水土，定貢賦，故次水道，次田賦，是皆地理之大綱也。有土此有財，有財此有用，地理治而物產出焉，故次物產。孔門論政，富之而

加以教，足民必繼以禮樂，蓋本於堯命稷播百穀之後，即命契敷五教之意也，故志物產，即繼以學校焉。夫學校，禮義相先之地。古者始入學，必釋奠於先聖先師，後世學校中崇祀孔子，為萬世禮義之表，歲進博士弟子員，暨考選佾生，皆以襄祭也。郡邑之祭，莫大於孔子，而他秩祀、私祀次之，故次祠祀。舊志或以學校入建置，不立專門，又或以寺觀入祠祀，與文廟並列，謬矣。有文事者必有武備，故兵防次之。先王經世之道，有治法，尤貴有治人，故次表職官而傳名宦。官司得人而後人文興，故次表選舉而志人物。舊志人物分列傳、獨行、文苑、隱逸諸門，今遵《大清一統志》之例，但按時代序次，不復分門，而別以藝術、流寓及列女次之。人物之可法可傳者，立言並於立德，故藝文次之。古蹟皆地以人傳，故名蹟又次之。舊志以第宅、冢墓與壇廟並列，失其序矣。至於祥異，非人事之經，寺觀為辱流所擯，然《五行志傳》、《洛陽伽藍》、《京師寺塔》諸記，古人固有為之者，亦博聞廣見之林也，故類次於雜記。教堂，前志從芟。恭考《欽定日下舊聞考》，城市門附載天主堂，朱氏彝尊原書及《帝京景物略》、《宸垣識略》亦列之，今類附於寺觀之末，固其所也。舊志列女之後，並有方外傳，似不倫，惟顏志以仙釋入雜志，最為得體。今用其例，取行義、文學可紀者，列寺觀之後，亦類相從也。其餘遺事，雖不足入正志，而有足資掌故備法戒者，亦入雜記中，俾邑人士無忘故老之所傳，為輕重、大小、本末、先後之序，則余與諸先生編次之微意也。是編雖不盡同前人，而前人纂修之功實不可沒，故附錄舊序終焉。書成，會余移官蘇臬，復質諸宮允馮先生桂芬，稍加釐訂，使先後體例斠若畫一，遂付梓人。同治十年三月，布政使銜、江蘇按察使、前蘇松太兵備道永康應寶時序。」

涂宗瀛序曰：「或曰：今之上海非昔之上海也。關津之所由，財貨之所集，他州別邑、殊方異域之所萃，而處形勢便利，用能以區區之地，制粵寇之死命，天下通都巖邑，莫是過焉。苟徒規規然排次舊聞，記述陳跡，不已固乎，且於治術庸何補？予曰：是何言與？聖人不易民而教，知者不變俗而動，故將自其變且易者而觀之，則月異而歲不同，自其不變不易者而觀之，則無古今一也。且事勢當大有變易之際，正不可無不變不易者，以主張維持之也。志書固史之支流也，觀往可以考來，監前可以善後，而惡乎訾諸？夫天下治民之道，富教而已；富教之道，使士農工商各事其事而已。士者，學習道藝，可以居位者也；農者，播殖耕稼者也；工者，巧心勞手以成器物者也；商者，

通四方之貨者也。上海自咸豐以來，中外締交，華裔錯處，婆羅門教窟宅滋蔓，邪說詖行，視為故常，而士幾非昔之士。峨舸大艦，捆載百物，販運往還，萬里若咫，而商幾非昔之商。奇技異術，盡態極妍，人巧極而天工錯，而工幾非昔之工。且工商之勢積重其利，什伯倍於農，而農亦非復如昔之力於田，其婦人女子亦將自荒其木棉之業。如是則四民之職不盡廢乎？雖然，未嘗廢也。天下之公卿大夫，未有不始於為士者，士未有能自外於先王之道，而可命曰士者；天下之大利未有不出於農者，未有無農而得有工商者。然則今之上海猶昔之上海也。善為政者，覈其疆域、戶口，察其地利、土宜，審其民情、風教，不為徒善，不為徒法，方將因其變易而求復其不變不易之道。士信、農敦、工璞、商愨、女憧、婦空空，於以奏安攘之績無難矣。欲考來者，必觀其往；欲善後者，必監於前。上海志之修，亦文獻之藪、得失之林也，又曷可以已哉？書創始於同治丙寅，維時今廉訪應公敏齋備兵蘇松太，延請德清俞蔭甫、桐城方存之二先生所纂，四年而稿定，公復請吳縣馮敬亭先生重加釐訂，又一年而授梓。予於己巳之秋繼公任，樂覯是書之成也。適奉命按察楚南，將去是邦，邦人咸請曰不可無序。予乃推原志之所以作，歸諸古今之通義而言之。至其與嘉慶志損益異同之處，自有凡例詳之，予可無贅云。同治十年辛未秋九月，分巡蘇松太兵備道海關監督、陞任湖南按察使司按察使六安涂宗瀛序。」

俞樾敍錄曰：「右所錄舊志梗概具矣。自李農部林松修志之後，邑人陸慶循作《嘉慶縣志修例》，於李志頗有訾議。邑中多傳其書，而李氏之書久已刊行，亦無有創議改為者。至咸豐間，劉方伯郇膏時知上海縣，以志乘無徵為憾，於戎馬倥傯中，延聘寶山蔣劍人、廣文、敦復，取舊志校讎。蔣適得鄭志，此志之佚，康熙間修志已不及見，而蔣得之，遂考核異同，作沿革、官司、選舉諸表，並人物、名宦傳。而方伯升任去，因輟不修。至同治五年，距李農部成書之歲五十三年矣。中間三更兵燹，邑士大夫懼故老之淪亡，遺文之散佚，歲月愈遠而事蹟浸無可考也，乃環請於今巡道應公寶時。公喜曰：『此吾志也。』於是始有修志之議矣。是年秋七月，設局於也是園。公又以為，眾人分纂，體例或未能劃一，乃屬其同年生俞樾以主纂之任。樾方主講蘇州紫陽書院，禮辭不獲命，乃於其年十月至局，已而仍還蘇州。明年正月，又至局。至五月，又至局。則分纂之稿，均已告成矣。時經費尚未有所出，每月局中所需，皆取之巡道署，因議停局，而以其稿俾樾攜還蘇州。其明年，樾

又主講浙江詁經精舍，仍攜志稿以往。自六年七月至七年四月，計十閱月，乃始將志稿統覽一周。樹性愚直，既受觀察之屬，不敢苟同於人，雖見聞淺陋，無所裨益，然其中更定體例，刪併條目，移易次第，斟酌字句者，所在多有。蓋既竭吾才，不自知其有當否也。同治七年歲在著雍執徐夏四月，賜進士出身、誥授朝議大夫、前翰林院編修、國史館協修、提督河南學政加五級德清俞樾謹記。」

是志「體例則略取嘉慶志而調停陸氏之說」，「語皆核實，較勝舊志多矣」〔註16〕，有十八門，五十七目。卷一疆域，有沿革（附表）、界至、形勝、鄉保、鎮市、風俗（附歲時、占驗、方言）六目；卷二建置，有城池、衙署、街巷（附坊表）、倉庾、海關、附善堂及製造局八目；卷三至四水道，有海、江、浦、支水、堰閘、塘、橋樑、津渡、歷代治績九目；卷五至七田賦，有戶口、田畝、賦額、雜稅（附蘆課、鹽課）、役法、漕運（附海運）、積儲（附義賑）七目；卷八物產；卷九學校（附書院、義學）；卷十祠祀，有秩祀、私祀二目；卷十一兵防（附歷代兵事）；卷十二至十三職官表，有宋元未設縣以前官、元明設縣後官、國朝駐縣統轄官、國朝縣屬各官、教職五目；卷十四名宦；卷十五至十七選舉表，有科第、貢生、武科、辟薦、封贈（附封爵）、錄廕、例仕七目；卷十八至二十一人物；卷二十二藝術；卷二十三遊寓；卷二十四之二十六列女；卷二十七藝文；卷二十八至二十九名蹟，有古蹟、第宅園林、冢墓三目；卷三十至三十二雜記，有祥異、寺觀（附教堂）、僧道、遺事四目。

是志記事至清同治九年（1870）。是志有三次印本，是為第二次印本。「同治十年三月刻於蘇州皋署，此為初刻本。次歲夏，書版送回上海，邑人王承基召集原纂諸人，就其家校正脫誤，頗有剜改填補，在封面後另刻一葉，題『同治壬申（十一年）夏六月南園志局重校本』篆文木記，印刷後將板片送縣署存儲，此為二次印本。」〔註17〕

清秦榮光仿陸慶循之例，作《同治上海縣志札記》，以補充是志遺佚，糾正是志訛誤。清胡懷琛又撰《同治上海縣志札記補》，以補秦榮光《札記》所未及之疏漏訛誤。

〔註16〕瞿宣穎：《方志考稿》甲集第六編，第30頁。
〔註17〕上海師範大學圖書館編：《上海方志資料考錄》，上海：上海書店出版社，1987年，第83頁。

《中國地方志聯合目錄》、《中國地方志總目提要》著錄，《中國古籍總目》著錄，《上海地方志簡目》、《上海方志資料考錄》、《上海方志提要》、《上海方志通考》著錄。

有《中國方志叢書》影印本，成文出版社，1975 年出版。有陳正青點校本，收入《上海府縣舊志叢書·上海縣卷》，上海古籍出版社，2015 年出版。

除上海博物館圖書館外，中國國家圖書館、中國民族圖書館、首都圖書館、上海圖書館、南京圖書館、浙江圖書館、蘇州圖書館、常熟圖書館、北京大學圖書館、北京師範大學圖書館、復旦大學圖書館、華東師範大學圖書館、南開大學圖書館、浙江大學圖書館、中國科學院圖書館、中國社會科學院考古研究所、南京博物院、河南省社會科學院圖書館、上海辭書出版社、臺北故宮博物院圖書館、孫中山紀念圖書館、日本國會圖書館、靜嘉堂文庫、東洋文庫、大阪府立中之島圖書館、東京大學東洋文化研究所、京都大學人文科學研究所、東北大學圖書館、關西大學圖書館、美國國會圖書館等收藏。

（二）又一部　清同治刻光緒補刻本上海縣志　807.2 / 28：2

〔同治〕上海縣志三十二卷首一卷末一卷，清應寶時等修，俞樾、方宗誠纂。清光緒八年（1882）補刻同治十一年本。16 冊。半葉 12 行，行 23 字，小字雙行同。白口，四周雙邊，單魚尾。版心上鐫「同治上海縣志」，中鐫卷次，下鐫頁碼。書高 24.3 釐米，寬 15.4 釐米，框高 18 釐米，寬 12.7 釐米。有牌記「同治歲次辛未刊於吳門臬署」「同治壬申夏六月南園志局重校本」。首有清光緒八年重印啟、清同治十年（1871）三月應寶時《同治上海縣志序》、同治十年九月涂宗瀛《同治上海縣志序》、凡例、纂修銜名、目錄、圖說（古上海縣全境圖、今上海縣全境圖、上海縣南境水道圖、上海縣北境水道圖、上海浦東鄉保區圖圖、上海浦西鄉保區圖圖、上海縣城圖、上海縣城內外街巷圖、社稷壇圖、新學宮圖、武廟圖、城隍廟圖、道署圖、上海縣署圖、參將署圖、古學宮今敬業書院圖、蕊珠書院圖、龍門書院圖、江南機器局圖），末有補遺、同治七年（1868）四月俞樾《同治上海縣志敘錄》。

是版卷首之清光緒八年重印啟、卷末之補遺，均為清同治十一年重校本所無。志文內容亦有改動。是志有三次印本，是為第三次印本。「至光緒八年（1882）知縣莫祥芝復將志版移交學宮灑掃局，由局製架貯藏，旋移度尊經閣，並由灑掃局司事查點損蝕，補刻卷三第四葉、卷十三第二十二葉，又嵌

補一千一百九十三字，復將莫令照會原文及接收校補情形，刻附封面之後，是為第三次印本。」〔註18〕

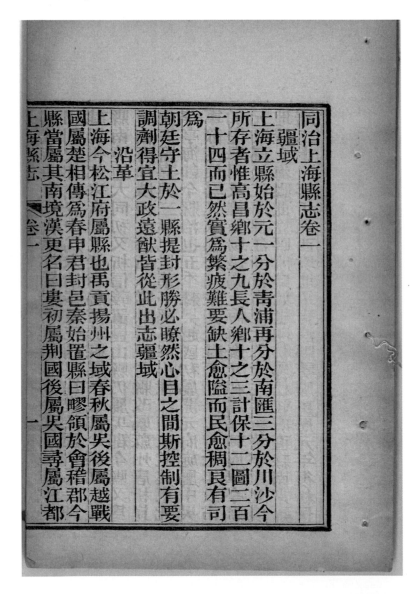

《中國地方志聯合目錄》未著錄上博藏此本，而著錄上博藏清同治十年（1871）吳門桌署初刻本〔註19〕，不確。

〔註18〕上海師範大學圖書館編：《上海方志資料考錄》，第83頁。

〔註19〕中國科學院北京天文臺主編：《中國地方志聯合目錄》，北京：中華書局，1985年，第9頁。

　　除上海博物館圖書館外，首都圖書館、上海圖書館、福建省圖書館、南通市圖書館、吉林大學圖書館、山東大學圖書館、中山大學圖書館、廈門大學圖書館、天津師範大學圖書館、中央黨校圖書館、故宮博物院圖書館、日本東京大學圖書館、立命館大學圖書館、美國耶魯大學圖書館、哥倫比亞大學圖書館、普林斯頓大學圖書館等收藏。

（三）又一部　清同治刻光緒補刻本上海縣志　807.2／229

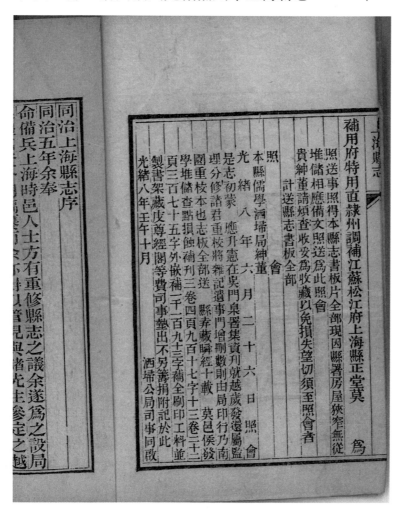

　　〔同治〕上海縣志三十二卷首一卷末一卷，清應寶時等修，俞樾、方宗誠纂。清光緒八年（1882）補刻同治十一年本。1 函 3 冊，存八卷（卷一至二、卷十八至二十三）首一卷。半葉 12 行，行 23 字，小字雙行同。白口，四周雙邊，單魚尾。版心上鐫「同治上海縣志」，中鐫卷次，下鐫頁碼。書高

24.2 釐米，寬 15.4 釐米，框高 18 釐米，寬 12.7 釐米。有牌記「同治歲次辛未刊於吳門皁署」「同治壬申夏六月南園志局重校本」。首有清光緒八年重印啟、清同治十年（1871）三月應寶時《同治上海縣志序》、同治十年九月涂宗瀛《同治上海縣志序》、凡例、纂修銜名、目錄、圖說（古上海縣全境圖、今上海縣全境圖、上海縣南境水道圖、上海縣北境水道圖、上海浦東鄉保區圖圖、上海浦西鄉保區圖圖、上海縣城圖、上海縣城內外街巷圖、社稷壇圖、新學宮圖、武廟圖、城隍廟圖、道署圖、上海縣署圖、參將署圖、古學宮今敬業書院圖、蕊珠書院圖、龍門書院圖、江南機器局圖）。

此本纂修銜名、目錄葉有錯裝。

七、〔民國〕上海縣續志

（一）民國刻本上海縣續志　807.2 / 27：1

〔民國〕《上海縣續志》三十卷首一卷末一卷，吳馨、洪錫範修，姚文楠等纂。民國七年（1918）上海文廟南園志局刻本。10 冊，存卷（卷首、卷一至二十五）。白口，四周雙邊，單魚尾。版心上鐫「上海縣續志」，中鐫卷次，下鐫頁碼。書高 23.9 釐米，寬 15.2 釐米，框高 18.6 釐米，寬 12.8 釐米。首有民國七年五月沈寶昌《上海縣續志序》、民國七年八月洪錫範《上海縣續志弁言》、民國七年五月吳馨《上海縣續志序》、題名、目錄例言、圖說（元以前沿革圖、元以後沿革圖、縣境總圖、縣境分圖、城廂分鋪圖、租界略圖、淞浦源委暨江海分關合圖、水道分圖）、敘錄，末有民國七年八月姚文楠《上海縣續志跋》。

吳馨（1873～1919），號畹九，晚號懷疚，上海人，1911 年任上海縣民政長。洪錫範（1878～1922），字伯言，江蘇太倉人，1914 年任上海縣知事，後調任浙江鎮海縣縣長。修《鎮海縣志》。姚文楠（1857～1934），字子讓，嘉定南翔人，清優貢生，授舉人，曾任上海市議會議長。

沈寶昌序曰：「上海縣志創於明洪武，而修於清嘉慶，至同治辛未，重事編輯，迄今又四十餘年矣。時久事積，縣議會諸君慮文獻之散佚，議搜採而排比之，設局攬賢，分門編纂，推李君右之董其事，而以姚君子讓為總纂，最後復經王先生耘雲點定而集其成。合群策群方，閱三載全書甫竣。夫邑之有志，猶國之有史，所以考沿革、明制度、辨得失，將求其有切於實用，而非以虛詞示觀美也。文化治術之升降，隨代為轉移，雖僻壤小邑，不誘於外，其政

治無數十年不易者。上海介四通八鶩之交，海禁大開，輪軌輻輳，竟成為中國第一繁盛商埠。邇來世變迭起，重以滄桑，由同治視嘉慶時，其見聞異矣，由今日視同治時，其見聞尤異矣。更閱數十年，人心風俗之變幻，必且倍甚於今日，殆未易執陳編而為之治乎？曰：是。不然，孔子曰『殷因於夏禮，所損益可知也；周因於殷禮，所損益可知也』，《記》曰『其不可得變革者則有矣，親親也，尊尊也，長長也，男女有別』，此其所不可得與民變革者也。因時為制者，法也。歷世不易者，理也。理無法不行，法無理不立。僻邑之民多樸，過樸則不免於陋，是宜進之以文。通域之民多智，恃智則或鄰於浮，是宜約之以禮。上海之開通甲於天下，治於文不若治以禮。諸君當革故鼎新之時，而網羅舊聞，舉佚文遺獻，而疏存之，以備後來之考鏡，其亦念及變故相仍，惟禮始可以維持人心風俗，憬然於自古在昔先民有作之盛乎？若徒稱其體例精嚴，敘事簡當，猶淺之乎視此書也。然觀太史公書，上述虞、夏、商、周，多襲六藝之舊文，自秦漢之際逮漢，百餘年間，紀載無遺，成一家之言。今是書因舊志之例，踵同治十年之後至民國成立以前，賡續修纂，遠因而近創，是其為例亦有合於遷史。余既深佩諸君精心毅力，得以樂觀厥成，而重夫治理之無間於今昔也。書其意，以質知言之君子。中華民國七年五月一日，知上海縣事紹興沈寶昌序。」

洪錫範弁言曰：「《上海縣志》創於明洪武間顧或，成於宏治間郭經，終明之世，重修者再。清代則康熙、乾隆、嘉慶三朝重修者四。道光、咸豐間，東南多故，未遑斯事。同治初，削平大亂，邑士大夫蒐討文獻，乃有《同治上海縣志》。今距同治又數十年矣。夫上海特濱海一小縣耳，而在明已為防倭重鎮，在清又為互市巨埠，筦樞南北，轉輸江海，交通貫於全球，聚族及於百國。京邑省郡或且遜之，固風會之所趨，亦其地勢利便之所致也。此近數十年中外交涉之繁頤，租界地址之擴充，水陸形勢之變動，一切法制之興革，風尚之遷流，既月異而歲不同。又自民國初建，百端改造，而紀載疏闊，無以信後，君子懼之。邑人吳先生畹九於元年知縣事，先其所急，即議續修邑志，廣羅群彥，起例發凡，延姚先生子讓為主纂，剋期編集。時錫範方承乏太倉，從諸父老後，亦汲汲於重修邑志，與吳君用意正同。會吳君乞退省，命錫範相代，乃益纘吳君志，與諸君子晨夕搜討，復延王先生耜雲總其成。逮錫範再調鎮海之次年，而上海志告竣，太倉志繼之，不可謂非盛事也，而先後歷七年矣。上海志之繁難，倍徙太倉。目錄之增於舊者逾三分之二，尤以建置、

學校二門為多。鼇然各當，信而有徵，不知者曰為上海一邑沿革掌故之徵考而已，其知者曰以上海一邑之關係，動與全國相消息。是志也，將以驗政教，覘世變，而其適合於時勢之應用，則當在明清諸志之上，更無論於他邑也。諸君子之心之力，亦可謂勤且盡矣。抑錫範竊聞東西列國方志之書，至詳極備，雖一寺一墓一遊觀之所，靡不罄述歷史，圖繪精到，為用彌廣，為益彌鉅，而吾國一縣之志，或有歲久弗續，求而不可得者，其弊也地視邑乘為私家著述，名世之一而不以為當世切實有用之書，斤斤於章節字句之優劣，而事實之疏舛、圖說之模糊，轉非所計。以是藏之者鮮，而傳之者不遠，且文學之士既不易覯，歷時愈久，用費愈增，其為之也乃愈難，蓋比比然也。錫範不敏，謂此事當責之地方自治，或學務機關，定常費，立常程，月討論之，歲潤色之，時以編入教課書，使家喻戶曉，不出十年，中國方志之書燦然而大備，秩然而常昭，以較往昔之艱困勞費，意必有異矣。以諸君子之屬為弁言，因書其大略，而附貢所見如此，願與海內賢士大夫一商榷之也。中華民國七年八月，太倉洪錫範伯言甫謹譔。」

　　吳馨序曰：「續修《上海縣志》，發端於民國元二年，議、參兩會之議決案斷，自同治十年以後，迄宣統三年，以完全結束一代之文獻，經籌備採訪、編纂修潤、校繕剞劂，種種手續，凡六易寒署而書成。受而讀之，分門二十，悉踵前志，而子目增益凡二十有四，圖繪清礭，體例分明，亦既應有盡有，足補前志所未備。瀏覽既竟，適全邑實測地圖同時將付石印，乃慨然有感而為之敍曰：地方事業，譬之一身。土地人民，其軀幹也；志乘圖表，其耳目之官也。鑒往而知來，言近而指遠，因勢利導，足以輔翼其軀幹，以發育種種之官能，於以調和其氣血，則水陸之交通尚焉；淬厲其精神，則社會之教育急焉。然後實業振興，若肌肉之有所坿麗；慈善救濟，若髮膚之不敢毀傷。能如是，則軀幹堅強，即置之烈風雷雨之下，驚濤駭浪之中，而無所懼。苟非然者，虛有其表，而神氣委頓，形體羸弱，雖耳目備具，其能利用之耶？上邑居江海之衝，開埠以來，時勢之變遷日亟，即此四十年中，水陸形勝，政教風俗，以及工商百貨等等，屢變不一變。《續志》所載，僅及大凡，而與前志不同者已若是。循此以往，再閱若干年，其遞嬗之速率，復當如何？吾滬民進步之程限，果足以相赴否？鄭志不云乎：工不出鄉，商不越燕齊荊楚。男女耕織，內外有事。今試問工商業之運輸出境者幾何？不耕而食、不織而衣者幾何？嘉慶志又云：士文而近浮，農惰而近野，民貧而商富，中不足而外有餘，城市慕

蘇揚之餘風，而鄉頗儌，目前斐然可觀，而力實不能長世以持久。今試問士
農之習果改進否？奢靡之風果在蘇揚下否？生活程度日以高，而地方事業乏
平均發育之力，邦人君子能無滋懼？後之視今，亦猶今之視昔，質諸讀者，
其後先感想同異又何如？人莫不自愛其身，養一指失肩背，當非所願願。滬
濱片壤，負先進之虛譽，處競爭之漩渦，時措適宜發揮而光大之，或推或挽，
匹夫有責，其將以是書為先導也夫。中華民國七年五月，前知上海縣事邑人
吳馨謹序。」

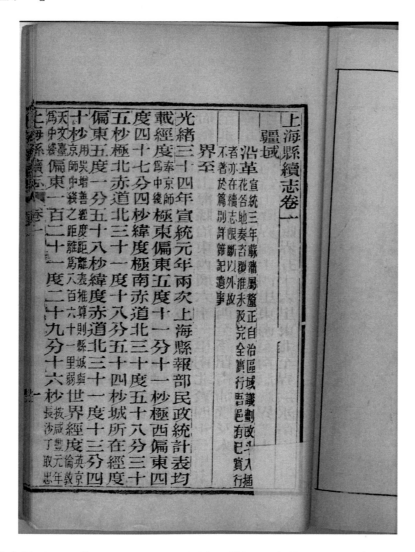

　　姚文楠跋曰：「是書為同治志之續。其門目次第，以同治志之體例為體
例，其對於同治志補遺、考證，則以《松江府續志》之體例為體例，故未嘗自

立體例也。顧既以同治志之體例為體例，而便民石路，同治志附載水道門之橋梁者，是書乃列入建置門之街巷；常平等倉，同治志載田賦門之積儲者，是書乃移入建置門之倉庾，豈非自亂其例？既以府續志之體例為體例，而各門考證，府續志分隸於每子目之後者，是書則總附於每門或每卷之末，又豈非自亂其例？且總編纂者既以體裁之劃一、脈絡之貫通為職志，而建置門排列次序，略依年代，古蹟門祠墓則以圖保，是體裁未能劃一也。水道治續注，莊家溝，同治三年成案，三林塘，嘉慶七年大濬，皆不見於同治志，亦未見於是書補遺，是脈絡未能貫通也。其謂之何？按同治志，街巷以城廂為限，不及四鄉，是書所載，北出寶山縣境，西抵青浦縣境，四鄉石路當然併入，蓋路政擴張，今非昔比，趨勢使然，非得已也。倉屋之與積穀，昔合今離，雖載筆者各取便利，亦事實使然。此皆言各有當，非有得失。府續志考證連篇累牘，隔斷正文，讀者苦其不便，故稍變通之。宗祠冢墓，年代確鑿者，十僅三四，其餘六七，豈能意為先後？張君與余商榷再四，終無善策，乃用變例。冢墓補遺亦因難以年斷，故專採見於舊志者。莊家溝、三林塘注語質之秦君，謂據縣卷而本末弗具，故未能採入補遺。凡茲種種，聊復觀縷，以見當時固嘗審慎推敲，非苟焉而已。若所謂自亂其例，所謂未能劃一、未能貫通者，豈得以此解免？躬不逮言之恥，不欲自掩，庶幾人皆見之耳。抑又思之，修志最重事實，而體例次之，文詞又次之。是書注意事實，求詳求確，然書成檢點，覺抱憾於不及採者已多，其苦於不自知者當更不少。後之君子繼陸《修例》、秦《札記》而起，匡捄裨益之，非獨是書之幸，抑亦我編纂同人所禱祀以求者也。此次修志，參考舊志，獨未見鄭志、范志。憶余弱齡，館太年丈賈季超先生家，曾見案頭有有鄭志，僅四薄本，惜當時未知注意。今先生之孫叔香聞余言，遍檢家中舊籍，已不可得。葉君醴雯之來閱志稿也，攜幼子企孫以俱。企孫語余，疆域宜載雨量。余念此須積年測候，豈能迫意漫應之？後見農商部刊行公報，載有《中國之雨量》一篇，云係上海徐家匯天文臺出版，西教士路易佛和所著，民國二年江寧陸安所譯者。其所載基礎測候所，沿江沿海，應有盡有，而以余匯氣象臺居首，所記雨量西曆千九百年起，千九百十年止，即光緒二十六年至宣統二年，凡十一年，恰在是書限斷以內，乃自媿曩者之孤陋也。卷首各圖之修正，在撤局以後，余獨任校勘。其水名與水道門所載歧異者、路名與建置門所載歧異者，雖已多所改正，仍有未盡。其《淞浦源委江海分關》一圖，屢易稿，不稱意。余兄子明輝自鄂歸，改為之，

稿始定，故是圖付印最後。凡茲種種，拉雜記之，聊諗讀者，且志吾過。七年八月，姚文楠謹跋。」

是志沿〔同治〕《上海縣志》之體例，而所作補遺考證，則依〔光緒〕《松江府續志》之體例，有十八門，九十三目。瞿宣穎謂：「是書之善蓋有三焉。圖繪詳明並據舊志補沿革圖，蓋姚氏兄子明輝長於輿地之學故。一也。雖一以同治志為依歸，而仍不乏訂證之處，是仿《松江府續志》之例。二也。卷末敘錄載修志始末甚詳。三也。惟卷三十引姚氏《紀事編》歷年物價而不能詳列一表為可惜。其他應增之事皆因舊例所無不克備載，亦勢所必至也。」〔註20〕卷一疆域，有沿革、界至、形勝、鄉保、鎮市、風俗、歲時、占驗、方言九目；卷二至三建置，有城池、萬壽宮（增）、衙署、街巷、坊表、倉庾、海關、各局（增）、善堂、救火會（增）、醫院（增）、水電（增）、農會商會（增）、會館公所（增）、義冢（增）十五目；卷四至五水道，有江、浦、支水、堰閘、塘、橋樑、津渡、馬頭（增）治績九目；卷六至七田賦，有恩蠲、戶口、田畝、賦額、雜稅、釐捐（增）、蘆課、漕運、海運、積儲十目；卷八物產；卷九至十一學校、勸學所（增）、書院、義學、初等小學堂（增）、兩等小學堂（增）、高等小學堂（增）、中等以上學堂（增）、女學堂暨幼稚舍（增）、西國教會各學堂（增）、學會（增）十一目；卷十二祠祀，有秩祀、私祀二目；卷十三兵防，有兵制、營署、軍裝、營汛、郵鋪、漁團（增）、警察（增）、商團（增）、兵事九目；卷十四職官表，有駐縣統轄官、縣屬各官、教職、會審員（增）四目；卷十五名宦；卷十六至十七選舉表，有科第、貢生、畢業生科第（增）、武科、辟薦、封贈、錄廕、例仕八目；卷十八至十九人物；卷二十藝術；卷二十一遊寓；卷二十二之二十五列女；卷二十六藝文；卷二十七名蹟，有古蹟、第宅園林、宗祠（增）、冢墓四目；卷二十八至三十雜記，有祥異、寺觀、教堂、僧道、遺事五目。

是志斷限，起同治十年（1871），迄宣統三年（1911）。

《中國地方志聯合目錄》、《中國地方志總目提要》著錄，《中國古籍總目》著錄，《上海地方志簡目》、《上海方志資料考錄》、《上海方志提要》、《上海方志通考》著錄。

有《中國方志叢書》影印本，成文出版社，1970年出版。有陳正青點校本，收入《上海府縣舊志叢書·上海縣卷》，上海古籍出版社，2015年出版。

〔註20〕瞿宣穎：《方志考稿》甲集第六編，第31～32頁。

除上海博物館圖書館外，中國國家圖書館、中國民族圖書館、上海圖書館、南京圖書館、安徽圖書館、蘇州圖書館、嘉興市圖書館、北京大學圖書館、清華大學圖書館、復旦大學圖書館、華東師範大學圖書館、南京大學圖書館、南開大學圖書館、中國國家博物館、中國科學院圖書館、南京博物院、安徽博物院、上海辭書出版社、臺北圖書館、「中研院」史語所圖書館、臺北故宮博物院圖書館、孫中山紀念圖書館、日本國會圖書館、東洋文庫、東京大學東洋文化研究所、一橋大學圖書館、美國國會圖書館、耶魯大學圖書館、哥倫比亞大學圖書館等多家公藏機構收藏。

第四節　崇明縣縣志

崇明，楊吳天祚三年（937）始置鎮。後周顯德五年（958）廢，北宋初恢復，屬海門縣。元至元十四年（1277），升鎮為州，隸揚州路。明洪武二年（1369），降州為縣，仍隸揚州路。洪武八年（1375），改隸蘇州府。清雍正二年（1724），改隸太倉州。

為崇明作志，始於元至元年間。時任知州薛文虎倡修〔至元〕《崇明州志》，今已佚。其後，元至正八年（1348）至十四年（1354），知州程世昌以前志「散漫疏略」，請州之文士朱暐、朱禎續修州志，即〔至正〕《崇明州志》。今此志亦佚，僅存張士堅序。現存最早的崇明方志是陳文修、黃章等纂的〔正德〕《崇明縣重修志》十卷，明正德九年（1514）刻本，計四十二目，二十二附目，「詳而不泛，簡而不陋」。此後崇明修志日繁，有張世臣修、陳宇俊等纂〔萬曆〕《新修崇明縣志》十卷，明萬曆三十二年（1604）刻本；朱衣點修、黃國彝等纂〔康熙〕《崇明縣志》四十卷，清康熙二十三年（1684）刻本；張文英修、沈龍翔纂〔雍正〕《崇明縣志》二十卷首一卷，清雍正五年（1727）刻本；趙廷健修、韓彥曾等纂〔乾隆〕《崇明縣志》，清乾隆二十五年（1760）刻本；林達泉和譚泰來修、李聯琇和黃清憲等纂〔光緒〕《崇明縣志》十八卷，清光緒七年（1881）刻本；曹炳麟纂修〔民國〕《崇明縣志》十八卷，民國十三年（1924）稿本，民國十九年（1930）刻本，又有1960年上海古籍書店重印本。此外還有咎元愷編《崇明鄉土志略》不分卷，民國十三年（1924）石印本。

上海博物館圖書館藏崇明縣志二種二部：〔光緒〕《崇明縣志》一部，〔民國〕《崇明縣志》一部。

一、〔光緒〕崇明縣志

（一）清光緒刻本崇明縣志　　807.2 / 238

　　〔光緒〕《崇明縣志》十八卷，清林達泉、譚泰來修，李聯琇、黃清憲等纂。清光緒七年（1881）刻本。11 冊，存十七卷（卷一至十、十二至十八）。

半葉 12 行，行 23 字，小字雙行同。白口，四周雙邊，單魚尾。版心上鐫「崇明縣志」，中鐫卷次及卷名，下鐫頁碼。書高 26.6 釐米，寬 15.3 釐米，框高 17.8 釐米，寬 12.4 釐米。有牌記「光緒七年鐫／崇明縣志」。首有林達泉《序》、譚泰來《序》、清光緒二年（1876）九月曹文煥《序》、光緒六年（1880）九月顧霄漢《序》、光緒六年九月陶清安《序》、光緒二年李聯琇《序》、光緒六年秋黃清憲《序》。末卷志原錄舊序（元至正十一年〔1351〕正月張士堅至正州志《序》，明正統九年〔1444〕張慶正統縣志《序》、正統九年七月陳梗用《序》、正統九年六月季箎《序》，明嘉靖四十年〔1561〕五月邢國士嘉靖縣志《序》，明萬曆三十二年〔1604〕十月管志道《序》，清康熙十年〔1671〕七月黃祊緒順治縣志稿《序》，清康熙二十年〔1681〕八月朱衣點康熙縣志《序》，清雍正五年〔1727〕七月陳天培雍正縣志《序》、雍正五年張文英《序》、雍正五年葉長揚《序》、雍正五年沈龍翔《序》，清乾隆二十五年〔1760〕五月韓彥曾乾隆縣志《序》、乾隆二十五年八月趙廷健《序》），末有李聯琇識。

林達泉（1829～1878），字海岩，廣東大埔人。舉人，清同治九年（1870）任崇明知縣，官至臺北知府，贈太僕寺卿。著有《海岩文集》，未梓。譚泰來，字少柳，江西南豐人，清同治十一年（1872）任崇明知縣，後擢常州、鎮江、蘇州等府知府。李聯琇（1820～1878），字季瑩，號小湖，江西臨川人。清道光二十五年（1845）進士，歷官福建學政、大理寺卿等。同治四年（1865）起，先後主講於鍾山書院、惜陰書院。著有《采風札記》、《臨川答問》、《好雲樓初集》、《好雲樓二集》等。黃清憲（1829～1905），字德卿，歲貢生，崇明人。著《半弓居文集》。

林達泉序曰：「自夏有《禹貢》，周有職方氏，而後世郡縣於是乎有志。自元至元間，州大夫採拾崇地故實，勒為成書，而崇明於是乎有志。天下郡縣志之修輯，類不過三數十年，以其變遷多而湮沒易也。崇明介江海之交，孤懸巨浸中，波浪吞吐，魚龍出沒，風潮侵溢，滄桑倏忽。其疆域之廣袤、田制之沿革、政治之得失、風俗之盛衰、城郭建置之興廢、水利兵防之事類、人物古蹟之留遺，變遷視他邑尤多，湮沒視他邑尤易，則其邑志固尤宜視他邑而及時修輯也。歲庚午冬十二月，予承乏崇邑。既下車，邑人士黃君德卿、李君丹崖以重修崇邑志書見商，蓋舊志之修，距今已百有二十餘年矣。何其失修之久哉？予以使車初至，吏事百未舉一，姑少待之。越數月，李君已至滬上辦理輿圖局務，遂延黃君主局事，并任以補改舊書、纂輯新志之役，又廣

延邑中人士共襄採訪分修之職，設局邑之同仁堂。未二月，予奉調卸，乃以志事屬後任譚君少柳。閱一年，予奉制軍命，至上海清查製造局。適黃君亦在滬，出其所擬志稿見質。予披而覽之，蓋已得十之七八，體例嚴而事實備，疆域之廣袤已瞭如也，田制之沿革已昭然也，政治之得失已備具也，風俗之盛衰已畢見也，城郭、建置、水利、兵防、人物、古蹟之不一，其類已條例之而件繫之也。變遷雖多，而能舉其變遷也；湮沒雖易，而能搜其湮沒也。黃君可謂不負予之所舉也矣。其後，予刺東海，旋守臺陽，去崇益遠，崇邑志事遂不復相聞。今年秋，得崇邑宰曹使君書，以崇志將付梓，請序於予。予於是感曹君與崇之人士能不忘予創始之人，不遠數千里寓書見告，而又竊歎予未任其勞而幸與其成也。因為溯原於志之所由始，而道予所與聞於崇志者如此，而為之序。特授福建臺北知府、前署崇明縣事粵東林達泉撰。」

　　譚泰來序：「歲在辛未冬十一月，予捧檄權崇明縣篆。既下車，前縣宰嶺南林君海巖以邑中兩大事相屬：一城垣，一志乘。予受而志之。比明年春三月，邑中諸宜興革事均略有部署，乃進邑人士董築城垣，予時一往視之，即復思興修志乘。顧城垣之築，林君已籌經費，而修志之費則未有所出。予乃倡捐錢三百千，以為局用。時林君久赴省，聞予之捐廉也，亦捐錢如全數。延林君原舉廩生黃清憲、增生李鳳苞司局事，并廣延士紳共襄分修採飭之役。既而李子以總辦中西輿圖事赴滬上，局事惟黃子一人實任之。及夏秋間，公牘私書之足以資考訂者漸以集，軼事遺聞之足以廣採摘者漸以備，而樂輸之款與罰鍰之入足以充修書費者亦漸以敷用。予於是為上告各大府以重其事，為函聘大理寺吾鄉李小湖先生、孝廉方正太倉葉涵溪先生為總纂，以慎其成。蓋崇邑百有二十餘年未修之志，至是而可望有成矣。迄歲暮，予奉調卸篆，黃子以其所擬志稿見質，蓋補改舊志已早竣，而新志亦得十之七八。予竊歎林君之舉黃子為得其人，而尤自幸可以不負林君之所屬也。又明年夏，黃子以事來省，為予言志稿已差備，所未竣者節孝、輿圖兩類，已得同局諸人續成之矣。予為歡應者久之。自是以後，予一赴京師，兩至江北，公事繁雜，不得一日安。黃子既久不見，而崇邑事亦遂不復稔聞。今年秋，予攝丹徒縣事，得崇邑宰皖江曹君變卿書，以崇志將付剞劂，不忘始事之人，來徵序於予。予又嘆曹君與崇邑人士之能不負予志，以成予不負林君之屬，而又歡黃子之得不虛，其所辛苦，以樂觀是書之成也。因為溯其顛末而序之如左。陞用府即補同知直隸州、前署崇明縣事江右譚泰來撰。」

曹文煥序：「縣官曰知縣，宜周知一縣事，然物勝而權殆也，務繁而照窮也，事事而筆之，非其緣始也，人人而諮之，或告或不告也。告或非實，或其略也。賈生曰：『不習為吏，視已成事。』語曰：『前事之不忘，後事之師也。』朱子知南康軍，下車即先閱志。志之不容置不閱也。即志之不容曠不修也。穀梁子曰：『立乎定、哀，以指隱、桓，隱、桓之日遠矣。』故夏五傳疑，在所傳聞之世，而不在所見、所聞之世也。若志之曠不修，則凡城堤溝洫之役、戶口年穀之數、山川邊隘之汛、科目藝文之錄，在志後者舉芒忽不可稽，惟見於志者信焉，何異譜系能數親盡之祖而高曾來轉忘之也？矧夫蒞斯土者，在官之頌，庸知其非諂諛也？籍斯土者，及身之譽，庸知其非標榜也？必遲之久而後論定焉。乃遲之又久，而將就湮焉。廳壁題名，墓門表行，無良俀一也。且學問事功之彰彰耳目者，百年後猶稱道之，而碩產名臣，邑有幾也？其他志士幽芳、節蘗苦操，不以時籍記，任與草木同腐，可嗟也，斯志之不容曠不修也。然而修之非其人，則蒐皆闕，編次舛，經制昧，事實乖，庸愈於不修，抑反誤於修也。余令崇明有年矣，同治末重修縣志，以志纂難得其人，僉議延請李季瑩廷尉。廷尉方掌教金陵鍾山書院，余晉省時造謁敦聘，遂肯來遊崇明，與志局士紳面商凡例，留十日而去。於是黃德卿茂才成初稿，繼而龔新田、施雪樵兩孝廉復少增益其稿，郵貿廷尉，以待削成。今春，余赴部，引見攝縣事者顧君冠卿。比余南返，僑寓蘇垣，廷尉以志見繳，深以編訂延久為歉。夫修志難易，視修之者，錄舊而承訛，增新而失要，雖數月竣，務猶舒也。遄蒐以哀散，精勘以剖疑，雖三載課功，猶勉焉。茲志凡一十八卷，文直事覈清規雅裁，於舊志之是非，部居別白，不少寬假，非廷尉援據之確，士紳未必校書如仇；非士紳編葺之勤，廷尉亦何從向壁虛造？若余，則梓人之不斲而書名者，何其倖也？而烏容置不閱也。閱之，庶幾彰往察來，求合夫民情土俗之所宜，以治舊封，若仰衡石而操表畷也。光緒二年丙子九月，誥授朝議大夫、知府、用正任崇明縣知縣加五級紀錄十次太湖曹文煥撰。」

顧霄漢序：「崇志失修百二十餘年矣，其間政治、風俗、土田、人物變易不可考者，指不勝數。歲庚午，前宰海巖林君始議重修，議成而未果。少柳譚君繼之，乃克舉行曠典。專筆削者，惟黃茂才德卿一人，補舊續新。年餘，稿初就，邑人龔君新田、施君雪樵復增益其稿。時邑宰變卿曹君延京李小湖先生為總纂，以志稿郵質，三年書成。適余忝攝縣事，見志稿尚未就刊，深以延

久為歉，擬籌款付梓，而余旋卸篆，曹君復蒞斯土，倏忽未及議此。繼任子佩吳君因志中舛錯不少，一時不及釐訂，至小湖鄧君治崇，乃復延黃茂才重加校勘，閱三月餘，事竣，時庚辰秋七月也。余又捧檄蒞崇，即將是書詳閱一過，見其中條例詳密，法制完備，大合史家體裁，因略加修損，與各紳富商定梓費，付手民氏。余因以嘆是書之成，非茂才苦心刪訂，百餘歲之事莫述矣；非邑紳快意輸將，諸邑宰之議俱贅矣。余不敏，不過籌剞劂之費，以樂觀厥成，何敢自以為己力而贅言簡端乎？亦誌其始末如此爾。光緒六年秋九月，知崇明縣事會稽顧霄漢撰。」

陶清安序曰：「嘗讀《桃花源記》，想見其茂林芳草、良田美池，於山環水繞之中，別開天地，竊以此境非人間所恒有也。吾於崇邑，大有異焉。長江大海之交，天特造此奇境，雞犬相聞，桑麻遍野，織紡為生，衣冠古處，輪軸往來，不間華夷，唐宋元明，漸開聲教，江浙蜀楚，以為屏藩。宇宙奇境，當無有勝於斯者，與靖節先生之所謂桃花源，殆有勝焉。予暫權斯篆，才愧操刀。下車之始，適值志書告成，邑人士以撰序請。因思縣之有志，猶國之有史，一切風俗、人情、天文、輿地，與夫忠孝廉節，政治文章之可垂諸百世而不能忘者，皆於是乎在。不揣疏陋，特贅數語，使後之讀志者念巖疆之緊要，則保障不容或疏；撫戶口之殷繁，則教養不容或忽，將見風物人文蒸蒸日上，固不徒洪波巨浸，沃日吞雲，謂東海瀛洲，足誇奇勝於寰區云爾。賜進士出身、同知銜知崇明縣事滇南陶清安撰。」

李聯琇序曰：「嘗論乙部之有方志，原本史體，然不敢自居史裁，必概繩以《春秋》謹嚴之例，則郡縣之天下異於古者封建之國，其修史得專筆削，而非各以其文備要刪也。是故志例宜寬於史，即志文宜詳於史，而尤宜詳者縣志。縣所志者，府、州志皆去留半焉；府、州所志者，省志又去留半焉；省所志者，一統志又去留半焉。至於會典綜政教之大凡，國史登治行之尤著，其有繫一邑者僅矣。今自府、州志以上，刊縣志之蕪濫者何限，而補縣志之闕遺者罕聞。嚮使族師、閭胥亦如鄉老、鄉大夫，考其德行、道藝，則凡孝悌睦婣有學者，敬敏任恤者，將奚自書焉？武功康志、朝邑韓志之不近人情，轉以高簡致浮譽，而無裨文獻，卒為志家所訾。且夫《會稽土地》、《臨海水土》、《冀州圖經》、《宜都山川》，於人物不兼品藻，《三輔決錄》、《陳留風俗》、《楚國先賢》、《襄陽耆舊》，於疆索不更指陳，而後之作志者必合二者成書，其繁重非專門可比。故以地道圖，則形勝興廢，邊腹沖僻之靡不詮也；以

觀地事，則民食利病經，入畛數之罔弗臚也；以知地俗，則德藝大小，文通武達之皆欲攬也。夫豈容土苴一切，以公家積牘、私家雜撰為蒐瑣不足道，而矯語子長、孟堅之閎裁，僭附涑水、紫陽之大義哉？余學識愚淺，謬承崇明尹曹君爕卿延修縣志。是議創於前署任林君海巖，繼之者譚君少柳，主議延予總纂，而曹君受代，遂來金陵見招。時余主講鍾山書院也，迨邑人士稿本具備，於同治癸酉冬杪寄商，余臥疴未能勤事編纂，荏苒三載，然後報命，何其久也？抑實有難焉。志之不修，自乾隆迄今百二十餘年矣。崇明介江海之交，由鎮而場，而州，而縣，由隸通州而揚州路，而蘇州府，而太倉州，五遷奠宅，四里建垣，五等量土，六則制賦。他邑沿革僅壤地之析併，非滄桑之變更，而崇明一沙港一灘塗，往往日新月異，莫能據舊志以書。局友隔海不相聞，所欲彌縫於稿本中及推闡於稿本外者，無崇明土斷可問。況書一日未告成，事一日未截止，則徵今也難。往者黃雪筠謂劉稿待商，沈寄廬詆朱志失實，宋斐成作張志辨誣，張敬謀為趙志補正，豈崇明人多後言歟？抑崇明志固尠善本也？夫前志之失，後志之責也。為之更條目，順義例，酌辭斟句，補漏訂訛，有待於印證群書，實事求是，匪直續舊添新而已，則討古也難。夫必為是徵討之難者，何哉曰惟其有要也，惟其確也。而確與有要之難，惟求詳焉故也。雖然，求詳者殫吾三載之思慮求詳，前未能詳者，限於一人之見聞。今編成循覽，覺抱憾於不及采者多矣，而貽誤於不自知者恐又不少矣。江文通云：『作史莫難於志。』余甫試手偏隅之籍，即從此知難而退矣。光緒二年丙子九月，誥授通議大夫、賜進士出身、翰林院編修、大理寺卿加十級隨帶加五級臨川李聯琇撰。」

黃清憲序曰：「清憲不敏，少習舉業，疏於問學。比年二十餘，始稍稍泛覽史籍，及諸子百氏、天文、地志、曆算之書，然亦旋得旋失，無所於長。歲庚午，粵東林侯海巖先生來治吾邑，為清憲友李君丹厓素識。時邑志久未修輯，李君謬以清憲為能任是役，言於林侯。侯不虞其不敏，延清憲與商修志事例，議甫定，侯罷去。江右譚侯少柳先生繼任，開館延賓，命清憲纂輯志稿，並司局務。辭不獲，乃竭其駑鈍之力，悉心搜輯。閱一年有半，稿成，補舊纂新，事增於舊而文少於前，蓋依據章實齋《文史通義》中所言修志義法，而又本《四庫全書提要》中所論自宋以來地理志得失，以為從違者也。其後清憲赴滬上，為丁中丞雨生先生修改《地球圖說》。譚侯亦罷去，皖江曹侯爕卿先生來代，鄉先達龔新田、施雪樵兩孝廉以清憲所收人物太嚴，復增小

傳百餘首，就正京卿江右李小湖先生。越三年書成，時清憲纂修桐鄉志書也。又三年，西蜀鄧侯小湖先生宰吾邑，覆命清憲校勘其書，見卷帙倍於清憲稿，而其中義例似多未合，且多錯誤蕪泛之處，於心未安，欲從李先生質證其是非，以折衷至當，而先生歿矣。乃就其稿，自凡例迄志原，力為刪潤，使稍簡核，質諸今邑侯浙東顧冠卿先生，付剞劂氏。若夫所增之小傳，則不復能刪汰云。光緒六年秋，邑人黃清憲序。」

李聯琇識曰：「臨川李氏曰：同治十年辛未，林海巖太守達泉攝篆崇明，邑人黃德卿清憲、李丹崖鳳苞兩茂才有修志之請。議甫成，而林君以調去，譚少柳司馬泰來繼任，開館興修。黃君獨任其勞，不支廩俸，屬成全稿。且議延余主纂，及鎮洋葉涵溪徵君裕仁同襄其事。時余主講江寧鐘山書院，郵筒未達。越一年，譚君罷。曹燮卿太守文煥蒞崇，乃至會坦見招，聯琇不獲辭，遂以季春航海赴崇，將與葉君會商。到日稍後，葉君已返鎮洋，遺所創凡例於黃君。同局有蔡柳塘兆蓉、張簪階輝祖、黃酉山文淵三明經，馮秀山貳尹泰喬，而李君則在滬未晤。余與諸君子商訂葉例，因索觀歷次舊志。黃君曰：邑迭被潮災，公牘私書多遭淪沒，今存者惟乾隆趙志、雍正張志、康熙朱志而已，外此則早佚矣。時志稿未脫，餘攜舊志返江寧閱之，見趙志卷末附錄舊序，首列《崇明州志》張士堅序，疑與《千頃堂書目》所稱縣志歧出。細繹之，乃悟崇明入明改州為縣，《書目》所謂縣志，蓋即以州志改題，非洪武時更有縣志，而張序中言至元時已有州志，於是按各序署年分清某代某年之志，並由范性志序所述正德志稿，推出志稿為正德時知縣陳文作。若萬曆時陳文未嘗修志，張世臣志序可證，趙志名宦謂其修志未竣，以名同而誤耳。若王恭先志稿則於朱衣點序知之，黃祕緒序舊列朱序後，蓋誤以為序朱志。不思祕緒於康熙六年成進士，旋卒，而朱志成於二十年，距祕緒歿十餘年矣，祕緒為王志作序耳。而於祕緒序及衣點序中，又知王恭先前有劉緯志稿，此後則張文英志及趙志是也。其非官修而亦關志事者，有宋孔傳、張詣兩家，因增入之，而各加標題於其間，別為一卷，本章實齋《文史通義》中所論，名曰志原。時光緒紀元，季瑩李聯琇識。」

是志「踵趙志續修，旁徵群書凡數百種，數年始克成書」〔註21〕，以「續補前志以後百二十餘年史事」〔註22〕，有十三門，五十八目，凡例、圖說不

〔註21〕瞿宣穎：《方志考稿》甲集第六編，第53頁。
〔註22〕金恩輝、胡述兆主編：《中國地方志總目提要》，第9-35頁。

置卷首而列為正文首卷，舊序不置卷首而列為正文末卷。卷一考證、凡例、圖；卷二輿地志，有沿革（附表）、星野（附表）、疆域（附勘案）、山川、河渠（附治績）、沙、古蹟七目；卷三建置志，有城池、官署（附倉廠、郵鋪）、壇廟、學校（附書院、義學）、祠墓（附寺觀園亭）、街巷、坊表、鎮市、津渡、橋樑、壩堤墩、義局（附義冢）十二目；卷四風土志，有風俗（附歲時占驗）、方言、物產三目；卷五祲祥志；卷六賦役志，有戶口、田制（附條議）、丁糧（附解支）、雜稅、里役、採買、蠲賑（附鹽法、海運）七目；卷七武備志，有兵制（附舊軍裝儲崇公糧出息銀）、營汛、兵事三目；卷八職官志，有文職官表、武職官表二目；卷九名宦志，有統轄、牧令、倅貳、教職、將弁五目；卷十選舉表，有文科表、武科表、文摺紳表、武摺紳表四目；卷十一人物志，有人物、方技、寓賢、釋道四目；卷十二至十五列女志；卷十六藝文志；卷十七雜志；卷十八志原。

是志記事至清光緒七年（1881）。

此本每冊封面鈐「陸祖彬印」印。

《中國地方志聯合目錄》、《中國地方志總目提要》著錄，《中國古籍總目》著錄，《上海地方志簡目》、《上海方志資料考錄》、《上海方志提要》、《上海方志通考》著錄。

有馬顥點校本，收入《上海府縣舊志叢書‧崇明縣卷》，上海古籍出版社，2011年出版。

除上海博物館圖書館外，中國國家圖書館、上海圖書館、首都圖書館、南京圖書館、浙江圖書館、天津圖書館、吉林圖書館、遼寧省圖書館、四川圖書館、蘇州圖書館、揚州圖書館、鎮江圖書館、北碚圖書館、北京大學圖書館、北京師範大學圖書館、中央民族大學圖書館、復旦大學圖書館、華東師範大學圖書館、上海師範大學圖書館、南開大學圖書館、山東大學圖書館、江西師範大學圖書館、福建師範大學圖書館、中山大學圖書館、華南師範大學圖書館、廣西師範大學圖書館、雲南大學圖書館、中國科學院圖書館、中國社會科學院考古研究所圖書館、中國國家博物館、故宮博物院圖書館、上海辭書出版社、「中研院」史語所圖書館、日本國會圖書館、東洋文庫、東京大學東洋文化研究所、京都大學人文科學研究所、山口大學圖書館、美國國會圖書館、哥倫比亞大學圖書館、哈佛大學哈佛燕京圖書館等收藏。

二、〔民國〕崇明縣志

（一）1960 年重印本民國崇明縣志　807.2／237

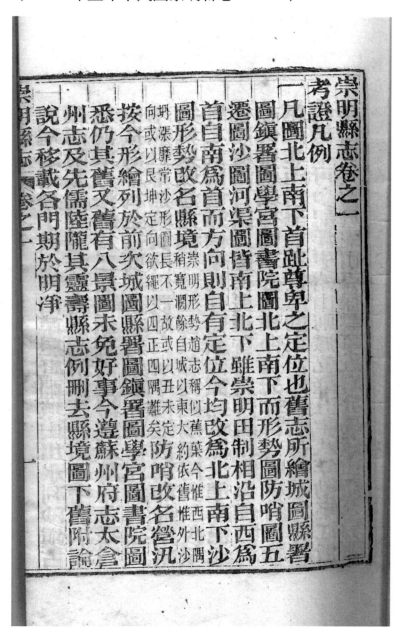

〔民國〕《崇明縣志》十八卷附一卷，王清穆修，曹炳麟纂。1960 年上海古籍書店據民國十五年（1926）刻本重印。12 冊。半葉 12 行，行 23 字，小字雙行同。白口，四周雙邊，單魚尾。版心上鐫「崇明縣志」，中鐫卷次，下

鐫頁碼。書高 26.2 釐米，寬 15.4 釐米，框高 18.6 釐米，寬 12.5 釐米。有牌記「乙未續修，甲子成稿，丙寅開鐫，庚午付印」，又印有「上海古籍書店重印」朱文長方印。首有民國十三年（1924）七月曹炳麟《崇明縣志序》，卷十八志原錄舊序（元至正十一年〔1351〕正月張士堅至正州志《序》，明正統九年〔1444〕張慶正統縣志《序》、正統九年七月陳梗用《序》、正統九年六月季箎《序》，明嘉靖四十年〔1561〕五月邢國士嘉靖縣志《序》，明萬曆三十二年〔1604〕十月管志道《序》，清康熙十年〔1671〕七月黃祕緒順治縣志稿《序》，清康熙二十年〔1681〕八月朱衣點康熙縣志《序》，清雍正五年〔1727〕張文英雍正縣志《序》、雍正五年沈龍翔《序》、雍正五年葉長揚《序》、雍正五年七月陳天培《序》，乾隆二十五年〔1760〕八月趙廷健乾隆縣志《序》、乾隆二十五年〔1760〕五月韓彥曾《序》，清光緒二年〔1876〕九月李聯琇光緒縣志《序》，光緒六年〔1880〕秋黃清憲《序》、林達泉《序》、譚泰來《序》、光緒二年九月曹文煥《序》、光緒六年九月顧霄漢《序》、光緒六年陶清安《序》），末有附編一卷。

王清穆（1860～1941），字希林，號丹揆、農隱老人，崇明人。清光緒十六年（1890）進士，歷官商部右丞、直隸按察使，民國任江蘇財政司司長、太湖水利局督辦等。曹炳麟（1872～1938），字吟秋，號鈍吟，晚號鈍翁、六不居士，崇明人。清光緒二十八年（1902）舉人，光緒三十一年（1905）赴安徽領知縣候補職。1914 年，籌設崇明中學，並任校長。著《說文約文》、《杜詩微》、《鈍盧文集》、《鈍盧詩文續稿》、《六不居聯語》等。

曹炳麟序曰：「郡縣志例於史宜寬，其文宜詳，前人既言之矣。然更數十年一修，每修寬寬且詳焉，則一邑之志皆將汗牛馬、充棟宇，可乎？惟有要焉得其要，則詳焉亦簡，寬焉亦嚴，文不繁而事增，辭不濫而義備，斯亦豈易言哉？吾邑經五遷，志凡八修，其故家遺俗、流風善政，逐洪飆巨浸以淪胥者，既渺焉不復可知，而猶撮拾於流離播蕩之餘，存文獻於什一者，實惟志焉是賴，則志之任，其孰勝之？宣統辛亥之變，國事紛肜，凡百更始，天下從風而靡，政令之歧、賦役之繁、官治民治之弛張、學校選舉之得喪、人心風俗之淳澆，為秦漢二千年來一大乘除。凡先代掌故，無良痈，無利害，一切厭棄之不講。海隅之地，被其影響，亦匪尠矣。抱殘守闕之士，懼杞宋之無徵焉。適有續修《江南通志》之舉，己未仲夏，邑修志議成，謬以不佞能勝其任，督之載筆，賴同人採訪之勤，分纂之勞，閱時六載，削稿始成，是何淹

也？蓋以檔吏汰散，官書之調勘難；故老傳疑，見聞之徵信難。故志之難，非僅體例也，事實徵討不詳備則漏，人物搜采不謹嚴則濫，與受公毀，毋寧私怨。昔德卿黃先生之修前志也，當時頗詆之，惟其過謹焉，或有漏也。然視前志得失較然矣，顧朱志失實，沈寓譏之；張志多誣，宋孔傳辨之；趙志疏略，張詒補之。又豈盡無當哉？夫言之匪艱，行之惟艱，則茲編也，將必有議於後者。果能正其不謹而補其所不備焉，則不勝厚幸也已。甲子孟秋，邑人曹炳麟序。」

是志延光緒邑志體例，以凡例、圖說和志原入正編，「體例完備，內容翔實，輿圖精確」〔註23〕，有十門，六十一目。卷一凡例、圖說；卷二至四地理志，有疆域、形勢、沿革（附表）、暑度、氣候（占驗附）、潮汛、山川、沙狀、村鎮、津渡、橋樑、古蹟（壇廟祠墓附）、風俗（教門附）、方言、物產十五目；卷五河渠志，有水道、水利、堤壩（墩附）三目；卷六至七經政志，有田制、戶口、賦稅、祿餉（雜支附）、鹽法、城池（街巷附）、公署、義局（公田義冢附）、倉廒、賙賑、採買、海塘（公田公費附）十二目；卷八學校志，有學宮（書院、灑掃費、學田均附）、學堂二目；卷九武備志，有兵制、汛地（營產附）、警鋪（警察郵局附）三目；卷十職官志，有名宦、文官表、武官表三目；卷十一至十五人物志，有忠節、孝友、宦績、武功、儒林、文苑、俠義、賢良、隱逸、藝術、釋道、寓賢、選舉表（學堂獎給出身紳宦封贈均附）、列女十四目；卷十六藝文志，有經部、史部、子部、集部、金石五目；卷十七雜事志，有雜事、災異二目；卷十八志原。附編有疆域、田制、賦稅、雜稅、關稅、鹽稅、公署、職官表、交通、實業、海塘、倉廒（附採買）、自治、教育會、商會、農會、地方款產經理處、地方公款、教育局、教育公款、學校、圖書館、善堂（附醫院）、人物、列女、雜志、物異諸目。卷一目錄有「圖說」而正文未見。

是志斷限，起清光緒八年（1882），迄清宣統三年（1911）。民國十九年（1930）刻本卷後有附編一卷，記民國初十五年間事，此重印本無。

《中國地方志聯合目錄》、《中國地方志總目提要》著錄，《中國古籍總目》著錄，《上海地方志簡目》、《上海方志資料考錄》、《上海方志提要》、《上海方志通考》著錄。《中國地方志聯合目錄》著錄此本為「1964年重印本」〔註24〕，

〔註23〕金恩輝、胡述兆主編：《中國地方志總目提要》，第9-35頁。
〔註24〕中國科學院北京天文臺主編：《中國地方志聯合目錄》，第22頁。

不確。

有《中國方志叢書》影印本，成文出版社，1975 年出版；又有《中國地方志集成·上海府縣志輯》影印本，上海書店，1991 年出版。有奚彤雲點校本，收入《上海府縣舊志叢書·崇明縣卷》，上海古籍出版社，2011 年版。

除上海博物館圖書館外，中國民族圖書館、上海圖書館、遼寧省圖書館、南通市圖書館、鄭州市圖書館、南京大學圖書館、蘇州大學圖書館、南開大學圖書館、南京博物院、日本東洋文庫等收藏。是志又有民國十九年（1930）刻本，多家公藏機構收藏。

第五節　青浦縣縣志

青浦，明嘉靖二十一年（1542）置。時析華亭縣西北修竹、華亭二鄉及上海縣西新江、北亭、海隅三鄉，置青浦縣，縣治青龍鎮，隸松江府。嘉靖三十二年（1553）廢縣，明萬曆元年（1573）復置縣，縣治唐行鎮。清雍正二年（1724），以青浦縣東北之北亭、新江二鄉置福泉縣。清乾隆八年（1743），裁福泉縣，復歸青浦縣，隸松江府，屬蘇松太道。清宣統二年（1910），以元和、吳江縣之插花地章練塘劃歸青浦縣。

青浦縣修志，始自明萬曆年間，有卓鈿修、王圻纂〔萬曆〕《青浦縣志》，明萬曆二十五年（1597）刻本。此後，清凡三修，民國凡一修，又有縣志四種：魏球修、諸嗣郢等纂〔康熙〕《青浦縣志》十卷，清康熙八年（1669）刻本；孫鳳鳴修、王昶纂〔乾隆〕《青浦縣志》四十卷，清乾隆五十三年（1788）刻本；汪祖綬等修、熊其英和邱式金纂〔光緒〕《青浦縣志》，清光緒五年（1879）尊經閣刻本；于定等修、金詠榴等纂〔民國〕《青浦縣續志》，民國二十三（1934）刻本。此外，又有雜志一部：葛沖編《青浦鄉土志》不分卷，清稿本。

上海博物館圖書館藏青浦縣志二種五部：〔光緒〕《青浦縣志》三部，〔民國〕《青浦縣續志》二部。

一、〔光緒〕青浦縣志

（一）清光緒刻徐元圃印本青浦縣志　807.2／216

〔光緒〕《青浦縣志》三十卷首二卷末一卷，清汪祖綬等修，熊其英、邱式金纂。清光緒五年（1879）尊經閣刻本，吳郡文藝齋徐元圃刻印。1 函 12

冊。半葉 12 行，行 23 字，小字雙行同。白口，四周雙邊，單魚尾。版心上鐫「青浦縣志」，中鐫卷次及目名，下鐫頁碼。書高 24.5 釐米，寬 15.2 釐米，框高 18.3 釐米，寬 13 釐米。有牌記「光緒己卯鐫，尊經閣藏版」。首有清光緒三年（1877）沈葆楨《青浦縣志序》、光緒三年十月吳元炳《青浦縣志序》、勒方錡《重修青浦縣志序》、光緒三年十月劉瑞芬《重修青浦縣志序》、凡例、銜名、目錄、圖（青浦縣全境圖、青浦縣鄉保鎮汛圖、青浦縣東北境水道圖、青浦縣西南境水道圖、青浦縣治圖、青浦縣署圖、青浦縣學圖、孔宅圖、清溪書院圖、珠溪書院圖、豐備倉圖、蘭筍山圖、鳳凰山圖、庫公山圖、神山圖、薛山圖、鞋山圖、鍾賈山圖、盧山圖、福泉山圖、澱山圖、三泖圖）、巡幸、宸翰。末有舊序（明萬曆二十五年〔1597〕十一月王圻序、清康熙八年〔1662〕韓世琦序、康熙八年盧紘序、諸嗣郢序、清乾隆五十一年〔1786〕十一月閔鶚元序、乾隆五十一年正月王昶序、乾隆五十三年〔1788〕孫鳳鳴序）、敘錄和後序（清光緒三年十二月熊其英《青浦縣志後序》、光緒五年八月馮渭《重修青浦縣志後序》、光緒五年十月吳康壽《重修青浦縣志後序》、光緒五年十一月汪祖綬《重修青浦縣志序》）。

汪祖綬（1829～1886），字漢清，又作岸卿、岸青，安徽盱眙人。清咸豐六年（1856）進士，同治十一年任青浦知縣。著《汪岸卿太史詩稿》等。熊其英（1837～1879），字純叔，一字含齋，江蘇青浦人。歲貢生，候選訓導，官戶部主事。著《熊其英集》。邱式金，字榕生，江蘇青浦人。

沈葆楨序曰：「民之利在田，田之利在水。自來澤國多腴田，然隄防潴泄稍不如法，旱苦乾，水苦潦，膏沃無所用之。青浦厥土肥美，前明特重其賦，民病之。國朝一再議減，農者乃有以自存。兵燹後，旋定安集，賦入猶為東南州縣之冠，則田之利為之，而實深仁厚澤，休養生息為之也。抑水道通塞不常，即田事豐歉無定，以為可恃，將有不可終恃者矣。然則水利之講求，烏可已哉？今吳縣汪君祖綬前宰是邑，奉中丞吳公重修邑志之命，補苴增訂，實費苦心，篇中於田賦、水利反覆三致意焉。蓋以誌我朝寬斂薄征，而望後來者之所從事也，爰喜而為之序。光緒丁丑日南至，兩江總督侯官沈葆楨謹敘。」

吳元炳序曰：「青浦為漢由拳地，明嘉靖二十一年析華亭、上海二縣界置青浦縣。三十二年廢，萬曆元年復置。我朝雍正三年，又析青浦縣置福泉縣，尋省。今縣治在唐行鎮，舊縣在今縣東北三十五里，即古青龍鎮。《吳

志》孫權造青龍戰艦於此，因名。按，松江源出太湖，自崑山流入縣北，東
逕上海，與黃浦江合，又東入吳淞口。西則澱山湖，在治西三十里。南則三
泖、九峰環峙焉。負海枕江，平疇沃野，古稱澤國，得水利居多。宋時鹽
場、酒務，一時稱盛。梅聖俞、林鑑皆嘗撰《青龍鎮志》，今不傳。明王圻始
有《青浦志》八卷，亦散佚不可考。康熙時，知縣魏球修縣志，秉筆者邑進
士諸嗣郢。乾隆時，司寇王述庵續纂。數十年來，未經修輯，兵燹之後，書
籍散亡，搜羅不易。余奉命撫吳，幸值海宇靜謐，民和年豐，急欲網羅散失，
纂修江南通志，飭各府、廳、州、縣採訪編輯。知青浦縣事汪祖綬、署知縣
張庭蘭先後以縣志告成，將付剞劂，乞言於余。竊惟青浦一邑，田賦、水利
為東南之冠，而文章氣節尤卓然可稱，如明徐鴻州先生學主考亭，順治間周
宿來、顧震雉輩出，或招集流亡，墾荒田而給種，或培植士子，設書院以獎
才，激勸將來，流風未艾。覽斯志者，非特文獻之徵而景仰前徽，亦守土者
所宜有事也。余固樂觀其成而為之敘。光緒三年丁丑十月，撫吳使者固始吳
元炳序。」

　　勒方錡序曰：「夫志者，一邑之史也。邑雖小，不可以無志。治斯邑者，
而欲審風土人情以及田賦、兵防、學校諸大端，尤重賴乎有志。青浦為松郡
屬邑，地僻民勤，風俗樸茂，力農務穡，賦稅充足，號稱易治。縣之有志舊
矣。先是，未建縣時，青龍為重鎮，海舶商賈之所叢集，鹽場、酒務宋時極
盛，故梅聖俞、林鑑皆嘗撰述《青龍鎮志》，此則志之最古者。至前明嘉靖間，
始置縣，猶以青龍鎮為縣治，尋廢。復置則在萬曆元年，乃築城，遷治唐行，
即今縣治是也。於是王圻始作《青浦縣志》。國朝康熙時，知縣魏球修之，秉
筆者邑進士諸嗣郢也。文字簡核有法度。後刻本為縣賓客所屬亂，嗣郢深以
為憾。至乾隆四十六年，王述庵司寇重修之，欲汰前所屬者，而未能竟也。今
梅、林二志既不傳，而圻志原本亦求之不可得，加以烽燹之後，典籍散佚，文
獻凋落，歷時愈久，蒐採愈難。此志稿本始自同治九年，歷任不一，類能精心
攷訂，而卷帙浩繁，編纂濡滯，越十年而成於馮君少蘉之手。舊志之善者，如
田賦、水利則因而次續焉，其餘綱目皆參用府志之例，並參各志，擇善而從。
以光緒己卯三月開雕，迄九月告成，而請序於余。余適奉命將巡撫閩邦，去
吳會。因馮君之請，而識數言於簡端，所望後之來宰斯邑者，即志以求為治
之道也。是為序。欽命福建巡撫部院、前江蘇布政使司布政使、護理江蘇巡
撫新建勒方錡撰。」

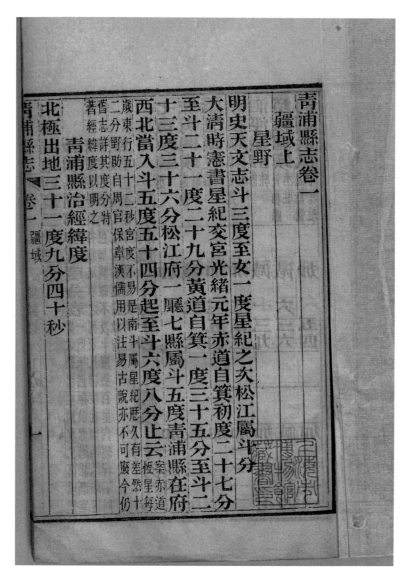

劉瑞芬序曰：「郡邑之志非史也，而與史相表裏。其體例不必全仿乎史，而存紀載之實，參筆削之微，述古信今，俾後之官其土、居其鄉者得所取鑒，以敷政而勵俗，則固非不知史法者之所能為役也。余嘗觀各直省府縣志，大抵好為縟則撫引不根，務為簡則闕軼有間。求其辨物類名、達情論道，足以殫察利疚、頒憲糾俗者蓋鮮。甚矣，志之難也，況修志者。前人雖有成書，將於其善者躡之，而或淪失過半，其不善者藉之，而或牽制多端，且歷年久，則時移事易，有不可悉循故轍之勢，尤非深於史法者不能操簡執筆於其間。故修志之難，與創志等。青浦縣志，權輿於宋梅聖俞、林鑒所撰《青龍鎮志》，

其後明王圻又創為《縣志》八卷，今並佚不傳。所傳者，國朝康熙時知縣魏
球、乾隆時邑人王少司寇昶所修本。魏志出邑進士諸嗣郢手，其書簡核有法，
惜刊本為縣賓客屬亂，嗣郢深以為憾，語見嗣郢序中。迨司寇再修，欲汰前
所屬者，而卒未能盡。閱今將百年未有續纂之者，不但人事代謝，陵谷變遷，
且近寇亂，一切蕩燼幾盡，是其志之有待於修也亟矣，然而難莫甚焉。盱眙
汪君圻卿既宰縣之五年，會大中丞固始吳公將修江南通志，先檄修各郡縣志，
君迺萃士夫之有學行者分司蒐輯，而發凡起例，自總其成。謂志為一邑之史，
宜略具史法，曰筆削，曰才識學。必能削而後能筆，有識而後能運其才與學。
夙夜孜孜，與士夫相商質，自田賦、水利之要，學校、兵防之大，以至倉儲之
營建、官師之治行，人物之蔚起、藝文之著錄，凡舊志之因革損益、新纂之詳
略棄與，壹秉史法，以折其衷，間亦參合府志之例，如卷首列巡幸、宸翰，孔
宅聖蹟立為專卷，忠義、節孝傳後繫表，寺觀、祥異退之雜記之類，皆徵卓
識；而輿圖則依省局，用裴氏法，開方測繪，其精覈尤前所未有。書垂成，君
以量移去，繼之者為山左張君漢臺，緣門類未備，復加參訂，以蕆厥功，並丐
余為序。余因有感焉。自古循吏多用經術潤色治具，彼所謂才且能者，往往
困筐篋矣。然體國經野，整齊風俗，備輶軒之採，以與史宬相表裏，則志乘
者，出治之具之鑒也。顧其為書，或善或否，或傳或不傳，亦若有數存焉。夫
典籍散亡，而好古之士沿流討源，猶慨然思見其初，豈不以其初之善歟？然
若梅聖俞、林鑑、王圻之志，已邈不可復覯，而魏志之屬亂，既非嗣郢所及
料，至王司寇以一代製作巨手，欲為芟改，宜無弗善者，又因邁年不能親纂，
傳者如此，不傳者如彼，詎非數耶？雖然，已往者姑勿論矣，若今汪君之作，
既一秉史法，其善當不讓魏志。又得張君以相與有成，是無嗣郢之憾而償司
寇未竟之志也。他日官其土、居其鄉者，咸奉為信志，於以敷政而勵俗，則兩
君不朽之業，其在斯乎？其在斯乎？余故樂為書其簡端。光緒三年丁丑十月，
布政使銜、署蘇松太兵備道海關監督貴池劉瑞芬序。」

　　熊其英後序曰：「青浦置縣，始於明嘉靖二十一年，尋廢，復置則在萬曆
元年。其版圖割自華亭、上海，今鄉名猶分華、海、上，中略可考見。先是，
縣治青龍鎮。萬曆築城，乃遷唐行。歸震川有《唐行鎮免役記》，唐行即今縣
治是也。縣境東連滬瀆，西跨薛澱，南環峰泖，北帶吳淞，地形窪下，賦役繁
重。明季凋敝，戶口逃亡。國朝休養生息二百年，田野日闢，民風樸僿，賦役
全完，常為東南州縣之冠。道光、咸豐間，連遭大水，繼以寇亂，居民苦蕩析

矣。幸賴聖恩湛瀜，核減賦額，民慶更生。今修志乘，田賦其最要焉，其次水利。青邑之水，以吳淞為幹，歷次濬治，皆與屬役。此外，浦漵通塞不常，稽其成跡，可為後來程工之藉。且水利與輿圖相表裏，前此圖籍不憑實測，水陸道里，虛實不符。同治年間，江蘇輿圖局用裴氏法，開方測繪，頗為精覈，鈎摹入志，庶幾完圖經之舊，稱地志之名。其他學校、兵防、倉廩、營建、官師之治行，人物、科名之繼起，藝文之著錄，綜其條目，悉關掌故。失修久，則日後摭采益難，此新志之急宜續纂也。在宋時，青龍為重鎮，梅聖俞、林鑑皆嘗撰鎮志。至明，則有王圻邑志八卷，今皆佚。國朝康熙時修志，載筆者進士諸嗣郢也。其書簡核有法，其後刻本為人屬亂，諸嘗以為憾。乾隆四十六年，王述庵司寇重修，欲整頓之，而未能盡。是時，司寇年高，惟大傳十篇為親纂，余皆出眾手。今檢之，瑕瑜不相掩，如：陸遜、徐階傳，全用本史，失之太長；詩詞、寺觀所收過濫。此舊志之有需重訂也。此次修纂，合新舊為之，舊志善者，田賦、水利，因次續焉。其卷首冠以巡幸、宸翰，則參用府志之例。孔宅聖蹟，立為專卷，忠義、節孝傳後係表，寺觀、祥異退之雜記之類，並參各志，擇善而從，計成書三十二卷。竊嘗瀏覽古志之傳於今者，楊潛之《雲間志》、朱長文之《吳郡續圖經》、韓之《朝邑》、康之《武功》，類皆簡潔雅馴，蔚有文章之美。後人縱不能為其簡，而志者，一邑之史，不可不略具史法於其間，曰筆削，曰才學識。竊以為能削而後能筆，有識而後能運其才與學也，其英愚無一得。去冬，蒙汪邑侯祖綬之招，赴局後，嘗以此義與同學諸君子相商質。惟是大亂之後，文微獻謝，蒐羅較難，因陋就簡，知不能免。今志凡七閱月告竣，期年開雕，實仰承汪侯主持與諸君子採摭之力。其英幸得廁名簡末，因記重修梗概，及同人商質之語，以諗來者云。光緒丁丑季冬之月，邑人熊其英序。」

馮渭後序曰：「松郡七邑，惟青浦地最廣，賦最繁，士習民風亦最樸厚。渭不才，戊寅季夏承乏茲土，晨起眠事，鉅細必躬親之。催科而外，每聽訟，常以不得其情是懼。自維魯鈍，愧無建豎，而於刊志之舉，奉中丞命，曷敢忽？青邑之志，由來久矣。創述之原，篇目具在，披覽斯得，不煩縷言。特兵燹之餘，修纂有間，典章散佚，耆舊凋謝，傳之後來，殆難徵信。續修之事，烏乎可緩？今書稿本始自同治九年，歲暑寒而十易，政新舊而必告。渭來攝篆，適觀厥成，迺捐俸贏，授之剞劂。復屬邑人士採輯近事，彙為補遺，自春徂秋，次第蕆事。又以豐備一倉，舊基湫隘，不足屬積，更為拓地數畝，添建

厫舍，增儲穀石，以備水旱，亦承中丞意也。工方竟，渭亦將以瓜代去，聊綴數言，以存顛末，尚冀後之君子匡其不逮云爾。時光緒五年歲次己卯仲秋之月，權青浦縣事錢塘馮渭謹識。」

吳康壽後序曰：「丙子歲，康壽令陽湖，奉命授知青浦縣事。明年，承乏寶山，至今秋始涖任青浦。青浦，古由拳地，未建縣時，本與吾邑同隸嘉興。自明設縣以來，兵燹之阨，粵匪為最久。泊削平後，學校、祠祀漸已興復，而公署未建，前令皆賃居民舍。康壽下車時，假館青溪書院，號舍中手民十餘人，剖劂志乘，昕夕不懈，時諸務倥傯，未暇及也。既而邑人士以初印志見示，披閱之，知志成於盱眙汪君，刻於錢塘馮君。工將竣，而補遺猶未脫稿，因商訂參酌之時，方經營建署，為按圖規畫，略志梗概，以彌有圖無署之憾。逾月，全書告成，復以序屬。康壽不敏，愧乏史才，思歷年服官皆與志事相值，前者在陽湖，曾輯《武陽合志》；《寶山新志》乃高要梁君創始而未成者，又為釐正編定；今於青志，補闕拾遺，以蕆乃事，而官廨之工，百堵皆作，亦將不日而成。此正康壽所樂圖厥終也，爰不辭而書數語於後。至邑中田賦、水利之殷繁，及編纂之綱目明晰，前序詳之矣，茲不贅云。光緒五年歲次己卯孟冬之月，石門吳康壽序。」

汪祖綏後序曰：「余家三世服官吳中，九峰之靈，三泖之秀，髫齔聞其勝，未獲一攬。夢寐時，若搆之。及壬申歲十月，由柘湖移宰青浦，地當松郡之衝。登城樓遠眺，蔚然深秀，蒼煙數點，九峰也；帆檣出沒，一瀉千里，三泖也。自顧鏡影星繁，年五十矣。童時所聞而心往者，不意竟管領斯土也。愧不才無以澤吾民，而竊思有所建樹，俾後之人得以留心採擇，盡實心，行實政，而使吾民受其澤者，惟志書其亟務焉。志，記也，積記其事也。名昉於班固《地理志》，而義則原於周官職方氏，凡地宜物生、風俗人才、政事廢興之自，靡不具載。由邑志而郡志而省志而一統志，登之天府，可以周知天下利害之原。即蕞爾彈丸，為民父母者讀其志，亦可知一邑之利害，而隨時損益，實政及民。青浦雖下邑，其曷敢後？青浦，古華亭分治，再廢再置，語詳志中。舊志為王蘭泉司寇重修，按據舊圖經，搜羅古碑碣，詳載故實，題詠書凡若干卷，繁簡得中，不讓《嘉禾》、《雲間》二志也。余下車之始，邑之人以修志請，而臺符火急，亦欲剋期成書。自顧樗散，既無實政可以澤吾民，而一邑之典章，復不能勤加討論，以詔來者，則軮軮不滿，是重吾過矣。乃說者曰：『野史有亭，記籍尚在。喬木留蔭，掌故未湮。距舊志之修纔八十餘年耳，以

述為作，以續為修，旦暮之間，可期蕆事。」而不知庚申兵燹以後，經大變故，凡地宜物生、風俗人才、政事廢興之自，在在須加釐訂。其減賦、積穀、水利、兵防諸政，各大憲孜孜不忘，勤求民隱，尤宜斟酌萬全，垂為成憲。至干戈之際，義不賊辱，身死兵火者，四境皆有，苟非博逮稽覈，見聞確實，則幽光潛德，闡發難周，敢弗兢兢祗慎，為大典光？顧是役也，余實無力之有。先陳公子莊、錢公君硯、黎公菇齋相代宰青浦，時已開局肇修，又得沈虞泉喬梓、盛子星垣、蔡子容如朝夕從事，採訪無遺，規模犒備，遂聘熊純叔明經領其事。純叔博學多聞，具良史才。時適有總修吳江邑志之役，脫稿後，始歸而與沈、盛諸君子斤斤講貫，疇諸井里，考諸傳記，質諸故老，有據則書，有疑則闕，有訛則辨，凡一邑之典章粲然具備。余向所鞅鞅不滿，恐重吾過者，至是而聿觀厥成，喜可知也。抑余竊有感者，青浦未置時，擢巍科，躋顯秩，代有其人，而皆籍華亭。好事者往往引爭墩故事，以為鄉里光。而國朝二百數十年來，惟蘭泉司寇稱翹楚，豈藝林之難其人歟？抑育才之未得其道也？後之官斯土者，倘閱志而勃然動念，隆其學校，廣其儲育，將人才之盛蔚為國華，直足壯九峰之觀，生三泖之色，而不特為邑乘增光已也。余旦暮竣之，敢應諸君子之請，而僭為之序。光緒己卯冬月，四品銜補用知府、陞用直隸州知州、青浦縣知縣、調補吳縣知縣、前翰林林院庶吉士盱台汪祖綏撰。」

　　是志「考訂頗細」，「於舊志善者因續之」，「於疑者考之，於後事者詳記之」〔註25〕，有十三門，七十六目。卷一至二疆域，分星野（附表）、沿革（附表）、界至、形勝、鄉保（附表）、鎮市、村莊、街巷、風俗（附歲時、占驗、方言）、土產十目；卷三建置，分城池、衙署、倉庚、壇廟、坊表、公建六目；卷四至五山川，分山、水、歷代治水、橋樑、津渡五目；卷六至八田賦，分恩蠲、戶口、田畝、賦額、科則（附新舊科則表、閏年編徵銀數表）、解支（附起運存留新舊米數表）、雜稅（附蘆課、鹽課）、徭役、漕運、海運、荒政十一目；卷九學校，分學宮、學田、書院、義塾四目；卷十兵防，分兵制、營汛、訓練、軍餉、郵鋪、歷代兵事六目；卷十一至十二名蹟，分聖蹟、古蹟（附園第）、冢墓三目；卷十三至十四職官，分建設、官師表、名宦傳三目；卷十五至十六選舉，分進士舉人副貢表、恩拔歲貢表、薦舉召試武科表、封贈襲蔭例仕雜進表四目；卷十七至二十二人物，分列傳、仕績傳、儒術傳、文苑傳、孝友傳、忠義傳（附表）、隱逸傳、懿行傳、藝術傳、遊寓傳十目；卷二十三

〔註25〕金恩輝、胡述兆主編：《中國地方志總目提要》，第9-20頁。

至二十六列女，分賢淑傳、才慧傳、貞孝傳、義烈傳（附表）、完節傳、完節表六目；卷二十七至二十八藝文，分書目、集詩、集文三目；卷二十九至三十雜記，分祥異、寺觀、方外傳、遺事、補遺五目。

是志記事至清光緒二年（1876）。《中國地方志總目》謂記事至清光緒三十一年（1905），《上海方志資料考錄》則謂據原本重印。是志又有民國三十四年（1945）重印本，《中國地方志聯合目錄》未著錄。

《中國地方志聯合目錄》、《中國地方志總目提要》著錄，《中國古籍總目》著錄，《上海地方志簡目》、《上海方志資料考錄》、《上海方志提要》、《上海方志通考》著錄。

有《中國方志叢書》影印本，成文出版社，1970 年出版；又有《中國地方志集成·上海府縣志輯》影印本，上海書店，1991 年出版。有胡文波點校本，收入《上海府縣舊志叢書·青浦縣卷》，上海古籍出版社，2014 年版。

除上海博物館圖書館外，中國國家圖書館、中國民族圖書館、首都圖書館、上海圖書館、南京圖書館、浙江圖書館、蘇州圖書館、南通市圖書館、揚州市圖書館、寧波市圖書館、北京大學圖書館、北京師範大學圖書館、復旦大學圖書館、華東師範大學圖書館、南京大學圖書館、南開大學圖書館、中國科學院圖書館、中國科學院南京地理與湖泊研究所、中國社會科學考古研究所、南京博物院、青浦博物館、上海辭書出版社、臺北圖書館、臺北故宮博物院圖書館、「中研院」史語所圖書館、臺灣師範大學圖書館、日本國會圖書館、東洋文庫、京都大學人文科學研究所、東北大學圖書館、山口大學圖書館、美國國會圖書館、哥倫比亞大學圖書館、芝加哥大學圖書館等多家公藏機構收藏。

（二）又一部　清光緒刻徐元圃印本青浦縣志　807.2 / 216：1

〔光緒〕青浦縣志三十卷首二卷末一卷，清汪祖綬等修，熊其英、邱式金纂。清光緒五年（1879）尊經閣刻本，吳郡文藝齋徐元圃刻印。12 冊。半葉 12 行，行 23 字，小字雙行同。白口，四周雙邊，單魚尾。版心上鐫「青浦縣志」，中鐫卷次及目名，下鐫頁碼。書高 24 釐米，寬 15.1 釐米，框高 18.3 釐米，寬 13 釐米。有牌記「光緒己卯鐫，尊經閣藏版」。首有清光緒三年（1877）沈葆楨《青浦縣志序》、光緒三年十月吳元炳《青浦縣志序》、勒方錡《重修青浦縣志序》、光緒三年十月劉瑞芬《重修青浦縣志序》、光緒五年十月吳康壽《重修青浦縣志後序》、凡例、銜名、目錄、圖（青浦縣全境圖、青浦縣鄉保

鎮汛圖、青浦縣東北境水道圖、青浦縣西南境水道圖、青浦縣治圖、青浦縣署圖、青浦縣學圖、孔宅圖、清溪書院圖、珠溪書院圖、豐備倉圖、蘭筍山圖、鳳凰山圖、庫公山圖、神山圖、薛山圖、崞山圖、鍾賈山圖、盧山圖、福泉山圖、澱山圖、三泖圖）、巡幸、宸翰。末有舊序（明萬曆二十五年〔1597〕十一月王圻序、清康熙八年〔1662〕韓世琦序、康熙八年盧絃序、諸嗣郢序、清乾隆五十一年〔1786〕十一月閔鶚元序、乾隆五十一年正月王昶序、乾隆五十三年〔1788〕孫鳳鳴序）、敘錄和後序（清光緒三年十二月熊其英《青浦縣志後序》、光緒五年八月馮渭《重修青浦縣志後序》、光緒五年十一月汪祖綬《重修青浦縣志序》）。

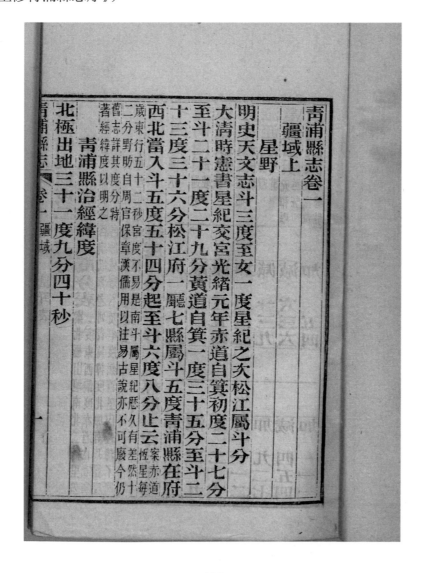

（三）又一部　清光緒刻陳海泉印本青浦縣志　807.2／216：2

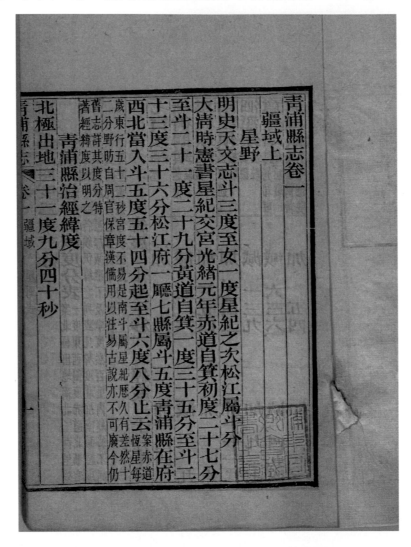

　　〔光緒〕青浦縣志三十卷首二卷末一卷，清汪祖綬等修，熊其英、邱式金纂。清光緒五年（1879）尊經閣刻本，蘇州十全街陳海泉刻印。12 冊。半葉 12 行，行 23 字，小字雙行同。白口，四周雙邊，單魚尾。版心上鐫「青浦縣志」，中鐫卷次及目名，下鐫頁碼。書高 24.2 釐米，寬 15.3 釐米，框高 18.3 釐米，寬 13 釐米。有牌記「光緒己卯鐫，尊經閣藏版」。首有清光緒三年（1877）沈葆楨《青浦縣志序》、光緒三年十月吳元炳《青浦縣志序》、勒方錡《重修青浦縣志序》、光緒三年十月劉瑞芬《重修青浦縣志序》、光緒五年十一月汪祖綬《重修青浦縣志序》、凡例、銜名、目錄、圖（青浦縣全境圖、

青浦縣鄉保鎮汛圖、青浦縣東北境水道圖、青浦縣西南境水道圖、青浦縣治圖、青浦縣署圖、青浦縣學圖、孔宅圖、清溪書院圖、珠溪書院圖、豐備倉圖、蘭笋山圖、鳳凰山圖、庫公山圖、神山圖、薛山圖、斡山圖、鍾賈山圖、盧山圖、福泉山圖、澱山圖、三泖圖）、巡幸、宸翰。末有舊序（明萬曆五十五年〔1597〕十一月王圻序、清康熙八年〔1662〕韓世琦序、康熙八年盧綋序、諸嗣郢序、清乾隆五十一年〔1786〕十一月閔鶚元序、乾隆五十一年正月王昶序、乾隆五十三年〔1788〕孫鳳鳴序）、敘錄和後序（清光緒三年十二月熊其英《青浦縣志後序》、光緒五年十月吳康壽《重修青浦縣志後序》、光緒五年八月馮渭《重修青浦縣志後序》）。

此本每冊首鈐「浦東同鄉會藏書之章」朱文方印。

二、〔民國〕青浦縣續志

（一）民國刻本青浦縣續志　807.2 / 217

〔民國〕《青浦縣續志》二十四卷首一卷末一卷，于定等修，金詠榴等纂。民國二十三年（1934）刻本，蘇州葑門十全街陳海泉刻印。1函6冊。半葉12行，行23字，小字雙行同。白口，四周雙邊，單魚尾。版心上鐫「青浦縣續志」，中鐫卷次及目名，下鐫頁碼。書高23.8釐米，寬15.2釐米，框高18.3釐米，寬12.9釐米。有牌記「中華民國二十三年開雕」。首有民國二十三年二月于定《青浦縣續志序》、民國二十三年十一月錢家驥《青浦縣續志序》、釋凡、題名、目錄、圖（青浦縣全境圖、縣治圖、城自治區域圖、珠葑鎮區域圖、章練塘鄉區域圖、大小蒸鄉區域圖、西坪鄉區域圖、金澤鄉區域圖、商陽鄉區域圖、趙金孔柏鄉區域圖、白鶴青村鄉區域圖、固堰香郟匯鄉區域圖、黃渡鄉區域圖、觀音堂鄉區域圖、蟠龍鄉區域圖、七寶鄉區域圖、北鳳天方鐵鄉區域圖、陳廣辰鄉區域圖、邑境水利關係北姚涇呂岡涇略圖、孔宅圖、靈園圖）。末有民國二十三年（1934）六月金詠榴跋。

于定，字秋穆，江蘇金壇人。民國十九年（1930）任青浦縣長。金詠榴，字劍花，晚號可無老人，青浦人。清光緒壬寅（1902）舉人，光緒二十四年（1898）任上海申報館主筆，宣統初為江蘇省諮議局議員，民國初任嘉定縣民政長。著《蕉心館詩存》、《林蔭仰雪廬日記》等。

于定序曰：「志與史相表裏，志詳於史而寬於史，二體雖殊，其用則一。劉知幾有言：『史才須有三長：才、學、識也。』苟副以周知事物之明、通達

體用之道、參貫微婉之旨、闡揚幽晦之文，庶乎良史矣。不然，《山栖》一志，不偶遷、固，《皇覽》、《徧略》，見嗤《乘》、《杌》。劉祥《宋書》，不稱實錄。何者？三長未貶，難勝史戒也。惟志亦然。疆圉廣狹，編戶盈朒，堤圩、溝洫之置毀，人物、六藝、倫紀之文野，水陸、兵防、隘塞之廢興，一一書之，所以佑啟後人，咸以正罔缺，然而不蕪不穢，亦謹亦飭，豈易言哉？歲庚午，余奉命長青浦，下車問縣志，則清光緒五年以後者無聞焉。先是，民國六年，知事張君仁靜創議續修，延吳江錢太史崇威主其事，不久輟。十六年，由本邑沈京、曹彭年為總纂，明經陳龍章、曹維楨左右之，稿未就，復輟。溯自己卯到今，幾五十年，即斷之勝朝，亦已卅載。邑之志乘曠焉弗修，惕日玩歲，後之人於本邑事事物物，舉芒乮迷昧，雖能言夏殷之禮，而杞宋不足徵，將何以昭茲來許？迺敦聘本邑金孝廉劍花為總纂，戴明經禹修、沈茂才瘦東為協纂，討論禆諆之草創，從而釐別潤色，訂正舛錯，裁量增損，如是歲餘，而余去官。甲戌春，稿成，汗青有日，問序於余。余維修志之難，視其人、視其事，錄舊而承譌，不識三途五體，朞月而已可也。若夫遐搜博采，析蘊剖疑，三年有成，猶勉焉。《唐書》成於劉昫，趙宋以五代衰世之士氣力卑弱，命曾公亮、歐陽修刊修之，歷十有七年而成，詎非損益爬梳，人事因革，有難易邪？茲志凡二十四卷，斷於清代，覈實有徵，清規安定，繼光緒之志而增補之，於其是非部居斟酌不稍假借，非金孝廉輩眎有三長不能也。余則一時邂會，不斫而書梓人之名。後之從政是邦者，鑒往察微，可知百世讀茲志，其亦鈞石表暖也夫。歲在闕逢閹茂如月，薦任職正任青浦縣縣長良常于定撰。」

錢家驥序曰：「余幼就塾時，同邑傅表伯渭磯先生自青浦學官解組歸，嘗聞與父輩述是邦風土之美，顧童稺未甚了了。比長，鄉先生董子誐文集，有《至青浦與弟方立書》，謂其地敧江欹河，腋吳肘越，而於山川人物之秀偉，俯仰古今，發揮盡致，蓋董氏嘗幕游於此，故言之津津，不禁心嚮往之。顧塵鞅羈束，恒以未至其地為憾。癸酉秋，余捧檄來長是邑，方喜觀光，願遂甫入竟，望之蔚然深秀者，孔宅至聖衣冠墓也，尤不禁肅然起敬。下車後，深慚德薄，不能致言氏絃歌之化，而急欲得賢士如澹臺子羽者，造訪金君劍華，見其方處斗室，與戴君禹脩、沈君瘦東分據硯席，操筆和鉛，將熊氏純叔諸先輩所纂《青浦志》而賡續之，起光緒初年，訖宣統辛亥，因革損益，舉一邑之典章文物而始終之，而於前志所載，補其闕，正其譌，用意尤見周至。烏乎，謂非金君等具才、學、識三長者，而能若是乎？抑又聞之，是志也發端於民

國丁巳，邑中賢達多與其役，顧草創之而未就。越十年丁卯，重經整理，不久復輟。又越四年辛未，前任金壇於君秋穆深思歲月浸久，稿將散佚，乃聘金君等三人為總協纂，踵成之。然中經壬申倭警，又輟半載。迄余抵任後三月乃始完稿，附諸剞劂。其委曲阻難也若此，設非金君等淬厲精神，鍥而不舍，其成效未可知也。今以鏤板將竣，而問序於余。余履任歲餘，媿乏建樹，恭逢是志之成，遂得署名簡末，寧非幸事？尤喜此邦人士秉峰泖靈淑之氣，益以近聖人居，薰陶有素，丁茲世界潮流澎湃，而徵文考獻，未嘗無人，良嬺遺風猶有存者。證以吾鄉董、傅兩先生曩昔所稱述，髣髴近之。風雨如晦，雞鳴不已，竊願後之官斯土、居斯鄉者，守是而勿墜焉，則又余之所深冀也已。是為序。中國民國二十三年十一月，青浦縣長武進錢家驤謹撰。」

　　金詠榴跋曰：「是志創修於民國六年，初設籌備處，擬具志目四十有四，子目、附目若干而續其後，以結束有清末季我邑三十餘年之文獻也。翌年設局，從事纂輯，不數月，載筆諸君先後離局，各就家屬稿，時局倥傯，作輟靡定，歷數歲未成。十六年繼之，補苴掇拾，大體具矣。顧束置之復四載，於時良常于侯秉政我邑，展布裕如，取閱志稿，慮其慢忽日久，將失墜無徵也。諮之縣政會議，命詠榴終其事。自審非所堪任，請屬之戴君禹修、沈君瘦東二君，初不允，必強詠榴參列其間，而于侯復以志稿至。不獲已，乃即敝廬與二君共讀之，則卷首圖說尚付缺如；水利、名宦傳、列女傳、完節表俱列諸志目中之子目或附目，編輯且多未就；食貨有志而其目無之；人物志之才能傳、雜傳與藝文志之集詩、集文，亦其子目所無，而皆有其文。因謂二君：『是志既續熊氏，則纂修體例已具，前志門目次第，宜各因之。今纂稿根諸擬目者，復有交通、實業二志。夫交通之廣遠，實業志繁夥，莫如上海。其續志初修時，亦嘗分門纂入。比及定稿，卒皆捨棄之而一仍前志，則我續志之無庸自立體例，別擬志目，審矣。雖然修志所重者，究在事實，事實具而體例出焉。邑人士嘗為詠榴言之，原纂諸君寧不知此？顧是志有不能無憾者。光、宣檔案先已不全，邑中文物留遺，籌備時裒集亦有未盡。今欲如南匯續志之重事採訪，徧搜案牘，又不能需之以時，則惟有折衷前志之體例，先為正其部居，而後更及事實，星野、鄉保無變更，原纂與兵制俱無稿，隱逸名不易副，原纂亦無傳，是皆宜從可無續。徭役久罷，於均田、均役、漕運、海運可裁併為一目，其他如職官、選舉各表，依類相屬，各從其便。雖有異同，無與體要。始熊氏主纂《吳江縣續志》，其體例一遵乾隆時沈彤志，而亦有不盡同者，蓋或無可續，或變為之，非乖前志例也。今續先生重修之邑志，正可資以為法。』二君皆然之。乃本是旨，重為編纂，刪裁竄易，不自量度，亦或追憶舊聞，旁搜傳記與夫友朋稱述之故事，有足傳信於後者，皆兼收而並著之，俾為是志壤流之助。詠榴學殖荒落，略貢編次大意，懷鉛提槧，皆二君之力也。書成，都凡二十四卷，又附編人物，原纂散列本志，各傳後似不甚當，因另編二卷殿之，間增數人，仍斷自沒於民國七年以前者，蓋皆徵訪時所遺者也。追念是志之修，發端於款產處蔡君吉人，其後兩次圖成，則皆繼任莊君有圻之力。詠榴自二十年七月始與此役，甫及半載而有倭寇之警，風鶴驚心，亦幾中輟，遲之又久。至二十二年十二月告竣，而莊、蔡兩君相繼謝世，已不及見矣。其先與修是志者，如吳君業韓、沈君商耆輩，前後凡二十八人，零落亦且及半。

城郭猶是，人民已非。俯仰變遷，今昔同感。寫稿既畢，行授剞劂，撮舉顛末，並咎疏略乖舛，無以饜邑人士之望云。二十三年六月金詠榴謹識。」

是志十三門，八十六目，較前志有所增設，亦偶有改動。卷一至二疆域，有沿革、界至（附插花斗入）、形勝、自治區域、鎮市、村莊、街巷、風俗（附歲時、占驗、方言）八目，其中插花斗入、自治區域為新增之目；卷三建置，有城池、衙署、局所、倉庾、壇廟、坊表、公建七目，其中局所為新增之目；卷四至五山川，有山、水、治水、橋樑（附鐵路）、津渡（附船舶）五目，其中鐵路、船舶為新增之目；卷六至七田賦，有恩蠲、戶口、田畝、賦額、科則、解支、雜稅（附蘆課、鹽課）、雜捐（附米捐、茶捐）、漕運、荒政十目，其中雜捐為新增之目；卷八至九學校，有學宮、學田、書院、義塾、勸學所、教育會、高等小學堂、兩等小學堂、初等小學堂九目，其中勸學所、教育會、高等小學堂、兩等小學堂、初等小學堂為新增之目；卷十兵防，有營汛（附防營）、訓練、軍餉、郵鋪（附郵政、電線）、兵事、團練（附徵兵）、警察七目，其中防營、電線、團練、警察為新增之目；卷十一名蹟，有古蹟、園第、冢墓三目；卷十二職官，有建設、官師表（附武職表）、名宦傳三目；卷十三至十四選舉，有進士舉人表、貢生表、武科表、畢業生獎勵表、薦辟封贈保舉例仕考職表、省縣議員表六目，其中畢業生獎勵表、省縣議員表為新增之目；卷十五至十八人物，有列傳、仕績表、儒術傳、文苑傳、孝友傳、忠義傳、懿行傳、藝術傳、遊寓傳九目；卷十九至二十列女，有賢淑傳、才慧傳、貞孝傳（附表）、義烈傳（附表）、完節傳、完節表六目，其中貞孝表為新增之目；卷二十一至二十二藝文，有書目、集詩、集文三目；卷二十三至二十四雜記，有祥異、寺觀、方外傳、教堂遺事五目，其中教堂為新增之目。

是志斷限，起清光緒五年（1879），迄清宣統三年（1911）。末附編一卷，記事至民國七年（1918）。

《中國地方志聯合目錄》、《中國地方志總目提要》著錄，《中國古籍總目》著錄，《上海地方志簡目》、《上海方志資料考錄》、《上海方志提要》、《上海方志通考》著錄。

有《中國方志叢書》影印本，成文出版社，1975年出版；《中國地方志集成‧上海府縣志輯》影印本，上海書店，1991年出版。有和衛國點校本，收入《上海府縣舊志叢書‧青浦縣卷》，上海古籍出版社，2014年版。

除上海博物館圖書館外，中國國家圖書館、中國民族圖書館、上海圖書

館、南京圖書館、浙江圖書館、蘇州圖書館、南通市圖書館、鎮江市圖書館、
溫州市圖書館、北京大學圖書館、北京師範大學圖書館、復旦大學圖書館、
華東師範大學圖書館、南京大學圖書館、南開大學圖書館、中國科學院圖書
館、中國科學院南京地理與湖泊研究所、中國社會科學考古研究所、中國國
家博物館、南京博物院、青浦博物館、臺灣「內政部門」圖書館、美國國會圖
書館、哥倫比亞大學圖書館等多家公藏機構收藏。

（二）民國刻本青浦縣續志　　807.2／217：1

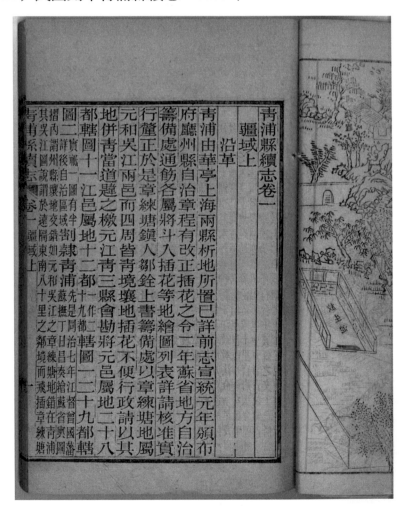

　　〔民國〕《青浦縣續志》二十四卷首一卷末一卷，于定等修，金詠榴等
纂。民國二十三年（1934）刻本，蘇州葑門十全街陳海泉刻印。6冊。半葉12
行，行23字，小字雙行同。白口，四周雙邊，單魚尾。版心上鐫「青浦縣續

志」，中鐫卷次及目名，下鐫頁碼。書高 24 釐米，寬 15.2 釐米，框高 18.3 釐米，寬 12.9 釐米。有牌記「中華民國二十三年開雕」。首有于定《青浦縣續志序》、錢家驤《青浦縣續志序》、釋凡、題名、目錄、圖（青浦縣全境圖、縣治圖、城自治區域圖、珠葑鎮區域圖、章練塘鄉區域圖、大小蒸鄉區域圖、西坪鄉區域圖、金澤鄉區域圖、商陽鄉區域圖、趙金孔柏鄉區域圖、白鶴青村鄉區域圖、固堰香郟匯鄉區域圖、黃渡鄉區域圖、觀音堂鄉區域圖、蟠龍鄉區域圖、七寶鄉區域圖、北鳳天方鐵鄉區域圖、陳廣辰鄉區域圖、邑境水利關係北姚涇呂岡涇略圖、孔宅圖、靈園圖）。末有民國二十三年（1934）六月金詠榴跋。

第六節　婁縣縣志

婁縣，清順治十三年（1656）立。「順治十二年，松江知府李正華以華亭田賦多，一令不能經理，奏記巡撫都御史張中元，請析為二縣。中元以聞，十三年得旨報可，始分華亭風涇、胥浦二鄉及集賢、華亭修竹鄉之半立婁縣。」（〔乾隆〕《婁縣志》卷一《沿革志》）婁縣隸江蘇布政使司松江府，與華亭縣同為附郭縣。雍正四年（1726），分婁縣南境立金山縣，以胥浦及風涇、集賢、修竹三鄉部分屬之。民國元年（1912），婁縣與華亭合併為華亭縣，隸江蘇省。民國三年（1914），華亭縣改稱松江縣。

秦所置婁縣屬會稽郡者，與今婁縣有異。

婁縣存立時間不長，方志始修於清乾隆四十九年（1784）。婁縣僅有二部方志：謝庭薰修、陸錫熊纂〔乾隆〕《婁縣志》三十卷首二卷，清乾隆五十三年（1788）刻本；汪坤厚和程其玨修、張雲望等纂〔光緒〕《婁縣續志》二十卷，清光緒五年（1879）刻本。此外還有與華亭縣合志一部：李恩露修、雷譜桐等纂〔民國〕《華婁續志稿》，民國間鈔本，已殘。

上海博物館圖書館藏婁縣方志二種五部：〔乾隆〕《婁縣志》二部，〔光緒〕《婁縣續志》三部。

一、〔乾隆〕婁縣志

（一）清乾隆刻後印本婁縣志　807.2 / 37：1

〔乾隆〕《婁縣志》三十卷首二卷，謝庭薰修，陸錫熊纂。清乾隆五十三年（1788）刻本。1 函 6 冊。半葉 11 行，行 21 字，小字雙行同。白口，左右

雙邊，單魚尾。版心上鎸「婁縣志」，中鎸卷次及目名，下鎸頁碼。書高 24.7
釐米，寬 15.9 釐米，框高 19.8 釐米，寬 14.8 釐米。有牌記「乾隆丙午鎸 /大
中丞、大制憲、大文宗鑒定 / 婁縣志 / 版藏縣庫」。首有清乾隆五十二年（1787）
十月閔鶚元《婁縣志序》、乾隆五十年（1785）十二月謝墉《婁縣志序》、乾隆
五十二年三月沈初《婁縣志敘》、清乾隆五十三年五月謝庭薰《婁縣志敘》、
乾隆五十三年張銘《婁縣志序》、新志發凡、目錄、纂輯銜名、巡典、宸翰，
末有陳鳳苞《跋》。

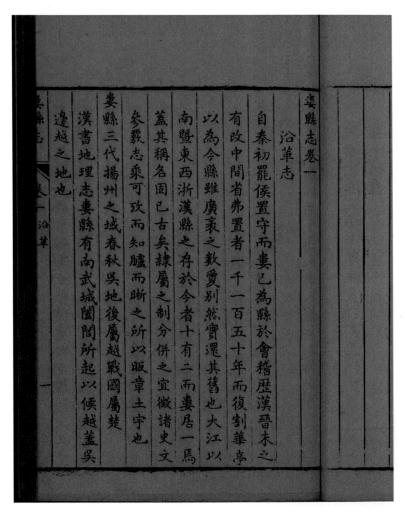

　　謝庭薰（1728～1798），字自南，號韶莊，貴州貴陽人。清乾隆四十七年
（1782）任婁縣知事。六世孫纂其遺著為《是春堂詩文鈔》。陸錫熊（1734～
1792），字健男，號耳山，清乾隆二十六年（1761）進士，任《四庫全書》總

纂，《清史稿》有傳。著《篔村詩集》、《寶奎堂文集》等。

閔鶚元序曰：「縣各有志，所以正疆域、經土田、稽賦稅、豐物產、輯氓庶、興賢能，利由茲興，弊由茲除，非徒備掌故已也。顧前無承襲，則創始難；遞經沿革，則徵引難；廣為蒐輯，則考核難。非良史才，博綜而嚴覈之，固未易成書。苟成矣，非廉能吏及時振興之，亦無由卒業。考婁置縣自秦始，其名最古，歷漢晉未改，中間省弗置者凡千一百五十年。國朝順治十三年，析華亭縣地復置。雍正二年，又析縣之西南置金山。今縣地東南界華亭，西北界青浦，東北界上海，西南界金山及浙之嘉善，廣四十餘里，袤百里，與華亭同附松江府治，其大略也。洪惟聖祖仁皇帝省方覃慶，兩幸斯土，宸章閭澤，敷賁雲天；世宗憲皇帝蠲免官田浮糧，至優極渥；我皇上嗣服，更加裁減，時復疊沛恩膏，保泰綏豐：迄今百四十餘年，民物之阜安，川原之衍沃，邑居之殷軫，商賈之駢坒，與夫宗工傑士，頡頏後先，論都者稱鉅邑焉。余以循行時經其地，眺昆機之秀越，溯沴澱之淪漣，輒穆然於歐陽公《豐樂亭記》所云休養生息者。若我聖朝重熙累洽，伊古以來，實罕倫比，豈不盛哉？縣本無志，華亭僅傳前明舊本。府志不修，且百有餘年紀錄闕如。謝令蒞任三年，會大理卿陸公讀禮家居，亟以此事懇請。大理典校中秘，允推鉅筆，於焉嚴立體裁，慎辨區域，綜覈廢興，博徵文獻，逾年成書三十卷。余受而讀之，洵善志矣。竊嘗以為敦俗莫若崇儉，而後俗可敦。賢士大夫處則以禮教節儉化其鄉，出則以廉直慎勤效於國，於以對揚聖治，寧有歉歟？謝令能加意於斯，可謂知所務矣。抑知所務者，即可知所法。若李令復興之定均田均役之法，史令彬之設丁產冊與區里簿，其實心愛民何如也！亦惟隨分自盡而已。剞既竣，請序於余，因書以弁之。時乾隆五十有二年歲次丁未孟冬中浣，撫吳使者吳興閔鶚元序。」

謝墉序曰：「古之方志，自《越絕書》始，而顧啟期之《婁地記》、顧夷之《吳郡記》次之。《越絕》志越及吳，二顧所記皆吳地也。然則言地志者，宜莫先吳矣。漢之吳郡，北距江，南至嶺嶠，地方數千里。會稽割置以後，猶包今江蘇六府州之地。唐宋華亭一縣，元析為二，置松江府，始別於蘇州；明又析為三。數世以後，賦重民繁，有司不能遍理，又稍稍析之，其勢然也。國朝底定江南，順治十三年，分華亭之西南境置縣，取漢婁縣名名之，同治郭下。於時海氛告靖，生聚日滋。聖祖時巡方岳，於焉肆覲海隅，蒼生仰受天澤，歡若家人。世宗蠲免浮糧，俾景定官田，五百餘年之害一朝釋負。皇上撫重熙

之運，久道化成，文治田功，漸被江海。是縣有屢豐之慶，無用威之煩，故以開國之建置，列朝之教養，百四十年以來，名臣節士，孝子順孫，異世間出，前後相望，至官師遷除，賦役更定，一方之經制繫焉，而志乘闕如，未有舉其事者。問之者舊，稽之案牘，蓋日遠日難矣。吾宗大令彈琴多暇，仕優而學，以守土之官徵文考獻，延致吾友大理卿陸公，創為是志。大理典校秘書，延閣曲臺之藏，皆其刊定。茲以江東舊族，資於家世見聞，博採群書，旁蒐圖牒，成書若干卷。斟酌古今，詳而有體，良史別裁，於斯為至。時則清江楊公以詞林宿望，周列臺省，老於掌故。適來守是邦，德星所聚，仁風載揚。婁之士大夫趨事勸功，樂觀厥成，不期歲而汗青可寫，邦之政事於是乎出，簿書期會於是乎稽，可謂見其大者矣。予嘗謂列史斷代為書，自班氏而下，相沿不革，獨近世州縣之志更數十年而一修，則取舊志更張之，稍傅以新事，於是前人編錄之意，遂不可復尋。凡所記載，不知著自誰何，後世亦難引據。且篇帙日繁，勢將胡底？是志出於創始，前無所襲，以大理鴻才雅體，又得賢守令之助，勒為成書。後有作者，循《會稽續志》之例，勿紊施宿成規，其亦可矣。余家嘉善之清風涇，舍北一水，即婁之南竟，舊德先疇，諳其風土，又以再奉使節，典學江南，是書之成，得與商搉。自惟疏淺，不能有所裨益，蓋撫卷有餘愧焉。乾隆五十年十二月，經筵講官、吏部左侍郎、上書房行走、提督江蘇學政嘉善謝墉序。」

沈初敘曰：「郡邑之有志也，史之別流也，資紀述以躋成者易，憑睹聞以創始者難。婁之為縣，肇於秦。或以松江東北入海為婁江，縣以受名。吳張昭、陸遜皆侯於婁，是縣也，而國之矣。其後，或隸於州郡，或隸於軍府，或統於華亭一縣。以二千年來之故實，洎我熙朝釐定之章程，雖郡乘記載，具有成書，而婁為分邑，版籍混淆，文獻難考，即如昆基婉孌，轉指馬鞍，泖息風雲，妄談鳖井，其他山川、人物、疆域、沿革，傳信傳疑，未能枚舉。固生是邦者，所當講明而切究之，抑守斯土者布治之餘，博求掌故，亦賢士大夫之責也。楊培山館丈出守雲間，適謝明府來蒞是邑，能興廢舉墜，以為邑志不可無作，延余同年陸耳山副憲纂輯成書。丁未春，余視學來是邦，明府鋟板甫成，來質，凡三十卷，書法謹嚴，良史裁也。發凡十例，而特書曰新志，明創始也。方今聖天子紹賡寶籙，教養休息，醞化醇粹，漸迄海隅，特敕石渠、東觀諸臣，搜採海內數十年來所有事蹟，及新定經制，以增修一統志，則取郡縣各志而紬繹之，緯緯經經，義該意晰。豈以瑤瑨所產、靈淑所鍾，實

為東南名邑而獨可闕如者，乃曩昔婁之所無，今於是乎在。況以江東舊族鴻才，久典秘書，世推著作，猶復博訪故老，旁稽野乘，而斟酌之，而編錄之，其足以信今傳後，厥功匪淺。是不獨守是邦與宰是邑者，樂觀厥成，即余之奉使節而至者，亦樂藉此以為采風問俗之資也。是為序。乾隆五十二年三月下澣，賜進士及第、南書房供奉、兵部左侍郎、提督江蘇學政平湖沈初書於松江試院之叢桂堂。」

謝庭薰敘曰：「鹿城東北三里許，秦漢會稽之婁縣治也。其域在《禹貢》揚州東南邊裔，包今松、太以外。世言婁縣得名於婁江，而婁江一水出太倉，過崑山，即姑蘇亦波及，而有婁門之名焉。三國時，吳改縣，而為婁侯國。晉、宋、南齊又為婁縣。梁省入信義縣，尋分置崑山縣。延及陳、隋以後，唐分崑山置縣華亭。五季、宋、元、明因之。我朝定鼎，仍割華亭西南為婁，同附雲間郡郭。其建邑則依然古婁舊名也，其劃邑則北去古婁至百三十里，境內所復古婁故土，尚未及十之一耳，又況始復於順治丙申，迨雍正丙午，而金山增縣，幾去其半耶。然自昔平原一村，陸氏多英，首爭傑出，嗣是賢哲代興，近歲如文恭、文敏，更輝映於峰、泖之間，則人不為地所限，地以人而大光也。壬寅仲冬，薰之來此，漱谷陽之芳潤，咀秀野之清華，當夫情往興來，上下千載，每欲叩其掌故以求曩哲典型，追布均田均役諸善政，而我二三父老不過稍述其所傳聞者。念考據之無書，竊歎邑志之待修久矣。論文獻，婁非不足也；論蒐羅，婁非獨難也。興修宜無所待，而何以百餘年來遲之又久，若有待焉者？蓋志中各門，皆先以治法垂鏡，而顯闡幽微、忠孝節義，尤為闔邑德化關鍵，秉筆者務得其人，無徇私，無阿好，乃能信今傳後，聞風而莫不興起。甲辰夏，薰詳準修輯，得上洋陸大理公總纂，徐孝廉茝汜諸君子兢兢從事，大要凜遵聖謨而鎔鑄經義史體，舉綱張目，循名責實，凡研磨五十月而後竣。昔先父睂公嘗丁寧教薰曰：『趙季仁身到處、眼到處，均不放過。朱紫陽涖官所至，輒搜其志乘。』薰敢希蹤紫陽乎哉？薰身到婁，眼到婁，惟恐放過，而頻年耐心是役也，謹以託重名流，折衷賢達，詳呈各大憲鑒定。自安愚魯，亦何曾稍贊一辭？然而陳諸左右即我圖史，醒乎心目即我箴銘，一切興廢舉墜、濟溺起衰，凡問途於已經，總自檢我教養之所不及。至於身臨地方，豈曰整頓？顧既切己體認，亦竊願眾觀摩而人心日趨於正，風俗日歸於厚，仰見斯文之化成，我國家淑氣磅礴而鬱積，用覃洽於億萬年歟。乾隆五十三年歲次戊申仲夏，江蘇松江府婁縣知縣貴陽謝庭薰撰。」

　　張銘序曰：「沈休文作《宋書》，兼載晉、魏，而肥如一縣，分屬廣陵、沛郡，論者以為失於限斷。志固史之流別也。婁舊無志，自國初析縣以來，與華亭同附郡郭，版籍淆混，文獻難稽。謝令蒞任三載，有志修舉，適值前大理卿陸公讀禮家居之暇，相與延請討論百四十餘年之故實，創為新志，悉本馬、班之例，辨異於同，不煩不濫，誠良史裁也。而人物不分門目，疆域不列星野，尤為特識，真不沿世俗之陋者。顧以大理承明著作之才，資於家世見聞，網羅蒐輯，勒為成書，誠非所難，而余獨喜其核實綜要，文約事該，尤得史家謹嚴之體。此則視其人之品、之守，又不盡關學矣。嘗怪近代所作圖經，牽合影附，率多矜誇不實，甚或藉為遊揚之具，以班、馬人物表猶有受金鬻筆之譏，余可知已。謝令之為是書也，虛衷商訂，敦本務實，其學與守一一可見，行將使一邑之人知所信從，共相砥礪廉隅，學修行舉，以期勉為盛世良民。是則余不獨為載筆者幸，並為一方之風俗幸也。故於其志之告成也，樂得為為之序。乾隆五十三年夏月，分巡江蘇松太等處觀察使者張銘序。」

　　陳鳳苞跋曰：「右《婁縣志》，計志十二、表二、傳六，凡三十卷。竊謂志與史近，史自扶風班氏本龍門《史記》，斷自高祖，卓然成一代之書。辨異於同，史既有之，志亦宜然。婁自國朝分縣以後，衣冠甲第，多萃於郡之西隅，較他邑為盛。百餘年間，官斯土者，未嘗徵文考獻，勒成一編，無他，仍舊者易為力，經始者難為功也。邑侯謝自南明府蒞婁之三年，政理人和，與紳士聚而謀曰：『婁置自秦，廢而為崑山，析而為華亭。及順治十三年，始定新治，一切疆索人物，大率從同，曷若因地起例，聚其繫於吾婁者書之以明限，同中有異，不相混淆，令耳目一新乎？』僉曰唯唯。爰於鳴琴之暇，征諸見聞，敦請光祿卿陸耳山先生，總其大綱，畫然截然，體例悉當。以視《前漢書・古今人物表》，自亂其例，多所牴牾者，大相逕庭，典核似孟堅而識又過之。憶余童時，承陸景房夫子格外垂青，得與耳山先生同筆硯者二載有餘，學植荒落，顧瞻玉堂，如在天上，而耳山先生校書天祿，出其緒餘，與謝明府商確古今，分肌擘理，亦博亦精，不朽盛業，於斯可見。余以秉鐸婁庠，掛名簡末，是其果有遭乎？因不揣固陋而跋其尾。婁縣教諭陵陽陳鳳苞謹撰。」

　　是志據顧、陳、郭三府志以發凡起例，雖為新創，而體例嚴謹，「於星野一門祛而不立，詩文浮詞多從刊汰，人物不分門目，圖繪分繫各篇，皆勇於攻俗之舉」〔註26〕，計二十門，有十二志、二表、六傳。「其所敘次，斟酌古

〔註26〕瞿宣穎：《方志考稿》甲集第六編，第26頁。

今，詳而有則，書法亦頗謹嚴，合於史裁」，志中雖偶有牴牾，「然於大體，則無害也」。〔註27〕卷一沿革志，卷二建置志，卷三疆域志，卷四至五山川志，卷六至七民賦志，卷八學校志，卷九軍政志，卷十祠祀志，卷十一食貨志，卷十二藝文志，卷十三至十四名蹟志，卷十五祥異志，卷十六官師表，卷十七至十八選舉表，卷十九名宦傳，卷二十至二十六人物傳，卷二十七藝術傳，卷二十八至二十九列女傳，卷三十流寓傳、方外傳。

此本版多有損壞，當為後印本。

《中國地方志聯合目錄》、《中國地方志總目提要》著錄，《中國古籍總目》著錄，《上海地方志簡目》、《上海方志資料考錄》、《上海方志提要》、《上海方志通考》著錄。

有《中國方志叢書》影印本，成文出版社，1974 年出版；又有《中國地方志集成·上海府縣志輯》影印本，上海書店，1991 年出版。有童力軍點校本，收入《上海府縣舊志叢書·松江縣卷》，上海古籍出版社，2011 年出版。

除上海博物館圖書館外，中國國家圖書館、上海圖書館、首都圖書館、遼寧省圖書館、吉林省圖書館、福建省圖書館、陝西省圖書館、廣西壯族自治區圖書館、蘇州圖書館、溫州市圖書館、北碚圖書館、北京師範大學圖書館、南開大學圖書館、復旦大學圖書館、華東師範大學圖書館、暨南大學圖書館、遼寧大學圖書館、西北師範大學圖書館、中國國家博物館、故宮博物院圖書館、上海辭書出版社、臺灣「中研院」史語所、日本國會圖書館、靜嘉堂文庫、東洋文庫、公文書館、京都大學人文科學研究所、美國國會圖書館、哈佛大學漢和圖書館等藏；又有鈔本，藏天津圖書館。

（二）又一部　清乾隆刻後印本婁縣志　807.2／38：1

〔乾隆〕《婁縣志》三十卷首二卷，謝庭薰修，陸錫熊纂。清乾隆五十三年（1788）刻本。6 冊。半葉 11 行，行 21 字，小字雙行同。白口，左右雙邊，單魚尾。版心上鐫「婁縣志」，中鐫卷次及目名，下鐫頁碼。書高 24.6 釐米，寬 15.8 釐米，框高 19.8 釐米，寬 14.8 釐米。首有清乾隆五十二年（1787）十月閔鶚元《婁縣志序》、乾隆五十年（1785）十二月謝墉《婁縣志序》、乾隆五十二年三月沈初《婁縣志敘》、乾隆五十二年十月奇豐額《婁縣志敘》、乾隆五十三年張銘《婁縣志序》、乾隆五十三年七月楊壽楠《婁縣志敘》、清乾

〔註27〕周中孚：《鄭堂讀書記補逸》，第 374 頁。

隆五十三年五月謝庭薰《婁縣志敍》、新志發凡、目錄、纂輯銜名、巡典、宸翰,末有陳鳳苞《跋》。

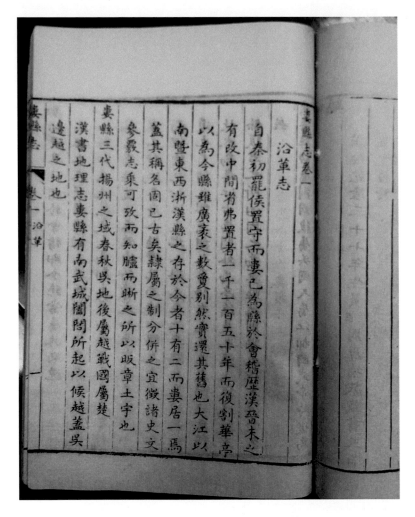

奇豐額敍曰:「國家承平百四十年矣。疆圉之式廓,生齒之阜繁,與夫軌制、圖書、典章、文物之盛,凡可載筆而書之者,推校隆古,實罕倫比。而余竊謂天子仁愛斯民,雖極之海甸遐陬,皆在九重禁闥之內。惟茲東南億兆姓,由祖及父,由子及孫,屢睹時巡鉅典,傾葵向日,帳殿承恩,鼓舞康衢之眾,涵濡德澤之深。見見聞聞,尤難殫述。憶自通籍後,秋曹十載,奉命觀察粵東,廉訪至黔,維藩至皖,旋移節桂山,所至皆巒輿未經之地。閻閻聞聲景慕,靡不覭覭,蓋猶是轂交蹄劇、士女和會之區,以不若瞻就呼嵩,誠為幸事。今茲捧檄入吳,政煩任重,慮不克勝,弟視闤郭溢郭,此邦最稱天下富

蕃。洪維聖祖仁皇帝、我皇上省方覃慶，淪浹崇深，雖草木之微，亦載榮光，何其盛歟？未幾，婁邑謝令以新輯邑志請序於余，展卷備知斯土累荷列祖教養深仁，侍輦依光，恩頒優渥，貸逋捐額，至再至三。其有蘭渚碧雲，繡岩紅岫，朝堂元老，瀛海仙班，仰傑構於奎章，炳星雲於宸翰，固屬不刊鴻軌。至考邑之名婁，自秦創建，隸會稽郡，漢、晉後省弗置者千餘年。蓋今之婁，僅古婁一隅，中間廢而為崑山，析而為華亭。核之唐、宋華亭舊地，又僅七之一，而其形勝之管轄津要者，自秀州北注，上承震澤，下達巨海，江湖之通塞，土田之肥瘠，繫於生民利濟者至重。防海一法，古以吳淞為扼塞地，自範浜既鑿，賈檣節舫鱗次於郭外，浮洋巨艦，直駛至焉。宿師儲糧，不可不備也。其物產之最著者，東吳秔稻，自古稱之。凡利用阜財之道，民生好勤，當與之開源節流。宰斯土者，宜何如宣上德意以撫柔此民乎？山川人物之勝，九峰雖僅劃其四，然二俊遺址在焉。華亭之谷、平原之村，日下雲間，流風未艾。觀《四庫全書》，婁之所獻，得預庋藏者，三十四種。彬彬著作，其聞教於老成碩彥者有自來，而化澤旁敷，賢才奮起。昔人有言，『日方升而四海明，天方春而萬物作』，其是之謂乎？惟分置後，黌宮尚華亭共之。雍正初，又析為奉賢、金山，四學共一學耳。今奉、金各自立廟，婁尚闕焉。其在紳士之合志同心，抑賴賢守令之善為董率乎？書中條目，有倫有脊，苟非金馬、石渠之才，網羅畢至，曷克華實萃美若此？鄭夾漈所謂非老於典故者不能也，而余又謂聖聖相承之跡，歌《時邁》，煥天章，捐正供，勤考績，煌煌數大典，一邑之庥光，即斯志之冠冕也。敬讀而為之序。乾隆五十二年歲在丁未小春下澣，賜同進士出身、江蘇承宣使奇豐額撰並書。」

楊壽楠敍曰：「自秦始以婁置縣，迄梁改信義，旋分信義，置崑山。唐有分崑山，置華亭。國朝順治十三年，迺析華亭，復置婁縣。雍正二年，又析婁地，置金山。今地較唐華亭僅七之一。然附郡垣，輨津要，稱臣邑焉。邑向無志，華亭惟前明舊本，府志亦百年未修。徵文考獻，創始未易。歲甲辰，謝君自南菑任再期矣。會副憲陸耳山先生讀禮家居，爰敦請撰錄。副憲以禁廷巨筆，嚴立體裁，又得孝廉徐莪泚諸子分任纂輯。是冬，余出守此邦，公餘，亦勉勤討覈，逾年而稿成。又二年，校刊畢。蓋是志體要，差云賅備矣。余嘗以為，守令，親民之官也，鄉大夫、鄉先生、鄉老，民之師表也。古者，官與民常相親，微特飲射讀法已也。朝夕皆可亟見，里巷皆所親歷，利易以興，弊易以除。自吏治衰，多立制防，其能者趨走承奉以為工，次或矯厲以示威，甚且

飢骸以徇私，由是吏胥得因緣為奸。譬諸一家之中，父子兄弟夫婦怡然聚順也，或反信用僕婢，僕婢肆，嫌隙生，詬誶起矣。不大惑乎？害可勝言乎？且士民咸知順其長上，父兄皆思谷其子孫。為長上者誠推實心，秉公議，蘄教育其子弟，而謂其父兄或不樂於從令，此必非人情。余以迂疏，膺茲典領，祇慎率職，懼不克共。每緣公事，接晤諸紳耆，博訪周諮，冀得有所裨益，諸紳耆幸不余棄也。比年，重修郡庠，增葺方正學祠，咸率先相勸，聿觀厥成。婁學雖未克立，新建雲間書院，寔在其境，講讀有所，修膳有資，若齋若廚，用物咸備。今春，延名師以主之。執經請業者，百數十人，釋菜晨興，然藜夜誦，上溯二陸之清芬，近誦文敏、文恭之駿烈，烝烝日上，蓋嘗歎吾郡諸紳耆，為其子弟謀至深且遠也。屬在守吏，不亦與有榮乎？自南為令，首加意於志。其於列聖之恩典、田賦之定額、水利之廢興，與前令之善政，採輯尤詳，可謂知所先務矣。抑事莫難創始，而尤蘄善承，有善承而後創者可久。若作室家，垣墉墍茨備矣，時而修葺之可已乎？亦惟毋騖虛名，毋徇私利，嚴馭吏胥，毋滋弊端。其得為者勉諸己，其未得為待諸人，要於盡心爾已，志其一端也。今秋，余攝蘇郡篆，行將奏計入覲，自南以序請，爰書其略，且以諗夫繼斯任者。乾隆五十三年歲次戊申孟秋中浣，賜進士出身、知江蘇松江府事、代理蘇松等處督糧巡道、署蘇州府知府清江楊壽楠撰。」

此本版多有損壞，當為後印本。

二、〔光緒〕婁縣續志

（一）清光緒刻本婁縣續志　807.2／37

〔光緒〕《婁縣續志》二十卷，清汪坤厚、程其珏修，張雲望等纂。清光緒五年（1879）刻本。6冊。半葉11行，行21字，小字雙行同。下黑口，左右雙邊，單魚尾。版心上鐫「婁縣續志」，中鐫卷次及目名，下鐫頁碼。書高25.2釐米，寬15.6釐米，框高19.2釐米，寬14.5釐米。有牌記「光緒丁丑年編／婁縣續志」。首有清光緒四年（1878）五月沈葆楨《婁縣續志沈序》、光緒五年二月吳元炳《婁縣續志敘》、光緒五年二月勒方錡《婁縣續志勒序》、光緒四年正月劉瑞芬《婁縣續志劉序》、光緒四年四月趙佑宸《續修婁縣志趙敘》、光緒五年汪坤厚《序》、程其珏《重修婁縣志敘》、凡例、纂輯銜名、水道圖（婁西北水道、婁西南水道、婁南境水道、婁邑全境水道圖、婁東北水道）、目錄。

汪坤厚（1819～1899），字漁垞，晚號華潭，浙江蕭山人。監生，光緒二年（1876）任嫠縣知縣。程其珏（1834～1895），字序東，江西宜黃人。清同治十三年（1874）進士，光緒三年（1877）任嫠縣知縣，後擢太倉直隸州知州。張雲望（1817～1905），字泰封，號椒岩，嫠縣人。清道光三十年（1850）進士，歷官福建道御史、山東補用道。

沈葆楨序曰：「光緒三年，嫠縣重修邑志成，縣令程君其珏舉其略以請曰：『嫠志舊出陸耳山，體例謹嚴，採取賅備，今志因之者多。其較前志加詳者，曰賦稅，曰節義，曰學校。盍敘其義以示來茲？』余惟前明吳賦之重甲天下，嫠其一也。我朝休養生息，一再議減而未已，固各大吏宣上德，達下

情，然非國家深仁厚澤，烏可望也。粵匪事起，婁被蹂躪，其時抗賊而死者，雖婦人孺子咸致命遂志，相戒以草間偷活為恥，蓋德意之涵濡久矣。饑食渴飲，習而忘之，一旦猝被兵革，乃知吾祖若父以養以誨，以長我子孫者，悉出高厚覆幬之賜，忠義之氣，有勃勃不可遏抑者矣。抑又聞之，士習與民風相表裏者也。書院即鄉學遺意，儲才寬則收效遠。今日之士皆異日之臨民者也。諸生以時弦誦，揖讓其中，必知朝庭之待士者，實別異於凡庶，而因深思夫君上興養立教之意。學古入官，克自樹立，無為邑中婦孺羞，俾後之秉筆者有所取以潤色，是篇庶乎得之矣。光緒戊寅夏五，督江使者侯官沈葆楨謹敘。」

吳元炳敘曰：「順治十三年，析置婁縣。婁與華亭同為附郭邑，而郡城以內之地，婁不及三之一。雍正間，析婁所屬一鄉及三鄉之半立金山縣。今因之。歷久未有專志，至乾隆五十三年，知縣謝庭薰創纂志書，延陸耳山先生任其事，頗稱完善。嗣是無續之者。百餘年來，制度、典章不無沿革，中經兵燹，徵信為難。今牧令程君其玨承修邑志，董勸紳士纂輯採訪，不遺餘力。書成，請序於余。取閱之，乾隆以前大率因沈志之舊，以後於賦役一門，尤加詳焉。松郡田賦繁重，迭次減裁，原委悉備。粵寇之亂，致命遂志者未易更僕數，茲亦一一載入，於聖朝深仁厚澤，維持風化之意，不無小補云。光緒五年歲次己卯二月，撫吳使者吳元炳謹序。」

勒方錡序曰：「婁縣以順治十三年始割華亭分建。婁之有志，實始於乾隆五十三年，時知縣事者為謝公庭薰，延請任秉筆事者耳山陸先生也。先生故宿儒，淵雅博懿，長於史才，疆域不載星野，人物不分門目，義例極明簡，洵善本也。自分建後百三十有餘年，而志始作。自作志後，迄今又將百年矣，而志始修。顧前此百三十餘年間，海宇承平，重熙累洽，士安弦誦，民忘耕鑿，故閱時雖久，而故家遺俗，猶有存者，蒐採或易為力。近百年來，中經兵燹，東南糜爛，民獻凋謝，典章零落，修志之舉，有難於作志十倍者。光緒紀元，師武臣力，簫勺群慝，寇孽就殄，我皇承緒，寰區乂安。歲乙亥，江蘇巡撫吳公有續修通志之舉，檄下郡縣，各事採輯，蓋深慮兵燹之後，人文散佚，失此不修，將愈久而愈莫可考也。越三年丁丑，《婁縣志》告成，而請序於方錡。方錡不敏，何足以辱斯請？第念志書之作也，其為民生國計所關者，莫重於田賦；其為世道人心所繫者，莫先於節義；其為風化之所轉移、人材之所培養者，莫大於文教。若夫山川之險夷，疆里之大小，物產之盛衰，既非月異而

歲不同，固無事更張為也。是書也，於舊志之可仍者，一切因而不改，獨於田
賦之蠲減則備載原委，節義之奮發則不遺寒微，文教之振興則嚴立課程，捐
給膏火，一一具著於篇。俾夫後之來守斯土者懍然知民生國計之所關，世道
人心之所繫，風化之所由轉移，人材之所由培養，胥於是乎在，而於治道思
過半焉。是又修志者之初心，而方錡尤不能無厚望也已。光緒五年二月，江
蘇承宣使者勒芳錡序。」

劉瑞芬序曰：「凡兩邑共城而治者，大抵皆昔合今分。雖疆域華離，而風
土人情要無大異。志之者，但各紀掌故而已。然其書優劣相去，往往不可以
道里計。余獨於華、婁二志，歎觀美焉。往歲春，余奉命攝篆海關，備兵蘇松
太。時各郡縣均有修志之舉，而松屬先次第成書，來索余敘，餘次第應之。稍
後，乃及華、婁。婁之為縣最古，唐析崑山、嘉興、海鹽，置華亭縣，昆即古
婁境也。國初，復析華亭，置婁縣，其所得故婁地，轉不及十一，然則今之
婁，實與華為一家。但既自立縣，即宜自有志。余為華亭尹楊君開第序，極歎
舊時王志編纂以土斷，深得志法，而新志雖多所增訂，亦能實事求是，無損
前人之美，而相得益彰。及觀婁尹程君其珏志略，乃又歎前後相因，彼此相
效。分出之，則各著其長；合校之，則並臻於美。有如是夫！婁舊志創作於乾
隆五十三年，出陸耳山廷尉手，今所稱謝志者也。廷尉海上宿儒，故其為
書，討論淵博，體例精嚴，如不傅會星野，不泛收藝文，以婁析自華，紀載易
混，一切覈其確係今之婁者而後書。人物自藝術、流寓、列女、方外外，不強
分門，但以時代次列傳，尤合史家義法。程君悉因而續之，惟田賦、節義、學
校，視舊志為尤詳，亦以事增而文不得故省，與華亭新志同。余因比而論
之。方廷尉之為婁志也，華亭志久廢缺，後三年而王志成，所謂以土斷者，實
發於廷尉，王特因之，又加嚴焉。而楊君復取其列傳之法，以稍變王志之
例，是華亭新舊二志之美，未嘗不兼效婁志也。而王氏舊以水利、海塘、田賦
繫國計民生之重，論載不厭其繁，故新志亦踵增之。今程君之志田賦，無異
華亭。婁故無海塘，乃更加意於節義、學校，蓋所以維風教、培人才，雖非婁
所獨有，然兵燹以來，忠烈之見於婁者較多，闡揚不可不至，而分俸課士，宏
獎風流，尤君所勤勤懇懇，以期後人之承而不廢者。是前後相因之際，固非
必有意於效華志，而各著其長，並臻於美，而實不相謀，而適相成也。嗚
呼，志也者，為治之譜也，豈直文字哉？然余觀自來志家動輒以後詆前，而
同時相則效者，尤不可得。彼固謂非苛摘人短，無以自表暴也。嗚呼，其於文

字如此,即其為治,已可概見。今程君由舊史氏出為邑大夫,肶然以興養承教為先務。及其為志也,又欿然不以史才自多,而惟善之從如此,則其與楊君共城而治,必能相規相勉,以底於德化之成,可拭目俟也。《書》曰:『同寅協恭,和衷哉。』余於程君之志覘之,因書其意為序,且以諗他守令之方有事於志者。光緒四年戊寅正月,布政使銜署理蘇松太兵備道、海關監督貴池劉瑞芬序。」

趙佑宸敘曰:「賦稅者,國用之所由出也;節義者,人紀之所由立也;學校者,士品之所由植也。賦稅不詳,則猾吏無以懲其奸;節義不尊,則編氓無以興其感;學校不重,則寒畯無以受其惠。之三者,皆一邑最要之政,而修邑乘者所萬萬不可稍略者也,茲於婁縣續修志得之。婁縣本華亭地,國朝順治十三年始析為縣。乾隆間,知縣事謝公創縣志之舉。今將百年,而重修之。余方自京口移守來此,婁邑令宜黃程君以志稿示余,且請序。於受而讀之,亟為稱善,蓋斯志於賦稅、節義、學校特為加意,較舊志詳而又詳焉。蘇松賦重他郡,自明已然。邇來迭次酌減,著為成例,然吏胥往往緣以為奸,實惠未必在民。斯志於婁賦舊者如干,新者如干,一一載入,不憚其繁,而後吏胥不得而重輕其間矣。粵寇之難,邑之以身殉者甚眾。斯志旁搜博採,悉著於篇。此不獨忠臣義士、節婦烈女之貞魂毅魄,永賴以慰,而風教之維持,實繫乎此矣。邑之有書院也,與學校相表裏者也。程君於月課、小課外,設署中會課,以試肄業生,又設登瀛會課,以專試孝廉。斯志備載之,俾後之宰斯邑者踵而行之,則所以嘉惠士林者,歷久不懈,而士氣奮興,交勉於砥言礪行,以相與有成,且不獨科名之接踵矣。舊志成於陸耳山先生之手,先生以宿儒秉筆,考掌故,正體例,至清至嚴,故人物不分門目,疆域不分星野,其識有過人者。茲志之成,程君延吾師張椒岩先生裁定之。其鄭重於賦稅、節義、學校三大端,則尤提綱挈領,而所見能舉其大,即質之耳山先生,亦引為同心也。余因程君之請,重以吾師之命,乃不辭而為之序。光緒戊寅四月,署松江府事、江蘇鎮江府知府鄞縣趙佑宸謹敘。」

汪坤厚序曰:「憶乙亥夏,大吏方檄修邑志,而婁與華為松江附郭邑,宜首先舉辦,以為各邑倡。自維窾陋,雖遊學京師十年,曾不得以科名顯,筆墨之事,彌自愧也。然既承乏斯土,夫何敢辭?顧以地輿之遼闊、世運之推遷,與夫學校綱常之興廢,而兵燹以後,思徵文考獻而無存者,蓋邑志之失修久矣。乃於公餘之暇,得訪侍御茉岩張君,與之上下其議論,因悉其奉職承明,

留心掌故，與纂修於史館者有年。爰亟延訂，而以其從子丙章庶常，與貢士
蘭圃杜君諸人，據前志而續輯之。嗣是而余以因公去職，退處枌鄉，不復與
聞問。己卯夏，侍御謂余為始事之人，以完稿郵示而問序於余。余於展閱之
下，見其書凡二十卷，首宸翰，以尊崇體制；終流寓、方外，以博採人文。其
間各志與表傳諸篇，莫不法史筆之謹嚴，備方輿之記載，如寓繁於簡而水利
悉夫源流，紀月編年而祥異有所考證，以至學士大夫之著作，則類聚而門分，
忠魂毅魄之搜羅，亦闡幽而顯微。麟麟炳炳，蔚然成書，非始事者之幸，而亦
何必非始事者之幸也？因摹其大略而記之。光緒五年歲次己卯，前知婁縣事
蕭山汪坤厚書。」

程其玨序曰：「婁為縣古矣，肇自秦，迄漢、晉、宋、齊未改也。蕭梁後，
遂廢屬他邑。至我朝順治十三年，仍立縣，復舊名。其時聊且粗略，未遑修
志。乾隆丙午，前宰謝公始創修之，延請陸耳山先生任其事。陸公本宿儒，討
論淵博，體例精嚴。書成，頗稱完善，嗣是無續之者。百年來，賦役繁簡，典
禮之廢興，人材之盛衰，考諸文獻，已無徵矣。中丞吳公慨然有續修江南通
志之志，久命各屬纂輯邑乘，匯省局採擇。余視事時，婁志尚未告竣，公餘之
暇，輒與邑之名宿商酌而考訂之，閱數月蕆事，為書凡二十卷。余維志之修
也，創者難，因者亦匪易。前志匯千百年掌故，僅勒書三十卷，簡矣。然班史
較《史記》多三十餘萬字，非冗也，事增而文不得不增也。是志之續，年久例
繁，聲名文物，敘次加詳矣，而一邑之所關係，當不盡此。我國家恩澤洋溢，
有加無已。婁之田賦，迭經減裁，兵燹後，以節義著者疊荷旌恤，而於學校人
材培植更厚，歷宰體朝廷德意，疊創課士之法，余亦有小課、會課之舉。三者
政治之大者也，故尤加意焉。夫邑之有志，寧惟是捃摭補綴、誇多鬥靡云爾
哉？民生國計之大，人文風化之原，將於是乎徵之。是志之簡不若武功，其
繁也較之寶慶，未識以為何如？然亦足備輶軒之採擇，資長民者之考鏡。孟
夏月，余移任嘉定，適剞劂已畢，因舉大要，弁諸簡端。後之覽者知一方之政
事，其所重者在此，相與休養生息，鼓舞振興，仰贊聖天子治化之盛，豈不懿
與？賜進士出身、翰林院庶吉士、署江蘇松江府婁縣事、嘉定縣知縣豫章程
其玨撰並書。」

是志體例大體沿襲乾隆志，「經前志編入者不贅，間有所遺，量為補纂」
（本志《凡例》），刪食貨志，而增水利志、兵事志，有十二志、二表、五傳。
是志於民賦志、學校志、人物傳之節義部分著墨頗多。卷一宸翰志，卷二建

置志，卷三疆域志，卷四至五水利志，卷六民賦志，卷七學校志，卷八軍政志，卷九祠祀志，卷十藝文志，卷十一名蹟志，卷十二祥異志，卷十三兵事志，卷十四官師表，卷十五選舉表，卷十六至十七人物傳，卷十八藝術傳，卷十九列女傳，卷二十流寓傳、方外傳。

《中國地方志聯合目錄》、《中國地方志總目提要》著錄，《中國古籍總目》著錄，《上海地方志簡目》、《上海方志資料考錄》、《上海方志提要》、《上海方志通考》著錄。

有《中國方志叢書》影印本，成文出版社，1974 年出版；又有《中國地方志集成·上海府縣志輯》影印本，上海書店，1991 年出版。有杜東嫣點校本，收入《上海府縣舊志叢書·松江縣卷》，上海古籍出版社，2011 年出版。

除上海博物館圖書館外，中國國家圖書館、中國民族圖書館、上海圖書館、首都圖書館、天津圖書館、湖南圖書館、吉林省圖書館、廣西壯族自治區圖書館、蘇州圖書館、北京大學圖書館、北京師範大學圖書館、復旦大學圖書館、華東師範大學圖書館、南開大學圖書館、四川大學圖書館、遼寧大學圖書館、江蘇師範大學圖書館、中國科學院圖書館、中國國家博物館、故宮博物院圖書館、南京博物院、上海辭書出版社、臺灣「中研院」史語所、臺灣故宮博物院圖書館、日本國會圖書館、靜嘉堂文庫、東洋文庫、京都大學人文科學研究所、東北大學圖書館、美國國會圖書館、哈佛大學哈佛燕京圖書館、哥倫比亞大學圖書館、芝加哥大學圖書館等收藏；又有鈔本，藏北京師範大學圖書館。

（二）又一部　清光緒刻本婁縣續志　807.2／37：2

〔光緒〕《婁縣續志》二十卷，清汪坤厚、程其珏修，張雲望等纂。清光緒五年（1879）刻本。6 冊。半葉 11 行，行 21 字，小字雙行同。下黑口，左右雙邊，單魚尾。版心上鐫「婁縣續志」，中鐫卷次及目名，下鐫頁碼。書高 25.2 釐米，寬 15.6 釐米，框高 19.2 釐米，寬 14.5 釐米。有牌記「光緒丁丑年編／婁縣續志」。首有清光緒四年（1878）五月沈葆楨《婁縣續志沈序》、光緒五年二月吳元炳《婁縣續志敘》、光緒五年二月勒方錡《婁縣續志勒序》、光緒四年正月劉瑞芬《婁縣續志劉序》、光緒四年四月趙佑宸《續修婁縣志趙敘》、光緒五年汪坤厚《序》、程其珏《重修婁縣志敘》、凡例、纂輯銜名、水道圖（婁西北水道、婁西南水道、婁南境水道、婁邑全境水道圖、婁東北水道）、目錄。

（三）又一部　清光緒刻本婁縣續志　807.2／38

〔光緒〕《婁縣續志》二十卷，清汪坤厚、程其珏修，張雲望等纂。清光
緒五年（1879）刻本。6冊。半葉11行，行21字，小字雙行同。下黑口，左
右雙邊，單魚尾。版心上鐫「婁縣續志」，中鐫卷次及目名，下鐫頁碼。書高
25.2釐米，寬15.6釐米，框高19.2釐米，寬14.5釐米。有牌記「光緒丁丑年
編／婁縣續志」。首有清光緒四年（1878）五月沈葆楨《婁縣續志沈序》、光緒
五年二月吳元炳《婁縣續志敘》、光緒五年二月勒方錡《婁縣續志勒序》、光
緒四年正月劉瑞芬《婁縣續志劉序》、光緒四年四月趙佑宸《續修婁縣志趙
敘》、光緒五年汪坤厚《序》、程其珏《重修婁縣志敘》、凡例、纂輯銜名、水
道圖（婁西北水道、婁西南水道、婁南境水道、婁邑全境水道圖、婁東北水
道）、目錄。

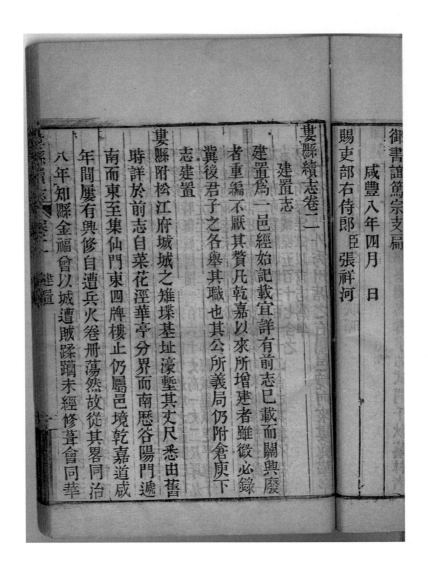

第七節　寶山縣縣志

　　寶山，雍正三年（1725）析嘉定東境置，以吳淞所為縣治，領守信、依仁、循義、樂智四鄉十三都，隸太倉直隸州，屬江南江蘇布政使司。後改屬江蘇省蘇松太道。民國元年（1912），屬江蘇省。民國三年（1914）一月，屬江蘇省上海觀察使，觀察使轄境同清代的蘇松太道。五月，改屬江蘇省滬海道。

　　寶山縣志，最早為清乾隆七年（1742）秦藻所修之稿本，其內容今已不知。現存最早的是趙西修，章鑰纂〔乾隆〕《寶山縣志》十卷首一卷，清乾隆十一年（1746）刻本。寶山縣於修志之事頗為重視，其後又有：清梁蒲貴、吳

康壽修，朱延射、潘履祥纂〔光緒〕《寶山縣志》十四卷首一卷，清光緒八年（1882）學海書院刻本；張允高等修，錢淦、袁希濤纂〔民國〕《寶山縣續志》十七卷首一卷末一卷，民國十年（1921）鉛印本；吳葭修，王鍾琦纂〔民國〕《寶山縣再續志》十七卷首一卷末一卷，民國二十年（1931）鉛印本；趙恩鉅修，王鍾琦纂〔民國〕《寶山縣新志備稿》十三卷首一卷，民國二十年（1931）鉛印本。此外，陳如升撰〔光緒〕《重修寶山縣志稿》，清稿本；王家芝熱心縣志修纂事業，又輯有《王家芝先生寶山縣志採訪所得》。

上海博物館圖書館藏寶山縣志四種八部：〔乾隆〕《寶山縣志》二部，〔光緒〕《寶山縣志》一部，〔民國〕《寶山縣續志》二部，〔民國〕《寶山縣再續志》三部。《王家芝先生寶山縣志採訪所得》稿本亦藏上海博物館圖書館，因係縣志資料，而非嚴格意義上的縣志，故不列入此處。

一、〔乾隆〕寶山縣志

（一）清乾隆刻本寶山縣志　807.2 / 223：1

〔乾隆〕《寶山縣志》十卷首一卷，清趙酉修，章鑅纂。清乾隆十一年（1746）刻本。2 函 12 冊。半葉 11 行，行 21 字，小字雙行同。白口，四周雙邊，單魚尾。版心上鐫「寶山縣志」，中鐫卷次，下鐫頁碼。書高 24 釐米，寬 17.5 釐米，框高 19 釐米，寬 15.2 釐米。首有清乾隆十一年八月陳大受《寶山縣志序》、乾隆十一年三月崔紀《寶山縣志序》、乾隆十一年四月安寧《寶山縣志序》、乾隆十一年二月翁藻《寶山縣志序》、乾隆十一年十二月託恩多《寶山縣志序》、乾隆十一年三月傅椿《寶山縣志序》、蔡長澐《新修寶山縣志序》、乾隆十年（1745）十月趙酉《寶山縣志序》、乾隆十年十一月章鑅《寶山縣志序》、分縣部議、分城部疏、分志詳文、鑒定銜名、訂輯姓氏、凡例、目錄、繪圖（縣境全圖、縣城圖、縣治圖、縣浦港行鎮關津合圖、縣海塘營汛合圖、江東寶山圖、縣境水利全圖、吳淞江圖，附縣境方位圖號）、部卷頁數。

趙酉，字文山，甘肅秦州人。貢生，清乾隆八年（1743）任寶山知縣，十三年升太倉知州，旋擢蘇州知府。章鑅，字鳴山，浙江會稽人。

陳大受序曰：「寶山分自嘉定，歷二十載，志乘未備。乾隆八年，秦州趙酉來宰斯邑，與諸紳共舉而脩之。本嘉邑舊志，復旁搜採，薈輯分增，延友編訂，分為十卷，閱三載而書告成。竊嘗謂縣之有志，猶國之有史，所以記善惡、寓褒貶、樹風聲、鑑將來，非但為記載之虛文已也。且夫導民成俗，端賴

風教。寶邑地處邊海，俗悍民頑，久稱難治。然邇年以來，時和年豐，艸野盈
寧。《魯論》云：『既富矣，又何加焉？曰：教之。』當斯時也，守土者之責唯
在興行教化耳。余觀趙令之新志，其所載土田、賦役、物產、形勢、營制、風
俗，類皆不離乎嘉定舊志，而於忠孝節義之事，表微發幽，懇懇然，諄諄然，
獨加詳焉，殆亦託記載之文為立教之一端乎？余自撫蘇以來，赴寶邑查勘塘
工者再。近奉命閱兵吳淞，吳淞即寶山治，由上洋陸行數十里到吳淞，途間
所見，村舍聯絡，綠樹掩映，中有蒼蔚之氣，其溝塍鱗集，嘉禾茂密，碧黃相
間如錦，士女之出而環望者，熙熙恬恬，秩秩循循，余茲欣焉。意者其風俗亦
可漸臻於醇歟？斯正教化可施之候也，余於趙令有厚望焉。書成，即以是弁
諸首云。乾隆十一年歲次丙寅秋八月，太子少保、巡撫江蘇、兵部右侍郎兼
都察院右副都御史祁陽陳大受撰。」

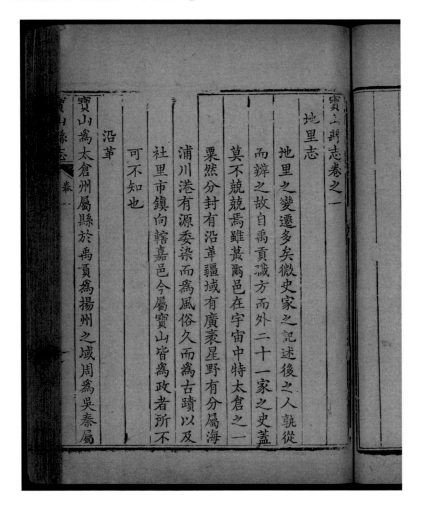

崔紀序曰：「嘉定之為縣也，昉於宋，其陞為州則於元，復改為縣則於明，而析其半為寶山縣在國朝雍正三年。蓋嘉定為江南之東北境，瀕於大海，海舶之所通，即奸宄之所聚。自宋以來，號稱劇邑。又其幅員甚廣，賦稅甚多，非一縣令之所能治，故析其半為寶山，實因地制宜之碩畫。獨是邑既新分，則凡疆域、田賦、職官、人物，與夫古蹟、禨祥、寺觀、丘墓、民風、物產之隸於新邑者，自不得因循苟且，仍混於嘉邑舊志。此邑令趙君《寶山縣志》之所為作也。雖然作志之難與作史等，考核必極其精，是非予奪必極其當，乃可以信今而傳後，故作史者貴有三長，作志者亦缺一不可。趙君為秦州名諸生，其選於鄉而貢入成均也，余適主講席，每有課藝，輒冠其儕耦。余嘗許其才、學、識三者，可以抉金匱之藏，抽石渠之秘。已而以才能薦舉，積勞議敘，得寶山邑令。邑固劇地，則君又初至江南為邑宰，意者如龐士元之宰耒陽乎？抑戴星出入，僅僅補苴，無餘力以事筆墨乎？迨余昨歲視學江左，而君循良之聲籍籍遠近，進見時，惟縷述地方利弊、民生休戚不去口。余固知其能以經術飾吏事矣。歲暮，復郵寄所撰邑乘，索序於余。噫！君豈欲以是見才、學、識之長耶？夫固以是為一方社稷民人、政教風俗之所係，不可以當我任而闕如也。則推此而於地方民生之切務，其肯使有一端之闕失者哉？今讀其志而分門別類，按部就班，咸井然不紊，燦然可觀。君雖不自以為能，而讓其能於友朋之搜輯、都人士之商榷，而要之採集眾長，折衷盡善，非君不為功，余於是知其考核之精，是非予奪之當，必有無愧乎古之作史者。即以是為他日存躋崇班、典大制作之嚆矢可也，爰不辭而為之序。提督江蘇等處學政、國子監祭酒、記錄四次崔紀撰，乾隆十一年三月　日。」

安寧序曰：「州縣之有志，所以備考核，譜職方，亦猶列國有史，下至州閭記言書事之意也。寶山本嘉定地，滄波浩渺，無崇山高嶼為之表識，當煙雲晦冥，長風巨浪，帆檣迅疾，震盪無定。明永樂時，築土為山，烽臺巉嶻，使海舶千里外可見，實為鎮守洋口所設。世宗憲皇帝時，允制撫分縣之請，因即以是名縣，迄今二十年矣。秦州趙令來宰是邑，以地既分畫，書難混淆，乃摭舊志，釐正詳覈，分門類為十，曰地里、建置、禨祥、物產、田賦、職官、人物、選舉、藝文、雜志，凡十卷。書成，謁予請序。予按嘉定在蘇郡東，宋嘉定十年始置縣。元元貞二年陞州，明洪武二年復為縣，蓋改易者屢矣。寶山廣袤通百里，建治在吳淞營之城，其接壤東為崇明，西為嘉定，南為

上海，而北與大洋最近。昔人謂其地去海不半日，往者颶風大作，海水飛溢，平地水數尺，瀕海民隨流上下，無安居。今國家治隆前代，海不揚波，年歲豐阜，耋艾嬉遊歌詠。按之舊志，益見際太和之盛。且二十年來，浮糧減，海塘興，聖天子屢命節鉞大吏巡視，所以撫恤之者甚至。然則邑志之創脩，非徒紀疆土之沿革，亦以昭湛恩之汪濊無窮也。官斯土者因地制宜，牧馭有法，庶無負設官分治之意。予爰因趙令之請，而樂為之引其端焉。時乾隆十一年歲次丙寅四月，江蘇布政使安寧撰。」

　　翁藻序曰：「惟我聖朝累治重熙，日新月盛，地益加闢，戶益加繁，治理彌周，德化彌厚，故自一統志而外，分而為省為郡，以下及於縣，莫不有志。志以志其道里之廣袤、田賦之多少。高卑燥濕，以辨其土性，而物產於是出；剛柔強弱，以辨其人情，而政教於是成。里語方言、民風土俗，植而為草木，動而為禽魚，貴其詳，無貴其略，則縣志之功為尤多。秦州趙君以循卓之行為尹於寶山，不一二年，人和政理，乃於其暇日聘禮淹雅之儒，相與搜羅抉剔，考諸古，證諸今，輯而為縣志十卷。即以付之剞劂而問序於予。予展而閱之，因以歎寶山之不可無志。志寶山者較難於他邑，而趙君是編實惟良工心苦己。夫邑志者，志其邑之山川風物也，山川由舊，風物亦不改於今。前人或有成書，增其新而補其闕，譬若考室者，堂構依然，棟宇無恙，而歲月歷久，風雨漂搖，後之人取其傾撓者而整葺之，加之以丹朱，則煥然改觀，要亦易易耳。乃今日所謂寶山，實出自嘉定，割四鄉而縣之，而以吳淞舊營為縣治。此如敍世系然，別子為祖，繼別為宗，支派既分，不可復合。他日誌嘉定者，當必不志此。脫無是編以為之紀載，將置此一同百里山川風物於何所乎？則他邑之志志於因，而茲邑之志志於創。以創較因難已，矧本有而新分，匪本無而特建，是又寓因於創，而其事為更難。何則？蓋未分以前，嘉即是寶，寶即是嘉。必以始分之日，為江水濫觴，則中邦土宇數千百年聲名文物之區，不異邊隅之初拓，弊則失之疏。然今二十年來，亦既別之於嘉定，苟枝峯蔓壑，轉相鉤連，無以自見，為寶山不又弊失諸雜乎？袪是二弊，而決擇之精，溯其前，別其後，俾觀者暸然如指諸掌，我於是編庶幾無遺憾矣。又非直如此也。志一事，例冠一敍，他志類然，無足異。而是編原其所由分，謂其土廣而民眾，土廣則賦役慮其擾，民眾則生養慮其難。涖茲邑者，烏可有侈肆之心，而忘保恤之道歟？一篇之中，三致意焉。趙君不更足多乎哉？乾隆十一年丙寅仲春月，江南江蘇等處提刑按察使司按察使加一級仁和翁藻撰。」

　　託恩多序曰：「邑之有志猶國之有史，大小分而其傳信則一也。志之所係，於邑大矣哉。乙丑冬，予奉簡監司蘇松太三郡，遍歷疆宇，過太倉州之轄邑寶山縣，南帶吳淞，東控大海，里人相傳寶山之舊址在汪洋中，蓋不勝滄桑之感矣。及詢建縣之由，為嘉定分疆，始於雍正三年，迄今計二十年。其城郭完固，人民稠雜，雖濱海一隅，獨當衝要，亦三吳之屏障也。舊志屬嘉定，所載雖詳，然地既分，則風土各異，事有崇屬，書有崇紀，寶山之不可無志也明甚。而邑令趙君適捧所輯新志告成，請序於予。且夫志以傳信，是非可否，凡所以寓筆削、示褒貶，使善者勸，惡者懲，所關於風俗人心者，匪細故也。況版圖則有紀，兵賦則有條，風土習俗則有好尚之異，以及忠孝節烈、仕宦流寓、嘉言懿行，所在都有。職此事者，非兢兢乎，矢公矢慎，考核精詳，其何以信今傳後，俾千百年間覯是書者昭然若揭？余披閱竟，見所載地里、建置若干卷，禨祥、物產若干卷，田賦、職官、人物、選舉若干卷，條分縷析，隰括周詳，可以信今，可以傳後，則以是書為邑之紀載也可，即以是書為邑之文獻也亦可。夫一區濱海，民風近樸，撫是邑者誠因時制宜，教養兼施，俾家敦仁讓，俗尚醇良，使數十年、數百年以後重修輯補，益為是志增光，余將有厚望焉。是為序。江南分巡蘇松太兵備道、按察使司僉事，兼管江海關稅務加二級潘水託恩多書於上洋官署，時乾隆乙丑嘉平中浣吉旦。」

　　傅椿序曰：「天下郡邑皆有志，所以志其建置、沿革、城池、倉庫、山川、社稷、田野、貢賦、人文、物產、忠孝、節烈，凡千百年以上，莫不備載，使千百年以下之人得以考其世運之隆替、故事之得失、習俗之升降，若者可以師，若者可以鑒，若者可觀感而興起，此志之所為作也。若寶之為縣，海濱片壤耳，烏足志？抑或歷年久遠，凡有關於典故者，恐其湮沒而不傳，猶不可以不志也。若寶之分，僅二十年，凡百舉行，皆在睹記中耳，又烏足志？雖然，不可以無志也。寶雖彈丸，建置必有時，社稷必有祀，其間道里有遠近，貢賦有多寡，城郭人民、田疇水利、忠孝節烈，不亞名區，是烏可以不志？且自茲以往，閱數百年以及數千載，非可狃目前而忘遠圖也。脫文獻不足，能無貽憾於將來，又烏可以不志？獨是作志難，創始尤難；稽古難，據今而定取舍益難。自宋南渡後，割崑山之東北隅以建嘉定，雍正三年，又割嘉定之東南隅以置寶山。置縣未久，無舊志可因，此創始之難也。秉筆者必合崑、嘉兩志，參伍而抉擇之，確係寶境之人之事之物而後登焉，否者弗錄，此稽古之難也。即今二十年間，政繁而事劇，聲名文物紛然不可勝紀，非胸有分水

靈犀，何從措手？則取舍之難也。總成其為作志之難而已矣。申、酉間，余牧
婁東，欲檄修寶誌而未逮，今秦州趙君來宰茲土，慨然以難者為先務，延集
紳士，廣搜而博考之，擇焉而必精，語焉而必詳，所謂至難者，趙君舉之若易
易耳。刻竣，問序於予。予固知趙君為天下才，及讀是編，又有以窺趙君之意
矣。蓋寶濱東海，巖險甲於南國。曩者海氛不靖，寶先當其衝，屢戰而屢卻
之，實蘇、松、太諸郡邑之長城也。是編也，敘倭寇始末甚詳且悉，欲使後之
人知武備志不可不飭，而講求之不可不豫，勿以承平日久，而稍弛其不虞之
戒，是則趙君之意也夫，而余尤有所望者。今天子右文致治，教化四達，海隅
日出，罔不率俾。寶雖小邑，而人文日盛，幾與他邑並驅，惟是學宮之建，尚
待異日，不無闕略之憾。趙君勉乎哉！其亦慨然以為難，而身任其事乎？是
又余之所厚望於趙君者矣。是為序。時乾隆十一年歲次丙寅暮春上浣之吉，
中憲大夫、知蘇州府事襄平傅椿序。」

　　蔡長澐序曰：「吳中濱海要區，由太倉而南為嘉定，達松江之上海。雍正
三年，朝廷以蘇、松、常三郡政賦煩劇，升太倉為直隸州，析置鎮洋縣；分嘉
定沿海地，置寶山縣，與嘉定、崇明俱屬焉。今上御極之十年，余奉恩命承乏
是州，而寶山令趙君所輯縣志適成，公餘展閱，其中地里、建置、田賦、職
官、人物諸大類屬，在新疆者，皆條分縷析，援古據今，粲然略具，定創始之
規模，備後來之考核，其用力也勤矣。嘗考今州及所轄之三邑，古皆崑山之
域耳。自宋嘉定中分設嘉定縣，迨明中葉，又分置今州。數百年來，民物殷
阜，俊乂挺生，彬彬稱盛矣。國家重熙累治，聖聖相承，聲教四訖，海隅日
出，罔不率俾。昇平既久，生齒益繁，即寶山一隅，而戶口賦稅之數可抵邊方
數郡，此舊縣之所不得不分也。又按《唐六典》，職方氏掌天下之地圖。凡地
圖，命郡府三十一造，與版籍俱上省。宋因之，有閏年之令，而州縣志興焉。
明洪武初，定制亦然。誠恐過時不舉，則文獻無徵，後雖欲脩無由也。今州之
陞縣之增，二十年矣，而志尚未修。余涖任以來，夙夜兢兢，思與此方士大夫
討論茲事。嘉趙君之精敏，先成是編，既垂新邑之典，故又使余得藉手以輯
州志，可謂一舉而兩得者矣。爰述梗概，書之簡端，若其地之形勢風土與夫
一切政治之宜，趙君之序與志已詳，茲不復贅。奉直大夫、知江南直隸太倉
州事漳浦蔡長澐撰。」

　　趙酉序曰：「寶山舊屬嘉定，地處濱海，土性沙瘠，宜木棉。其民勤於紡
織，歲豐可免饑寒，一遇颶風起，潮浪驚駭，土田漂沒，則流離遷徙，無寧居

矣。前明時，以倭艘突至，此地首當其衝，築山為海舟標識，寶山之名蓋始此。我皇朝列聖相承，治隆化洽，百餘年來，海不揚波，民日庶，事日以繁，於是雍正三年分嘉定之東偏守信、依仁、循義、樂智四鄉為縣，而以寶山名之，轄於太倉州，即舊日吳淞營之城郭置縣治焉。粵稽州縣之必有志，所以紀版圖、兵賦、風土、教令、人物、事蹟，使後之人得有所考焉，而其間成敗興廢、是非得失，其善者足以勸，其否者足以戒，莫不於是乎在，故職司其事者兢兢乎慎之。每當歲久事殊，則又恐舊編殘缺，貽不備不全之憾，爰隨時而勤修葺夫，蓋非得已也。寶山分縣迄今二十年矣，其舊隸於嘉邑志者，既以分屬寶山，曷可不急為分析？且二十年之間，所興革者幾何事，損益者幾何事，以至科第仕宦、孝義貞節、嘉言善行，及今不紀，後之人雖欲徵諸，其將安徵？按志傳所紀，東晉袁崧所築滬瀆壘，宋韓世忠屯兵之地，今皆無確據。即江東寶山舊基，相傳在水中，果否？都未可知。後之視今，亦猶今之視昔也，故跡漫滅穆然，徒見滄海波濤浩瀚，況并無志傳以紀之者乎？余來涖茲土，用是慨然。又奉本州檄，徵取縣志，彙輯州志，遂得吾友會稽章鎪字鳴山者，取嘉定志繙閱之，採輯其分屬寶山者，又參考新縣規條，并徵近時之人物、事蹟、藝文，逐一裁核。余復集紳耆衿彥，面相研訂確實，編次成書，分為十卷。敢曰一方之文獻在是？聊以備採擇云爾。蓋志之義同乎史，是是非非，傳信傳疑，要於不失其公與實而已。而當分縣之初，廣諮博採，義例稍寬，又其勢然也。自茲數年數十年後，重修是志者從而筆削之，其必有諒分輯是志之苦心者矣。若夫濱海之地，蠻悍之俗，政宜嚴並宜寬，宜安靜不宜紛更，寧損上冊損下。繼余而涖茲土者，補缺救弊，時以富教治之，將必有在。土著之人民，子孫世沾減賦築塘之皇恩，景運熙和，相與興仁講讓，士習絃歌，農安耕鑿，俾俗益厚而風益醇，是又余之所深望也夫。乾隆十年歲次乙丑冬十月，江南直隸太倉州、寶山縣知縣趙酉謹撰。」

章鎪序曰：「夫志，記也，積事而記之，以垂徵信。不曰記而曰志者何？蓋所記皆可傳可法之事，足以起觀感，勸人心，故曰志也。郡之有志，昉於宋；邑之有志，創自明。我聖朝命儒臣修一統志，詔天下省、郡、州、縣各修其志，以備採擇，東西南朔並有成書，寶山邑在新分，及今弗志，文獻無徵，後將何述焉？癸亥春，秦州趙公涖茲土，迫衿士之請，而命余輯之。余不獲以無文辭，竊念志之義例，厥與史同，必上考星野，下紀山川，中綜人物，一切戶賦、徭役、典禮、治術，均需該括。見聞不廣則多缺失，持擇不詳則多紕

繆，而且辭尚簡要，道在勸懲，余何人斯，敢任此役？所幸分邑未遠，嘉志具在，事物考據，不甚散軼。爰取舊本，定為新編，或增或刪，以類部署。趙公博贍能斷，從而訂正之；邦人宏通淹雅者，相與校輯之；而寡學承命，每深慚負。書成，付諸剞劂，豈敢曰垂諸不朽？然濱海新邑，得與天下各縣並有成書，庶幾文獻或不患其無徵云爾。時皇清乾隆十年乙丑仲冬上浣之吉，會稽章鏞薰沐謹識。」

是志係「採嘉定舊志，採訪故老」〔註28〕而成，實為初創，因而體例難稱允善，內容亦有不足，有十門，八十七目。「地里志中之開濬水利及方言，田賦志中之永折漕糧始末、扇差沿革等篇，皆至有關係之文字。」〔註29〕第一卷地里志，有沿革、疆域、分野、海浦、川港、開濬水利、倉圩、市鎮、古蹟（附寺觀）、風俗、方音十一目；第二卷建置志，有城池（附寶山）、公署（附監獄、遞鋪、倉廠）、學宮（附小學、義塾、書院、講約、鄉飲）、壇廟（附祠廟）、武衛、海塘、官舍、關津、丘墓（附義冢）九目；第三卷禨祥志；第四卷物產志；第五卷田賦志，上卷有永折漕糧始末、官布始末、加漕始末、清丈田地、平米始末、白糧、扇差沿革、鹽課、門攤、漁課、匠班十一目，下卷有原分田賦額、減運白糧改徵漕糧定額、再奉減免浮糧、升增銀米額、地丁漕項等銀起運存留大總、起運漕白並支給兵行局恤米豆大總、科則派法、科徵銀米各項驗派法、蘆課、學田、屯田、典稅、田房稅、牙稅、牛豬稅、鹽引、常平倉、社倉、人丁、徭役二十目；第六卷職官志，有名宦、邑令、師儒、僚屬、武職五目；第七卷人物志，有仕績、孝義、儒林、隱逸（附藝術、仙釋）、流寓、列女六目；第八卷選舉志，有進士、舉人、貢生、薦舉、例選、雜進、武進士、武舉人、武秩、封廕（附恩榮老人、鄉飲賓、義耆）十目；第九卷藝文志，上卷奏疏、議論、書、序四目，下卷傳、記、賦、詩四目；第十卷雜識志。

是志斷限，起清雍正二年（1724），迄清乾隆九年（1744）。原按卷分仁義禮智信 5 冊，仁冊為卷首、卷一，義冊為卷二至五，禮冊為卷六至八，智冊為卷九上，信冊為卷九下至十。此本裝成 12 冊。

《中國地方志聯合目錄》、《中國地方志總目提要》著錄，《中國古籍總目》著錄，《上海地方志簡目》、《上海方志資料考錄》、《上海方志提要》、《上海方

〔註28〕金恩輝、胡述兆主編：《中國地方志總目提要》，第 9-32 頁。
〔註29〕瞿宣穎：《方志考稿》甲集第六編，第 54 頁。

志通考》著錄。章鑰，《上海地方志簡目》誤著錄作「章綸」，《中國地方志聯合目錄》〔註30〕、《中國地方志總目提要》、《中國古籍總目》、《上海方志資料考錄》、《上海方志提要》、《上海方志通考》誤著錄作「章鑰」，《上海通志》誤著錄作「童銓」。

有《中國地方志集成·上海府縣志輯》影印本，上海書店，1991年出版。有呂瑞鋒點校本，收入《上海府縣舊志叢書·寶山縣卷》，上海古籍出版社，2012年出版。

除上海博物館圖書館外，中國國家圖書館、上海圖書館、南京圖書館、天津圖書館、蘇州圖書館、北京師範大學圖書館、復旦大學圖書館、華東師範大學圖書館、中國科學院圖書館、中國國家博物館、南京博物院、中國科學院南京地理與湖泊研究所、臺北故宮博物院圖書館、日本公文書館、靜嘉堂文庫、東洋文庫、美國哈佛大學哈佛燕京圖書館、哥倫比亞大學圖書館等收藏。

（二）又一部　清乾隆刻乾隆補刻本寶山縣志　807.2 / 223

〔乾隆〕《寶山縣志》十卷首一卷，清趙酉修，章鑰纂。清乾隆十一年（1746）刻乾隆十六年（1751）補刻本。1冊，存卷首、卷一。半葉11行，行21字，小字雙行同。白口，四周雙邊，單魚尾。版心上鐫「寶山縣志」，中鐫卷次，下鐫頁碼。書高24釐米，寬17.5釐米，框高19釐米，寬15.2釐米。首有清乾隆十一年八月陳大受《寶山縣志序》、乾隆十一年三月崔紀《寶山縣志序》、乾隆十一年四月安寧《寶山縣志序》、乾隆十一年二月翁藻《寶山縣志序》、乾隆十一年十二月託恩多《寶山縣志序》、乾隆十一年三月傅椿《寶山縣志序》、蔡長澐《新修寶山縣志序》、乾隆十年（1745）十月趙酉《寶山縣志序》、乾隆十年十一月章鑰《寶山縣志序》、分縣部議、分城部疏、分志詳文、鑒定銜名、訂輯姓氏、凡例、部卷頁數、目錄、乾隆十六年補刻目錄、繪圖（縣境全圖、縣城圖、縣治圖、縣浦港行鎮關津合圖、縣海塘營汛合圖、江東寶山圖、縣境水利全圖、吳淞江圖，附縣境方位圖號）。

此本目錄後一葉為清乾隆十六年（1751）補刻目錄，版心下亦鐫「乾隆十六年補」。

〔註30〕許洪新：《〈中國地方志聯合目錄〉上海部分校讀記》（刊於《上海地方志》1994年第4期）一文已經指出《中國地方志聯合目錄》有此誤。

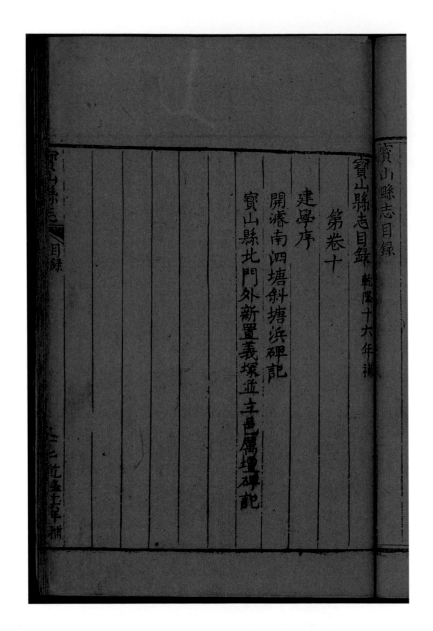

二、〔光緒〕寶山縣志

（一）清光緒刻本寶山縣志　807.2 / 221

〔光緒〕《寶山縣志》十四卷首一卷，清梁蒲貴、吳康壽修，朱延射、潘履祥纂。清光緒八年（1882）學海書院刻本。8冊。半葉11行，行23字，小字雙行同。白口，左右雙邊，單魚尾。版心上鐫「寶山縣志」，下鐫卷次及目名，下鐫頁碼。書高26.9釐米，寬15.4釐米，框高18.1釐米，寬12.9釐米。

有牌記「光緒壬午春刊／寶山縣志／學海書院藏板」。首有清光緒八年衛榮光《重修寶山縣志序》、光緒八年十月邵友濂《寶山縣志序》、光緒八年五月吳承潞《寶山縣志序》、光緒五年（1879）八月吳康壽《序》、舊序（清乾隆十一年〔1746〕陳大受《序》、乾隆十一年崔紀《序》、翁藻《序》、蔡長沄《序》、乾隆十年〔1745〕十月趙酉《序》、乾隆十年十一月章鑰《序》）、銜名、目錄、凡例、圖說（全境圖、縣城圖、廟學圖、縣治圖、學海書院圖、全境水利圖、海塘圖），末有光緒八年四月王樹菜識。

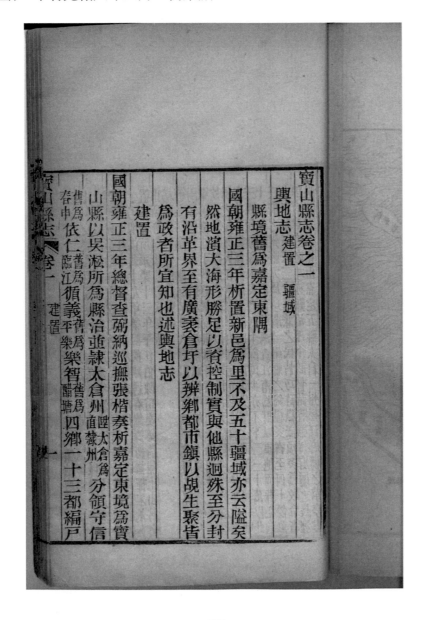

　　梁蒲貴，字次谷，廣東高要人。舉人，清光緒二年（1876）任寶山知縣。吳康壽，字友麓，浙江石門人。增貢生。清光緒四年（1878）任寶山知縣。朱延射，字譜漁，又字鵠侯，號圃余，寶山人。舉人，著《紅秋館詩鈔》、《紅秋館詞稿》等。潘履祥，字春生，寶山人。舉人。

　　衛榮光序曰：「古者誦訓道方志，土訓道地圖，將以辨物土，別臧匿。事核於古，時宜於今，俾都人士有所觀感，興起其行，而上上之人亦獲審其風俗，習其人心，有以燭幽隱，勸元元，勵末俗，崇鄉黨之訓，而和其政令。後世推廣《周官》之義，至宋而有郡志，至明而有邑志，我朝因之，垂為令典。寶山分自嘉定，為濱海之偏隅。舊志作於乾隆十年，草創伊始，規模未備，迄今百餘年矣。兵燹迭經，典章散佚，其政事興革之紀，與夫賢人君子、孝子悌弟、士女貞義之行，非旁搜博採，筆之於書，斯土吏民將何觀焉？鹿邑王君樹棻來尹是邦，考獻徵文，大懼廢墜，謀於耆長，集議重修，於其闕者補之，謬者正之，區分絡引，辭約義伸，都為十有四卷，綱目燦陳，衷於法度。其在《詩》曰：『示我周行。』循覽是編，其亦可以鏡古今，明得失矣。雖然，古今得失之故，非知之難，行之難也。人當窮居里巷，著書立說，抵掌談天下事，以為洞中竅要。及一旦尺寸得操，有以藉手，終寂寂無所表見，豈前後之殊轍哉？蓋亦虛文易飾，而實效不可假也。今寶山廣袤逾百里，東瞰滄溟，西瞻洞庭，川沙襟其北，吳淞枕其南，僻在海隅，人貧土瘠。將以教民，若何而興學校？將以衛民，若何而固兵防？將以安民，若何而除水患？將以富民，若何而勸田功？人之望治甚切，而事之紛然待理者，將不可殫述。《孟子》有言：『徒法不能以自行。』不有治人，則所謂鏡古今、明得失者，徒虛語耳。人知方志之作，權輿於《周官》，吾尤願勤思周公致太平之實，黽勉以行，毋第視為粉飾具也。王君適以志成，請序於余，因書於簡端，以為官斯士者勸。光緒八年，江蘇巡撫古鄘衛榮光撰。」

　　邵友濂序曰：「寶山，海疆也，其地廣袤不及百里，而溟渤浩淼，浮拍天際，高浪迴瀾，飆馳迅灑，磅礡而直瀉者，去東城曾不百步，去稍東而迤北者不及半里，又其南六里，志所稱胡巷鎮者，今或稱吳淞口。則帆舶絡繹，鮫蜃成市，巡徼之旅，循蹈不常，番賈鱗來，言服俱異，故講治行者於此尤加意焉。若夫斥壞磽确，穀不宜稻，閭閻生計，以織代耕，風潦間作，即群相仰屋，然其風氣敦樸，習俗質美，罍無華士，野多憨民，雖勤動終歲，而各安井牧，無輕去其鄉者。較諸濱海他邑之辍本逐末，趨鶩日歧者，其趣固殊矣。瘠

土民材，意在是歟？此又考風者所樂聞也。雖然，其地舊隸嘉定時，特邊隅之片壞耳，如支庶之從大宗，可勿勞別施緯繡，即當析置之初，亦特以賦稅之疲、牒牘之繁，是猶得以簿書錢穀，蹈常習故言治也。且所重視乎海者，要惟戒風汛之不恒，規坊庸之盡善，而他無事也。極而至於設海防，則亦尋常肤篋之雄固兜鍪者任其職，而有司特助之理耳。而綜今日之大勢計之，則所以勤其職者，宜概不在此。方今皇風宣圔，遐被垓埏，陸讋水栗，奔走來賓，鄒談裨瀛，如接堂下而凡梯航南趨，不能舍吳淞而越渡。互市以來，中外襍杳，薄物細，故猜忌易萌，一有不慎，動關全局，而矯持過甚者，又或挫抑吾民，如束濕薪。使夫知畏禍而不知慕義，恭然無復可鼓之氣，則用意尤左，而其害愈大。若夫阸塞之形，戰守之備，所以資捍衛而固吾圉者，雖艱鉅之來不得舉，而諉之司牧，然亦官斯土者所宜素講也。又況巨寇就殄，歲星再周，而戶口凋瘵，曾未稍復，當休養生息之時，而忽有憂深慮遠者，以撓其淵靜專壹之思。於此之時，欲使內修外撫，民氣日固，而瑕釁不生，無事則與吾民酌中衢之尊，抱真守樸，以無忘其鄉俗之善，而又因勢利導，教之以尊君親上，不為威怵，不為利疚。一旦緩急可恃，則舉平日之所素籌而熟計者，與吾懍然大義之民，以丸泥封而守之，是雖區區百里之地，必非肉食者可以當此任矣。鹿邑王君臨莅斯邑，凡所設施，頗自遠於流俗。以舊志閱年久遠，宜有增續，書成來告，鉤玄提要，詳簡得中。其志水利，則詳濬法；志兵防，則詳武略；而志餘，則終之以風俗：是可得其處心積慮之所在，而其不肯以素所講求者託諸編簡，徒為虛車之飾也明矣。余視事未久，其於諸郡邑之民風土俗未及詳覽而周悉，而獨以海疆之故，竊常留心於形勢之區，與夫內修外撫之不容稍忽，而知與時變通，有當增益於常治之外者。因書以為寶山志序，並以質諸王君，其亦有合焉否乎？光緒八年歲在壬午十月，蘇松太兵備道海關監督姚江邵友濂序。」

　　吳承潞序曰：「雍正三年，析嘉定為寶山。逾二十寒暑，邑宰趙君酉始創為志書，泊今百數十年。典章之損益，風俗之沿革，與夫海防時事之變更，及今不為續輯，更閱數十年，深恐文獻就湮將，益無從措手。王君樹棻慨然矢志於必成，爰即近年來諸令君已輯之稿本，網羅散失，刪繁去複，既蒐次告竣，以書徵序於余。余維寶瀕東海，為蘇松門戶。前明成祖時，以地無高山大嶼為之標幟，值風濤晦冥，舟行多迷罔失事，特命相地築土山，並置烽堠以資瞭望。寶山之名，蓋肇此。今其址已淪沒不可考，陵谷貿遷，山川變易，盈

虛消息，天道類然，而人事亦因之。前明倭寇不靖，頻年入犯，邑適當其衝，屢遭兵燹，人民荼毒，村落為墟，此一時也。我朝棱威儋布，覃及方外，鰈鰜效順，天吳晏然，險要之區化為夷易，此又一時也。迺近三四十年來，時事又少少變矣。海禁既弛，舶市盛行，四洲之人鱗集麕至，通商口岸，以十餘計而莫盛於上海。颿船輪舶，往來星織，實惟吳淞一口，扼其咽喉，其所繫又豈惟一邑之利害哉？方今聖明在上，懷柔遐遠，駕馭有方，恩信所昭，豚魚咸格，而又安不忘危，有備無患，特於其地創築礮臺，增置重兵，赫然稱嚴鎮焉。蓋今昔情形不同如此。此若夫塘工水利，民命所關，王君汲汲焉注意於是，亦可謂急民之先務者已。其民俗大抵與嘉定同，尚勤儉，力耕織，已具余所為嘐志敘中，茲不復贅。志始修於光緒二年，時余亦輯太鎮志，早脫稿矣。以嘉、寶、崇三志未就，欲匯纂而未得也。今余將受代，而斯志與嘉、崇兩志先後蕆事，然則一州四邑全書之成，可計日待矣，因連類及之。時光緒八年歲在壬午夏五月，賜進士出身、三品銜江蘇候補道知太倉直隸州事歸安吳承潞撰。」

吳康壽序曰：「今上御極之初，各直省纂修通志，下暨府廳州縣，俱以次徵輯，用備採擇。康壽前者承乏陽湖，輯武陽合志，書成為敘其崖略，付剞劂氏。尋蒙臺憲以寶山海疆要地，撫馭需人，不知康壽不才，命權斯邑。下車後，集邑紳士訪求利病，得見其新輯志稿，蓋高要梁君蒲貴所創始，而猶未竟也。或謂邑僅海隅片坏耳，何足志？然考明時置所、築寨、建堡，已屹然稱東南重鎮。至國朝雍正三年，析嘉定之東境為縣，而向所稱重鎮者，今悉隸邑境焉。凡夫民物之殷阜，財賦之充盈，關隘之巡防，河渠之疏導，無一非守土者之責，將欲考民風而裨吏治，邑詎可無志乎？雖然，邑固有志矣。乾隆初，秦州趙公酉來宰是邦，始事創輯，時距分縣才二十年，諸凡草創，規模未備，載筆者仿《朝邑》、《武功》之例，意主簡括，故其書不盡詳。至如兵防、水利列入細目，禨祥、物產別立專門，輕重失宜，本末倒置，識者訾焉。況趙志去今一百三十餘年，中間銅陵章君謙存以儒林耆宿秉鐸者二十年，與都人士議修不果。嗣是迭遭兵燹，縣無檔冊，戶鮮藏書，欲問其事而故老莫能言者，蓋邑志之修，雖因而實創，視他邑較異亦較難也。余於公暇，偕諸君子討論今古，校補叢殘，參酌於本末經重之宜，區為若干類，首繫圖說，而新舊分合之故，瞭如指掌。繇是按厥版圖，辨方經野，得以因地而制宜，則疆域先務也；疆域定而規制詳，海塘為闔邑保障，而城署、壇廟、坊巷、津梁次第臚

舉，則營建尚己；有田斯有賦，有丁斯有役，而漕糧之永折，浮額之蠲除，詳其始末，所以重皇仁也，則賦役次之；境內諸河，潮汐往來，停沙易積，疏濬之法急宜講求，則水利又次之；置縣之初，未遑建學，前志闕載，今則俎豆莘莘，式崇廟貌，且修文必兼講武，我朝威武奮揚，海氛永靖，近復更新營制，增築砲臺，防海之策至周且備，則學校與兵防又次之；至若紀循良則志職官，表科目則志選舉，發潛闡幽則志人物，於藝文志鄉賢之撰述，於名蹟志先代之流風，下至雜事遺聞，足資觀感，雖細必書，則以志餘終之。惟詩文紀傳附注本條者，決擇綦嚴，前志偶有疏略，苟得確證，即為釐正，非敢觭昔賢之短也，正見前志之疏略，今之人從而訂之，則今志之疏略，後之人亦必有起而正之者，是則余與諸君子所私心厚望者矣。爰述其顛末而為之序。光緒五年歲在己卯八月，誥授朝議大夫、運同銜江蘇補用同知松江府青浦縣知縣、權知太倉州寶山縣事石門吳康壽謹撰。」

　　王樹柟識曰：「己卯秋，余自震澤移知寶山，經會垣，謁臺司。中丞吳公謂之曰：『子知寶山修志乎？稿具而義例未備，且蕪蔓率漏。子往，亟舉而釐正之。』余敬諾。下車後，邦人士之來見者，詢以修志之由，蓋前令高安梁君次穀實經始之，損資延邑孝廉朱鵠侯、潘春生分司編纂，而次以王硯詒觀察總其事。會梁君受代去，石門吳君又樂來，閱數月，志適成，上之通志局。中丞吳公摘其疵纇，檄使重修。吳君以絀於資，未果。其明年，量移青浦，留序一通去。余取志稿閱之，如中丞言，蓋時臺檄甚峻，操觚者率爾以赴期會，未暇潤色也。乃復延朱、潘兩君定體例，重事釐訂，往復商榷，凡三月始就。又四月，繕錄成帙。復上之通志局，臺司報可。顧費鉅，謀繡梓不易，按籍得吳君詳提錢糧羨餘捐充書院經費之文，遂請移為刻志費。辛巳秋，召手民開雕，迄壬午夏蕆事。既成，爰識大略如此。若舊序及吳君序所已詳者，則不復贅云。光緒八年歲在壬午余月，知寶山縣事鹿邑王樹柟識。」

　　是志有十四門，七十一目。「營建、水利、兵防諸門，詳記了濱江海塘的修建，幾次水利工程的規模，吳淞口之防衛等，頗具史料價值；賦役門存《徵收條銀章程》，可考當時的物價。」〔註31〕賦役志中引嘉定知縣趙昕《官布考》，亦有助於瞭解當時物價。第一卷輿地志，有建置（沿革表附）、疆域（形勝、倉圩、行鎮附）二目；第二卷營建志，有城池、公署（倉庾、遞鋪附）、壇廟（祠宇附）、關津、坊表（街巷附）、海塘、橋樑、善堂（義冢附）八目；第三

〔註31〕金恩輝、胡述兆主編：《中國地方志總目提要》，第 9-32 頁。

卷賦役志，有考賦、田畝、戶口（丁糧附）、額徵、蠲賑、鹽法、蘆課、雜稅、役法（役目附）九目；第四卷水利志，有江海、水道（江東附）、治績、條論、濬法五目；第五卷學校志，有典禮、廟學（廟制、學制附）、祭器樂器、學籍、學田、書院（院長、小學、義塾附）、鄉飲（鄉飲賓、重遊泮宮附）七目；第六卷兵防志，有兵制（江東寶山附，餘同）、民兵、營署、墩汛、糧餉、戰具、武略七目；第七卷職官志上，有官師表、武職表二目；職官志下，有宦績表一目；第八卷選舉志，有科貢表、武科表、薦舉表、例仕表、武秩表、封贈表（武職、職銜附）、廕襲表七目；第九至十一卷人物志，有列傳、循良、孝友、忠節、文學、武功、德義、隱逸、藝術、遊寓、列女十一目；第十二卷藝文志，有書目、金石二目；第十三卷名勝志，有古蹟、第宅、園林、冢墓四目；第十四卷志餘，有神祠、寺觀、祥異、軼事、物產、風俗（節序、占候、方音附）六目。

是志雖重經釐定，然亦有脫誤。〔民國〕《寶山縣續志》末附《前志校勘記》一卷，予以糾正。

《中國地方志聯合目錄》、《中國地方志總目提要》著錄，《中國古籍總目》著錄，《上海地方志簡目》、《上海方志資料考錄》、《上海方志提要》、《上海方志通考》著錄。

有《中國方志叢書》影印本，成文出版社，1983 年出版；又有《中國地方志集成·上海府縣志輯》影印本，上海書店，1991 年出版。有季忠平點校本，收入《上海府縣舊志叢書·寶山縣卷》，上海古籍出版社，2012 年版。

除上海博物館圖書館外，中國國家圖書館、中國民族圖書館、上海圖書館、南京圖書館、天津圖書館、蘇州圖書館、南通市圖書館、溫州市圖書館、北京大學圖書館、清華大學圖書館、復旦大學圖書館、華東師範大學圖書館、南京大學圖書館、山東大學圖書館、中國科學院圖書館、中國國家博物館、南京博物院、河南省社會科學院圖書館、「中研院」史語所圖書館、臺灣「內政部門」圖書館、日本國會圖書館、東洋文庫、東京大學圖書館、東京大學東洋文化研究所、京都大學人文科學研究所、山口大學圖書館、一橋大學圖書館、美國國會圖書館、耶魯大學圖書館、哥倫比亞大學圖書館等多家公藏機構收藏。

三、〔民國〕寶山縣續志

（一）民國鉛印本寶山縣續志　807.2／224

〔民國〕《寶山縣續志》十五卷首一卷，張允高等修，錢淦、袁希濤等纂。民國十年（1921）鉛印本。5 冊。半葉 11 行，行 25 字，小字雙行同。白口，四周雙邊，單魚尾。版心上記「寶山縣續志」，中記卷次及目名，下記頁碼。書高 26.1 釐米，寬 15 釐米，框高 19.4 釐米，寬 13.8 釐米。首有圖說（全縣區域圖、全縣水利圖、全縣海塘分段圖、全縣學校地點圖、城廂市圖、羅店市圖、楊行鄉圖、月浦鄉圖、盛橋鄉圖、劉行鄉圖、廣福鄉圖、大場鄉圖、真如鄉圖、彭浦鄉圖、江灣鄉圖、殷行鄉圖、吳淞鄉圖、高橋鄉圖）、民國十年（1921）五月馮成《序》、民國九年（1920）十二月錢淦《序》、題名錄、目錄、凡例。末附《前志校勘記》一卷。

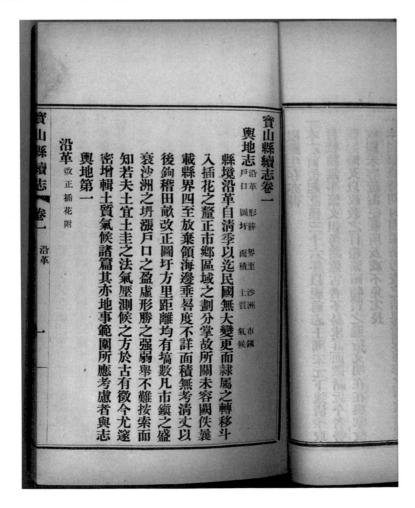

　　張允高，字藻翔，直隸豐潤人，清附貢生。民國四年（1915）任寶山知縣，八年（1919）任崇明縣知事。錢淦（1875～1922），字印霞，上海真如人，清光緒三十年（1904）進士，歷任寶山縣清丈局長、民政長、知事、江蘇省公署統計處主任等。著《蠡言》、《江灣鎮志》等。袁希濤（1866～1930），字觀瀾，江蘇寶山人，清光緒二十三年（1897）舉人，曾任教育部次長，後代理教育總長，又任同濟大學校長。著《義務教育之商榷》、《新學制與各國學制比較》、《歐美各國教育考察記》、《最新普通天文學》等。

　　馮成序曰：「二十世紀以降，科學昌明，人群進化，承學之士持今人之識，讀古人之書，探賾索隱，以盡演繹、歸納之能事。東儒籐田謂，自進化論出，而學子益重歷史，誠哉言歟！我國古史汗牛充棟，然大抵供帝王將相作大事譜，如斯賓塞東家產貓之喻，非不翔實，無關體要。求其提要鉤玄，藉以考證一時之政治、風俗、學術，則千仞石層中得一二殭石而已。其或散見郡邑諸志，要皆體例互異，詳略失宜，支離而無所指歸，學者憾焉。寶山自勝朝雍正三年分治，垂二百載，修志凡二次：一纂於乾隆十年趙公之任，再纂於光緒八年吳公之任。趙志草創簡略，取捨未盡當。吳志刊正補校，據例發義，頗稍稍完善。迄今又四十稔矣。民國五年，省大吏議續修通志，令飭各縣同時興修。余時將解南沙任，不及舉，嗣攝太倉，權金山，與邑人士時復商榷，卒以任期迫促，未獲觀厥成為憾。今春，調署寶篆，邑紳錢君淦以與同人所輯志稿見視，都一十七卷，為目九十有二，凡議會、團體暨教育、實業、警察、交通諸要政為舊志所蔑如者，胥燦然大備焉。錢君以名進士遊學東瀛，歔歷京外，服務桑梓，且長本邑民政者兩載。值改革之際，諸凡設施，多所手訂，故語焉能詳，而於形勢之變遷、制度之沿革與夫舉廢損益之體理，尤廣記之，俾後之人披圖而校，按記而驗，原始要終，自求自趨，而為興革創因之準則。以校原志之墨守舊章，比時論事無裨切於實施者，不可同年語矣。夫寧今人之勝於古人哉？抑亦時勢使之然歟？余因之有感焉。近頃自治潮流，日益澎湃。寶邑地處海疆，夙為軍事水利之要區，邇來輪軌輻輳，水陸交通，租界廣拓，商埠宏開，工藝興而商賈集，物質文明久而彌盈，匪維民智足用，咸可使覿德焉。數十年後，自治市政，庶續咸熙，不溺於往聽，而與更圖，其增榮於歷史，當無限量。雖糟粕此志也，可焉。抑或三滿不止，揭高矜偽，人乖誠能，士隱實情，商聚沸靡之財，工治苦觚之器，無道德為體，而法制罔縶於民生，則後之視今，不逮今之視古。其於此志之感想，當何如耶？錢君以序見

屬，緣書以自勖，並以勖後繼者。民國十年五月，古越馮成撰。」

錢淦序曰：「吾邑續修縣志之議，發起於民國元年，由潘君鑄禹、陳君綺霞等函請縣公署，擬具辦法大綱，提交縣議會公決。時以地方自治，凡百草創，籌款孔艱，縣預算無從支配，擱置未果。迨五年冬，省中有續修通志之議，令飭各縣同時修志。袁君觀瀾力促其成，乃復位規程預算，交由闔邑市鄉經董聯合會公決，始議定就忙漕項下分年帶征，編輯費以一萬元為率，印刷費以五千元為率。公推余任總纂之職，於六年四月開始採訪，七年年一月著手編纂，迄九年十二月而稿甫完成，中閱三年零九個月之久，亦云稽滯矣。要其原因，則一誤於開局之初，余以溷跡京曹，不早解組，處遙領之勢，有兼顧之難；再誤於七年之冬，濫廁省垣議席，歲必奔命，四月有奇，局務不無停頓；三誤於核稿時期內覆查重訂，手續過繁，經四五易而始定；四誤於其他地方公務之牽掣，雖亦迫於義務而兼營並進，實有顧此失彼之虞。積此四因，彌覺叢脞，宜乎貽談覆餗，難竟大功。而今日幸能告藏者，則以關於全志體例，得袁君觀瀾、施君琴南、金君侯城、王君奏云幾經商榷審定於先；關於全志內容，復得王君秬玉、陶君雲明、吳君士魁、金君巨山、王君劍賓幾經參互考訂於後。眾長既集，群策斯成，余何力之有焉？若夫編纂方針，比事尤重於屬辭，故圖表不厭增多，務求詳密；徵文宜先於考獻，故人物輒刪舊目，無取鋪張；其他物質文明、政教風俗，為近世潮流所趨重，習尚所相安者，靡不加意蒐羅，特闢門類；並記前志勘誤，以殿全書。惟恐虛虎魯魚，滋多跡駁，郭公夏五，轉啟猜疑。則以今人而勘前志之誤，安知後人不復勘今志之誤？是所望於將來之君子矣。中華民國九年十二月，邑人錢淦謹識。」

是志係光緒邑志的續作，「於前志已詳者皆不贅述，而於民國以來變革諸端臚舉無遺，可謂知所先後矣」〔註32〕，有十七門，九十二目。卷一輿地志，有沿革（改正插花附）、形勝、界至（經緯度附）、沙洲、市鎮、戶口、圖圩、面積（田畝附）、土質、氣候（雨量、潮汐附）十目；卷二水利志，有江海、隄防（石梗、護塘森林附）、河渠、涵洞（閘壩附）、治績（民濬附）、濬法（禁令附）六目；卷三營繕志，有城垣、海塘、壇廟（祠宇附）、公署（監獄附）、局所、路街、津梁七目；卷四財賦志，有考賦（役法附）、額徵（清丈附）、蘆課、蠲減、鹽法、征榷（雜稅附）、洋商年租、地方稅（雜捐附）、公款公產九目；卷五禮俗志，有祀典、褒揚（旌表、鄉飲賓、重遊泮宮附）、風俗（節序

〔註32〕瞿宣穎：《方志考稿》甲集第六編，第55頁。

附）、寺觀、教會五目；卷六實業志，有農業、工業、商業（商埠附）、物產（賽會附）、農商會五目；卷七教育志，書院（義塾附）、勸學所（縣視學、勸學員、學務委員附）、教育會、學校（畢業人員、教育人員附）、社會教育五目；卷八交通志，有陸道（鐵路、電車路附）、航路、郵遞、電信四目；卷九兵防志，有防軍（徵兵附）、炮臺、營署（汛地附）、團防、兵事五目；卷十警務志，有縣警察（巡警教練所附）、商埠警察、水上警察、消防、衛生（禁煙附）五目；卷十一救恤志，有倉儲、救助、恤亡、災賑四目；卷十二職官志，有文職、武職、政績三目；卷十三選舉志，有科貢、仕進、封贈、襲廕、公職、勳獎六目；卷十四人物志，有賢達、孝友、文學、武功、德義、藝術、遊寓、方外、列女九目；卷十五藝文志，有書目、金石二目；卷十六名勝志，有古蹟、園林、第宅（會館附）、祠墓四目；卷十七雜志，有祥異、占候、軼事三目。

是志斷限，起清光緒八年（1882），迄民國六年（1917）。志中訛誤用朱墨添印，又附《勘誤表》一紙。卷首之圖，皆據清丈測繪而製。

此本每冊鈐「兆麐」朱文方印。

《中國地方志聯合目錄》、《中國地方志總目提要》著錄，《中國古籍總目》著錄，《上海地方志簡目》、《上海方志資料考錄》、《上海方志提要》、《上海方志通考》著錄。

有《中國方志叢書》影印本，成文出版社，1975 年出版；《中國地方志集成‧上海府縣志輯》影印本，上海書店，1991 年出版。有曹姍姍點校本，收入《上海府縣舊志叢書‧寶山縣卷》，上海古籍出版社，2012 年版。

除上海博物館圖書館外，中國國家圖書館、中國民族圖書館、首都圖書館、上海圖書館、南京圖書館、中山圖書館、廣西壯族自治區圖書館、無錫市圖書館、南通市圖書館、北京大學圖書館、北京師範大學圖書館、復旦大學圖書館、華東師範大學圖書館、浙江大學圖書館、安徽大學圖書館、河北師範大學圖書館、中國科學院圖書館、中國國家博物館、中國社會科學院考古研究所、南京博物院、河南省社會科學院圖書館、「中研院」史語所圖書館、臺灣「內政部門」圖書館、孫中山紀念圖書館、日本國會圖書館、東洋文庫、東京大學東洋文化研究所、京都大學人文科學研究所、美國國會圖書館、哈佛大學哈佛燕京圖書館、耶魯大學圖書館、哥倫比亞大學圖書館、普林斯頓大學圖書館、芝加哥大學圖書館等多家公藏機構收藏。

（二）又一部　民國鉛印本寶山縣續志　807.2／224：1

〔民國〕《寶山縣續志》十五卷首一卷，張允高等修，錢淦、袁希濤等纂。民國十年（1921）鉛印本。4 冊，存卷首序文、題名錄、目錄、凡例，卷一至卷十七，及末一卷。半葉 11 行，行 25 字，小字雙行同。白口，四周雙邊，單魚尾。版心上記「寶山縣續志」，中記卷次及目名，下記頁碼。書高 26.1釐米，寬 15 釐米，框高 19.4 釐米，寬 13.8 釐米。首有圖說（全縣區域圖、全縣水利圖、全縣海塘分段圖、全縣學校地點圖、城廂市圖、羅店市圖、楊行鄉圖、月浦鄉圖、盛橋鄉圖、劉行鄉圖、廣福鄉圖、大場鄉圖、真如鄉圖、彭浦鄉圖、江灣鄉圖、殷行鄉圖、吳淞鄉圖、高橋鄉圖）、民國十年（1921）五月馮成《序》、民國九年（1920）十二月錢淦《序》、題名錄、目錄、凡例。末附《前志校勘記》一卷。

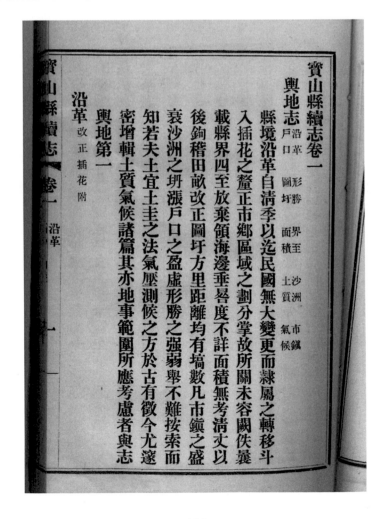

四、〔民國〕寶山縣再續志

（一）民國鉛印本寶山縣再續志　807.2 / 222

〔民國〕《寶山縣再續志》十五卷首一卷，吳葭修，王鍾琦纂。民國二十年（1931）鉛印本。2 冊。半葉 11 行，行 25 字，小字雙行同。白口，四周雙邊，單魚尾。版心上記「寶山縣再續志」，中記卷次及目名，下記頁碼。書高26 釐米，寬 15.1 釐米，框高 19.4 釐米，寬 13.6 釐米。首有民國二十年（1931）九月吳葭《寶山縣再續志、新志備稿總序》、民國二十年十月高燮《寶山縣再續志序》、民國二十年五月王鍾琦《寶山縣再續志序》、凡例、目錄、黨務記，末有《續志校勘記》、編纂始末。

吳葭，字稼農，江蘇宜興人。民國十七年（1928）任寶山縣長。王鍾琦，字奏雲，寶山人，清光緒二十九年（1903）舉人，任州學正、寶山縣視學。

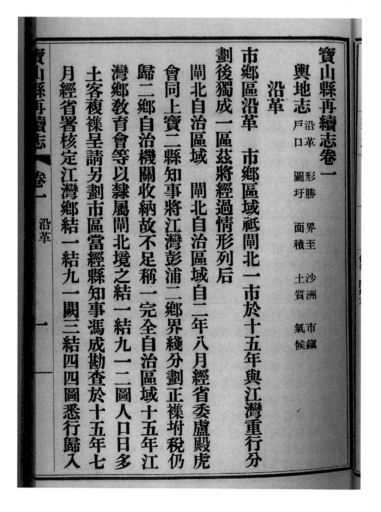

吳葭序曰：「新修志書，其例有二：一為重修，合前人各書裒集以成，而仍明注出處，如吳從政《襄沔記》、宋如愚《劍南須知》，此一例也；一為續修，就古人之書，廣續成編，如無名氏《續襄陽耆舊傳》、熊欣《豫章舊志後撰》，此又一例也。大抵時代縣遠，前人著述不止一種，且互有出入，必須隳括以為理董者，則用前例；若歷年未久，前人著作無多，可以據依而成續編者，則用後例。寶山自勝朝雍正三年始行分治，乾隆十年纂成志書十卷，此為第一次志。光緒八年，重修為十四卷，即《續志》中所謂『前志』也。《續志》十七卷，成於民國十年，其記載則起光緒八年，迄民國六年，中間僅三十六年，距光緒重修之時並非久遠。且前志尚稱完善，故不用重修，而用續編，仍於卷末，附《前志校勘記》如干條，以補正其違誤，法至善也。今之《再續志》，則自民國七年至民國十七年六月。上海市與本縣劃分區域之日，仍於十七年七月以後至二十年六月止。就劃分以後之全縣狀況，分編若干目，為將來續修新志之準備，定名為《新志備稿》，互相銜接，有條不紊。葭於斯役，忝居監修之職，屢與委員會及編纂諸君子往復討論，既以代去，而獲觀厥成，實與闔邑人民同深慶幸，屬為弁首，其曷敢辭？抑聞之地方文化愈發達，則其著述愈詳備。有詳備之著述，復可為將來發達之基礎，互相為因，歷試不爽。寶邑當江海之處，扼淞滬之要，事物至蕃，蛻變至速，幾於日新月異，而歲不同。前經內政部暨本省政府之督促與指導，益以諸君子之努力，專從民生國計及發展地方之要端，再三致意，為有系統之記載，而仍與往昔史例相符，斟酌於古今中外之所宜，以著明歷次進化之跡，可為將來施政之準繩，豈第循例載筆為粉飾飾承平之具已哉？中華民國二十年九月九日，武進吳葭。」

高燮序曰：「寶山之為邑，據江海之衝，與上海市相毗連。談市政者，每並稱上、寶，而教育文化若暨南、同濟、勞動各大學，皆年需費至三十餘萬金。若東方圖書館，庋藏書籍幾至四十萬冊。凡此數者，其規模之宏、佔地之廣，他處無與倫比，而皆位乎寶山境，故吾謂上海為全國之上海，則寶山亦當為全國之寶山，非一邑所得而私也。其記載之宜，亟可知也。憶八九年前，識錢先生淦於滬上，時先生方纂《寶山續志》，甫脫稿，寓廬對榻，娓娓談不倦。未幾，書成見寄，讀之粲然明備矣。今時閱十年，而王先生鍾琦纂《再續志》，又將告成。嗚呼，何其盛也？余之識王先生也，在今歲之春，一見握手，即以《再續志》序為委，余遜謝。昨者，忽郵示成稿，督序益急。竊念敝邑之擬修志亦久矣，不才如余，曩年與錢先生同時任纂修之職，雖草就志例，迄

未成書，而寶山則一續再續而不已，余方慚報之不暇，其何能有言哉？昔章實齋有州縣當立志科之議，謂州縣之志，不可取辦於一時，則平日當特僉典史之明於文法者充其選，而立為成法，俾如法以紀載。積數十年之久，則訪能文學而通史裁者筆削以成書。夫志科之意美矣，然平日採訪儲納，既已備詳無缺，則五六年或七八年即整理而修輯之事，誠易易。乃實齋之意以為筆削成書，必待遲之數十年之後，何也？蓋時近則好惡多，而是非未定故也。今各縣既未有志科之設，則少其年歲而勤其修輯，法之善無逾於此者矣。矧寶山聲明文物，交通繁盛，為全國所屬望，記載尤不容稍緩者乎？我因之有感焉。是志之距《續志》纔十稔耳，而友朋中如錢先生淦施先生贊唐、錢先生衡同、金先生其照皆久成宿草，名列書中。即政事、風俗、教化，亦更大異於前，益令人不能無老成彫謝、風會變遷之懼已。民國二十年雙十節，金山高燮謹序。」

王鍾琦序曰：「民國十七年，江蘇通志局成立，省府通行各縣同時修縣志。今下，或者曰：我邑修志才十年餘耳，可不必修。時武進吳公稼農長邑事，適市縣畫界，區域變更，以為是亦寶山一大紀念。且制度改革，時勢變遷，繼續修纂是邦人士之責。招各公團領袖集議辦法，並以鍾琦主縣款產事，屬籌款進行。爰商之印君湘孫、浦君擷英，擬具意見書達省報可。組織委員會於十八年七月開始採訪，十月著手編纂，翌年六月初稿始定。竊以志者，史也，史以物質、人文二者為要素。此十年餘之物質也，人文也，或耳所親聞，目所親睹，以視前哲之追敘數十百年前事實，其難易為何如耶？鍾琦謭陋有前志、續志之良好師承，委員會暨編纂諸君之指導贊助，猶恐述焉弗詳，貽毛舉之譏。博訪周諮，惟日不足，始獲如期藏事，作邑志之一小結束，聊以補纂修續志未獲卒業之過。至斯志編纂標準，具詳凡例，茲不贅焉。共和二十年五月，王鍾琦謹序。」

是志延光緒續志體例，「有者續之，無者缺之，不合於時勢潮流者不續」（本志《凡例》），無有續增者，亦列目而標明無續，有十七門，八十九目。卷一輿地志，有沿革、形勝（無續）、界址（無續）、沙洲、市鎮、戶口、圖圩、面積（已詳圖圩，不另立表）、土質（無續）、氣候（無續）十目，無續者五目；卷二水利志，有江海（無續）、隄防（石梗、護塘森林附）、東塘（無續）、西塘（無續）、河渠（無續）、涵洞（閘壩附）、治績（民潛兵災工賑附）、瀋法（禁令附）八目，較《續志》增二目，無續者四目；卷三營繕志，有城垣、海

塘、壇廟、公署（監獄附）、局所（其他公共建築附）、路街、津梁七目；卷四財賦志，有考賦（無續）、額徵、蘆課、蠲減、鹽法（無續）、征榷（不續）、洋商年租（無續）、縣地方稅（帶徵經費、雜捐、補助費附）、公款公產九目，無續者三目，不續者一目；卷五禮俗志，有祀典（無續）、襃揚（重遊泮宮附）、風俗（方言附）、節序、寺觀、教會六目，由附目增列一目，無續者一目；卷六實業志，有農業、漁業（增）、工商業（商埠附）、農工商會四目，增一目，刪一目，並一目；卷七教育志，書院（無續）、勸學所教育局（縣視學、縣督學、勸學員、學務委員、教育委員附）、教育會、學校教育（畢業人員、教育人員附）、社會教育五目，無續者一目；卷八交通志，有縣道、市鄉道、馬路、長途汽車、航路、郵遞、電信七目，增改三目；卷九兵防志，有防軍、炮臺營署（無續）、團防、兵事四目，並一目，無續者一目；卷十警務志，有縣警察（保衛團、司法、警察附）、商埠警察、水上警察、消防、保健（禁煙附）五目，改一目；卷十一救恤志，有倉儲（無續）、救助、恤亡、災賑四目，無續者一目；卷十二職官志，有縣職（續文職）、政績二目，合併一目；卷十三選舉志，有科貢（無續）、仕進、封贈（無續）、蔭襲（無續）、公職、勳獎（不續）六目，無續者三目，不續者一目；卷十四人物志，有事略一、事略二、事略三、列女四目，原八目合併為三目；卷十五藝文志，有書目、金石二目；卷十六名勝志，有古蹟、園林、會館、祠墓四目；卷十七雜志，有軼事、清丈志餘二目。

是志斷限，起民國七年（1918）年，迄民國十七年（1928）市、縣劃界。

《中國地方志聯合目錄》、《中國地方志總目提要》著錄，《中國古籍總目》著錄，《上海地方志簡目》、《上海方志資料考錄》、《上海方志提要》、《上海方志通考》著錄。

有《中國方志叢書》影印本，成文出版社，1970 年出版；又有《中國地方志集成‧上海府縣志輯》影印本，上海書店，1991 年出版。有張禕琛點校本，收入《上海府縣舊志叢書‧寶山縣卷》，上海古籍出版社，2012 年出版。

除上海博物館圖書館外，中國國家圖書館、上海圖書館、天津圖書館、南京圖書館蘇州圖書館、鎮江圖書館、北京大學圖書館、北京師範大學圖書館、華東師範大學圖書館、南開大學圖書館、安徽師範大學圖書館、中山大學圖書館、中國科學院圖書館、中國國家博物館、南京博物院、中國科學院南京地理與湖泊研究所、孫中山紀念圖書館、美國國會圖書館、耶魯大學圖書館、哥倫比亞大學圖書館等收藏；復旦大學圖書館藏殘本。

（二）又一部　民國鉛印本寶山縣再續志　807.2 / 222：1

〔民國〕《寶山縣再續志》十五卷首一卷，吳葭修，王鍾琦纂。民國二十年（1931）鉛印本。1冊，存卷首、卷一至七。半葉11行，行25字，小字雙行同。白口，四周雙邊，單魚尾。版心上記「寶山縣再續志」，中記卷次及目名，下記頁碼。書高25.9釐米，寬15.2釐米，框高19.4釐米，寬13.6釐米。首有民國二十年（1931）九月吳葭《寶山縣再續志、新志備稿總序》、民國二十年十月高燮《寶山縣再續志序》、民國二十年五月王鍾琦《寶山縣再續志序》、凡例、目錄、黨務記，末有《續志校勘記》、編纂始末。

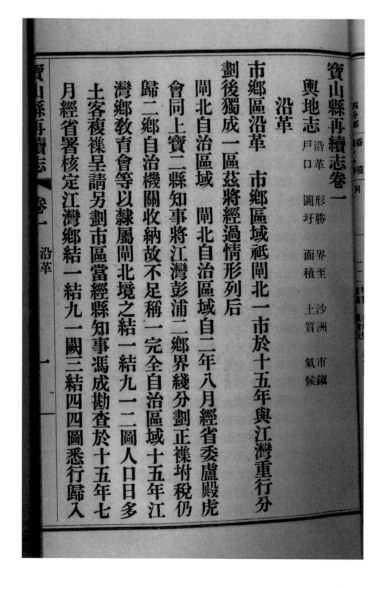

（三）又一部　民國鉛印本寶山縣再續志　807.2／222：2

〔民國〕《寶山縣再續志》十五卷首一卷，吳葭修，王鍾琦纂。民國二十
年（1931）鉛印本。1冊，存卷首、卷一至七。半葉11行，行25字，小字雙
行同。白口，四周雙邊，單魚尾。版心上記「寶山縣再續志」，中記卷次及目
名，下記頁碼。書高26釐米，寬15釐米，框高19.4釐米，寬13.6釐米。首
有民國二十年（1931）九月吳葭《寶山縣再續志、新志備稿總序》、民國二十
年十月高燮《寶山縣再續志序》、民國二十年五月王鍾琦《寶山縣再續志序》、
凡例、目錄、黨務記，末有《續志校勘記》、編纂始末。

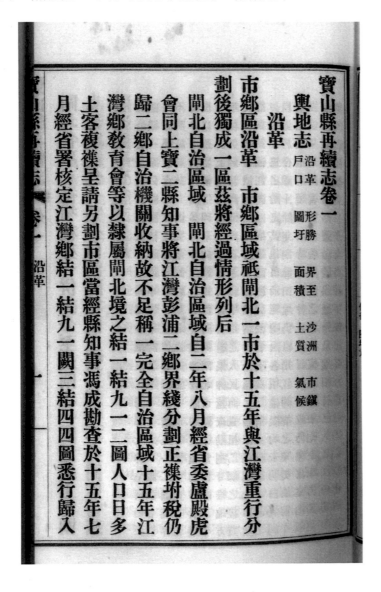